W0205265

«PANDORA»

ANDREW DAVID MACDONALD

IO SONO ZELDA

Traduzione di Ada Arduini

Sperling & Kupfer

Questa è un'opera di fantasia. Qualsiasi riferimento a eventi storici e a persone e luoghi reali è usato in chiave fittizia. Altri nomi, personaggi, luoghi e avvenimenti sono frutto dell'immaginazione dell'autore e qualsiasi rassomiglianza con persone, realmente esistenti o esistite, fatti o località reali è puramente casuale.

La traduzione italiana di questo libro è stata pubblicata grazie al sostegno del Canada Council for the Arts.

Canada Council for the Arts | Conseil des arts du Canada

Pubblicato per

Sperling & Kupfer

da Mondadori Libri S.p.A.
© 2020 Mondadori Libri S.p.A., Milano
When We Were Vikings
Copyright © 2020 by Laevatein Corporation

ISBN 978-88-200-6903-2

I Edizione aprile 2020

Anno 2020-2021-2022 - Edizione 1 2 3 4 5 6 7 8 9 10

A Steven e Marta MacDonald

1

Il vichingo che mio fratello mi ha regalato per il compleanno era alto e muscoloso. Un non esperto di vichinghi che non aveva letto la *Guida Kepple ai vichinghi* poteva anche dire: Guarda, un vichingo! Aveva la faccia di uno capace di sconfiggere orde di cattivi e compiere atti di coraggio, come Beowulf, il vichingo più famoso di tutti, che aveva sconfitto Grendel, che non era solo un cattivo, ma anche un mostro.

Ma visto che io sono un'esperta, ho notato un sacco di sbagli. Per esempio, la spada non era fatta di metallo vero, e poi aveva dei vestiti di plastica, e non una *brynja*, cioè un'armatura di maglia che protegge i guerrieri dalle ferite di spada. I suoi capelli non erano veramente biondi: si vedeva benissimo che erano tinti.

Dopo aver visto il vichingo, ho scelto una nuova Parola del giorno. Mi è venuto fuori *gargantuesco*, che è un modo per descrivere che qualcosa, o qualcuno, è incredibilmente grande. Quella parola ce l'avevo messa io nella lista, facendomi aiutare dalla mia migliore amica, AK47, e visto che mi ricordavo la definizione, e che per il vichingo andava benissimo, ho deciso di mettere da parte l'altra Parola del giorno (*eloquente*) e scegliere come Parola del giorno *gargantuesco*.

Il vichingo è piombato nel nostro appartamento, è passato

vicino a Gert ed è rimasto lì con la spada in mano. La prima cosa che gli è venuta fuori è stata: «DOV'È ZELDA?»

Si è guardato intorno ma la stanza era vuota, a parte il divano, la poltrona di Gert, la lampada nell'angolo, il tavolino e il televisore di Gert, la cosa più leggendaria che avevamo.

Gert mi ha indicato e ha fatto un rumore con la gola.

«Tu», il vichingo ha agitato la spada di plastica verso di me. «Sei Zelda?»

Aveva già violato tre delle regole che io e Gert abbiamo attaccato vicino alla porta per essere sicuri che il nostro appartamento resti pulito e in ordine e sia sempre un buon posto in cui vivere:

- Togliti le scarpe per impedire allo sporco di fuori di entrare.
- Non restare sulla soglia ma entra e chiudi subito a chiave, perché in giro c'è gente che può cercare di derubarci, se glielo rendi facile.
- Non lasciare cose e borse vicino alla porta, ma mettile a posto.

Le regole sono scritte a grosse lettere maiuscole e il titolo è REGOLE PER ENTRARE E USCIRE, e c'è anche il disegno di una porta e di una persona che entra, che abbiamo fatto insieme io e Gert usando la scatola di pastelli a cera che avevo preso a prestito al centro diurno.

Il vichingo non aveva letto le regole, ma quando Gert ha fatto un rumore e ha indicato le proprie scarpe, ha detto: «Merda», e scalciando se le è tolte. Poi ha aggiunto: «Scusate».

(Le parolacce sono permesse, ma una delle REGOLE DELLA CASA dice che dovremmo almeno provare a non usarle, e per Gert è più difficile che per me.)

«E la porta.» Gert ha sorriso.

Il sorriso non era una regola scritta, ma una cosa che facevamo per dimostrarci che eravamo contenti di quello che faceva l'altro, senza dover dire GRAZIE PER QUESTA PICCOLA COSA CHE MI HA FATTO PIACERE. In questo modo potevamo conservare i Grazie Grandi per cose più gargantuesche.

«Sono venuto ad augurarti buon compleanno», mi ha detto il vichingo. Quando mi è venuto vicino ho sentito un odore come di arance rimaste troppo tempo fuori dal frigo.

«*Góðan dag!*» ho esclamato.

«Come?»

«*Góðan dag!*» ho ripetuto a voce più alta, facendo attenzione a *enunciare* (Parola del giorno, 4 giugno) bene tutti i suoni.

Secondo la *Guida Kepple ai vichinghi*, *Góðan dag* era il loro saluto tradizionale. Sul sito di Kepple c'è un video per imparare a pronunciare parole e frasi vichinghe. *Góðan dag* si pronuncia «go-than-dag». Quando si parla il norreno antico, i suoni dovrebbero somigliare a degli sputi. Quando ho iniziato a parlare vichingo, mi mettevo una mano davanti alla bocca, così se diventava umida capivo che stavo dicendo le cose nella maniera giusta.

Lui ha guardato mio fratello. «Cosa?»

«*Góðan dag*», ho ripetuto ancora, poi ho aggiunto: «*Ek heiti Zelda! Hvat heitir þú?*»

Cioè gli ho detto come mi chiamavo e gli ho chiesto come si chiamava lui.

«Dille quello che ti ho insegnato», ha chiesto Gert al vichingo.

Era seduto sul bracciolo del divano, e in testa aveva un cappellino a cono con delle strisce di carta stropicciata che spuntavano in cima. Le strisce ondeggiavano per la corrente che entrava dal balcone.

Il vichingo l'ha fissato per un secondo senza capire di cosa stava parlando, poi si è illuminato tutto perché aveva capito. «Ah, già. Aspetta un attimo.»

Ha chiuso gli occhi e si è schiarito la voce, come se fosse il presidente che sta per comunicare al mondo una cosa molto importante. Gert ha abbassato la musica di tamburi che gli avevo chiesto di scaricare apposta dal sito di Kepple.

«*Ack anne there*», ha detto, interrompendosi dopo ogni parola e guardandomi per tutto il tempo. «*Ack anne there.*» Poi si è girato verso Gert. «L'ho pronunciato bene?»

«L'ha pronunciato bene?» mi ha domandato Gert.

«*Ack anne there*», ho ripetuto.

In effetti sembrava norreno antico, più o meno, però con pochi sputi. «Puoi ripetere, per favore? Con più sputi?»

«*Ack anne there.*» Poi ha tossito e dalle mutande di plastica, lucide e dorate (roba che un vero vichingo non se le sarebbe mai messe), ha tirato fuori un foglio piegato e me l'ha dato.

C'erano scritte delle parole in norreno antico. Ho scandito una lettera alla volta. «Oh! *Ek ann þér.*»

Gert ha sorriso. «Giusto?»

Non era perfetto, ma con un sorriso gli ho fatto capire che quel vichingo mi piaceva un sacco.

Quasi tutte le donne vichinghe stanno a casa, fanno bambini, cucinano e puliscono. Ma io non ho mai voluto diventare così. La mia parte preferita della *Guida Kepple ai vichinghi* parla delle valchirie, donne forti e magiche che durante le battaglie decidono chi vive e chi muore. Poi portano i guerrieri che hanno scelto in un posto che si chiama Valhalla, dove vivono Odino e gli altri dèi e che dev'essere gargantuesco, per contenere così tanta gente. Però non puoi diventare una valchiria. Devi nascere così. Non è come per gli eroi, che diventano eroi compiendo imprese leggendarie.

Io non sono una persona che scambieresti facilmente per un vichingo. Sono alta un metro e mezzo e ho le braccia molto magre. Le gambe invece non ce le ho magre perché gioco un sacco a basket insieme a Gert, e il basket ti fa venire le gambe forti. Corro molto bene e potrei correre all'infinito, anche se i vichinghi più che correre fanno la lotta. Quando andavo a scuola ero nella squadra di atletica. La mascotte della nostra scuola è il Crociato, che è un po' come un vichingo e porta anche lui l'armatura. Ma poi ho preso dei brutti voti in tutte le materie e non ci sono più potuta andare.

Molte persone come me hanno la testa grossa e gli occhi piccoli. Il mio amico Yoda è fatto anche lui così. Ma nel mio caso non si capisce che non sono normale.

In battaglia posso contare sull'elemento sorpresa.

Il vichingo di Gert mi era piaciuto, peccato che non aveva invitato una valchiria, però. Di solito la gente un paio di cose sui vichinghi le sa, ma pochi conoscono le valchirie, che sono più potenti dei vichinghi. Conoscono solo la canzone *La cavalcata delle valchirie*. Viene da un'opera ed è stata composta da un musicista vecchio, un certo Wagner.

Ai vichinghi piacciono le leggende e, visto che la gente conosce Wagner, anche dopo tanti anni dalla morte, a me piace e rispetto la sua leggenda.

C'erano altre tre persone che avrei voluto alla mia festa di compleanno. La mamma non c'era più, quindi non potevo invitarla, tranne che in spirito, proprio come i vichinghi riescono a invitare alle feste i loro famigliari e amici morti, però avevo invitato AK47 e Marxy.

Il nostro condominio è in un quartiere schifoso. Marxy però vive in una zona molto ricca della città, quindi sua madre Pearl non lo lascia venire mai, anche per un'occasione speciale come il mio primo compleanno da quando io e lui ci siamo innamorati.

E poi Pearl pensa che Gert è un delinquente. Secondo me è proprio una stupidaggine. Esistono forse delinquenti che vanno al college con grosse borse di studio per studiare come si fanno i soldi?

No. Si comportano da cattivi e fanno del male alle persone, invece di salvarle.

Mio fratello Gert è buono, ma un sacco di persone si spaventano perché ha la testa rasata e i tatuaggi, soprattutto quello sull'avambraccio, un teschio che ride con una grossa lingua rossa, e perché non si veste come chi lavora in banca o ha un lavoro vero. Ha sempre i jeans e delle magliette nere aderenti.

Quelle persone, quelle che non si fidano di Gert, sono dei bifolchi e delle merdacce, perché Gert è una delle persone più intelligenti che conosco, e la più coraggiosa, e se vivevamo nel passato avrebbero scritto delle leggende su di lui, sicuramente. Se dei cattivi attaccano il tuo villaggio, Gert è di quelli da cui vorresti farti difendere in battaglia.

Sentivo anche la mancanza di AK47 e mi dispiaceva tanto che non era lì. Sapevo che lei e Gert si volevano ancora bene, anche se lei gli aveva detto che lo detestava a morte e lui le aveva risposto che non poteva più mettere piede in casa.

Ad AK47 il vichingo sarebbe piaciuto. Se ne stava lì con le mutande dorate e scintillanti a fare palloncini a forma di animali. Diceva che la sua specialità erano i cani. «Ma posso farne anche a richiesta.»

«Che animale vuoi che ti faccia?» mi ha domandato Gert.

Io ho chiesto un drago, visto che in tante antiche saghe vichinghe ci sono dei draghi.

Lui ha gonfiato un palloncino e, dopo un secondo, ecco una specie di drago. L'ho preso e gli ho detto che mi piaceva, anche se sembrava un serpente che si era annodato da solo, come il laccio di una scarpa.

«Un altro?» mi ha chiesto.

Hanno suonato alla porta. Gert non si è alzato per andare ad aprire come fa sempre quando suonano. È una delle nostre regole: quando è a casa e suonano alla porta, è lui che risponde e decide se la persona nell'ingresso del palazzo può salire oppure no.

Hanno suonato di nuovo. Il vichingo ha smesso di gonfiare il palloncino e ha guardato mio fratello. Anch'io l'ho guardato.

«C'è qualcuno alla porta, Gert.»

«Lo so. Vuoi andare a sentire chi è?»

«Ma la regola...»

Lui ha sorriso. «Credo sia una regola che oggi non vale perché è il tuo compleanno. E perché secondo me sarà una persona speciale.»

Di solito non violiamo le regole, visto che a tutti e due piace sapere come vanno le cose e perché io ho delle difficoltà a comportarmi bene se non ho delle regole da seguire. Però era vero, era il mio compleanno, ormai ero un'adulta di ventun anni.

Sono rimasta lì in mezzo al soggiorno e non sapevo bene cosa fare.

Hanno suonato di nuovo.

«Forza», ha detto Gert. «Vai a vedere.»

Io ho chiuso gli occhi e ho contato fino a dieci, una delle cose che mi ha consigliato di fare il dottor Laird quando so che tutte le regole sono state violate.

«Puoi farcela.»

«Okay. Posso farcela.»

Ho preso il palloncino-drago, sono andata al citofono e ho premuto il pulsante per parlare.

«Chi è?»

«Sei Zelda?»

Era una voce di donna. Ho detto di sì, che ero Zelda. Poi ho sentito la voce di Marxy.

«Tanti auguri.»

Ho guardato Gert che parlava con il vichingo. Lui mi ha sorriso e mi ha fatto il segno del pollice alzato.

Aveva fatto succedere una magia.

* * *

Marxy non si ricordava il saluto tradizionale vichingo, ma Pearl, che è entrata insieme a una scia di profumo, gli ha indicato il cartello delle REGOLE DELLA CASA.

«Ti ricordi il libro? Questa è come una pagina di quel libro.»

A casa, Marxy aveva un libro illustrato che lo aiutava durante il giorno, un po' come le nostre REGOLE DELLA CASA.

Marxy è alto e quando cammina tiene la testa bassa come se avesse paura di ficcarla nelle nuvole. Parla lentamente e non gli piace guardare le persone negli occhi, a parte quelle a cui vuole bene e di cui si fida. Certe volte trova dei pezzi di spago, li raccoglie e forma dei piccoli gomitoli che gli piace masticare: è una cosa schifosa, ma quando ami qualcuno cerchi di non badare alle cose schifose che non può fare a meno di fare.

Un grosso problema è che fa fatica a ricordare un sacco di cose che invece dovrebbe tenere a mente.

Marxy era molto elegante, ma lo era sempre. Quel giorno era vestito come uno che deve andare a un matrimonio. Aveva una camicia con il colletto completamente abbottonato. Era blu, il mio colore preferito. Poi aveva i capelli pettinati di lato, tutti lucidi e ordinati.

«Gert.» Pearl ha fatto un cenno a mio fratello, che era ancora con il vichingo.

«Ciao.»

Lei, con il braccio pieno di gioielli che tintinnavano, dei cerchi d'oro, ha guardato il vichingo. «E lui sarebbe?...»

«Thor», ha risposto il vichingo. «Re dei vichinghi.»

Pearl l'ha guardato fisso, poi ha detto: «Okay. Lo spogliarellista resta vestito, va bene?»

«Questo vichingo fa solo palloncini a forma di animali», ha detto il vichingo.

«Sei uno spogliarellista?» gli ho chiesto. «Ti togli i vestiti?»

«So fare molte cose», ha risposto.

«Be', questa è una festa per minori di tredici anni», ha ricordato Pearl. Poi ha dato a Gert un biglietto da visita e gli ha detto di chiamarla se c'erano problemi.

«Torno tra un'ora.»

«Cercheremo di non dare fuoco alla casa», ha detto Gert, ed era una battuta, visto che sta molto attento con il fuoco, in casa, e non gli piace se io cucino e lui non c'è, ma questa regola l'abbiamo cambiata quando gli ho dimostrato che riesco a prepararmi certe cose come la pasta.

Pearl ha preso per le spalle Marxy. «Chiamami quando vuoi. Ce l'hai il telefono?»

Marxy gliel'ha fatto vedere. Si è chinato e lei gli ha dato un bacio sulla guancia.

Quando Pearl se n'è andata, il vichingo ha fatto un altro drago di palloncini e l'ha regalato a Marxy. Erano mesi che cercavo di insegnargli il norreno antico, ma anche se ci esercitavamo per ore lui si dimenticava tutto.

Faceva fatica anche a ricordarsi la Parola del giorno. Ho cominciato a calcolare per quanto tempo riusciva a tenerla a mente e ho capito che le parole brevi di cui non conosceva il significato riusciva a tenerle in testa per tre giorni. Anche se come dimensioni probabilmente il suo cervello è più grosso del mio, funziona in modo sbagliato e quindi dentro ha meno spazio rispetto alle persone normali.

Se le parole sono più lunghe, come «gargantuesco», se le dimentica nel giro di un giorno. Volevamo avere una lingua da parlare insieme, una lingua che nessun altro conosceva. Ecco perché cercavo di insegnarli il vichingo.

Per il mio compleanno Marxy mi aveva già fatto un regalo, un suo disegno di noi due vestiti da vichinghi. Non è molto bravo a fare le mani, i piedi e le facce. Secondo me è riuscito molto bene a far vedere che siamo innamorati. E a fare le spade. Nel disegno che mi ha dato per il mio compleanno, le nostre spade sono gargantuesche ed eccezionali.

Marxy ha lasciato cadere il drago di palloncini fatto dal vichingo. Il vichingo si è grattato la pancia senza peli e giallo sole.

«*Ack anne there*», ha detto a Marxy.

«Cosa vuol dire?» ha domandato lui. Poi ha preso il suo drago di palloncini e ha cominciato ad accarezzarlo tenendolo sulle ginocchia.

«Ti amo», ho detto.

«Ti amo», ha detto Marxy abbracciandomi. «*Eck anne pear.*»

Ho sorriso a mio fratello.

«Devo continuare a fare animali con i palloncini?» ha chiesto il vichingo.

«Non lo so», ha risposto Gert. «Domanda alla festeggiata.»

Marxy aveva un altro regalo per me: un bacio alla francese. Ci eravamo già baciati prima, ma non alla francese.

Visto che Marxy è l'unica persona che ho baciato in vita mia, del bacio so solo quello che ho imparato da YouTube e quello che mi ha raccontato AK47 e cioè: non esagerare. Non esagerare con la lingua, mi ha detto AK47. Non esagerare con le labbra. Non esagerare e basta.

I baci di Marxy probabilmente sono sempre esagerati, ma non importa. Mi ha infilato la lingua in bocca e l'ha mossa. Avevamo già parlato del bacio alla francese. Non l'avevamo ancora fatto, però, e Marxy ha pensato che il mio compleanno era l'occasione migliore.

Mi ha abbracciato e poi la sua bocca è finita sulla mia.

Ci siamo baciati davanti al vichingo, che era davanti allo stereo e guardava le enormi casse di Gert. Ci ha fissato un secondo, poi ha chiamato Gert dicendo: «Mi sa che devi venire qui», e quando Gert è arrivato dalla cucina ha dato al vichingo una fetta di torta e ci ha separato.

«Bacio alla francese», ha detto Marxy sorridendo e pulendosi dalla faccia la saliva che poteva anche essere di tutti e due.

«Sì», ha detto Gert dandogli qualche pacca sulla spalla. «Sì, bacio alla francese.»

Marxy è alto come il vichingo, ma ha meno muscoli. È anche più alto di Gert. Anche se è quasi gargantuesco, ha paura di quasi tutto. Non glielo dico mai, ma sarebbe un pessimo guerriero vichingo. Le tribù vichinghe sono molto numerose, non sono fatte solo di guerrieri o eroi come Gert. Marxy sarebbe un ottimo contadino, perché gli piace stare all'aperto e sa sgobbare.

Alla fine della serata, quando Marxy e il vichingo sono andati via, Gert si è seduto sul divano vicino a me, ha stiracchiato le braccia e gli è scappato un lungo sbadiglio.

«Be', è andata bene», ha detto, poi ha aperto una lattina di Fanta all'uva, la nostra preferita. Ha bevuto un sorso e me l'ha passata. «Giusto?»

Ho risposto che il compleanno era stato una bomba e volevo anche dirgli che poteva essere più bello se lui faceva la pace con AK47, ma poi non l'ho fatto. Siamo rimasti seduti per un po' sul divano a bere, poi mi sono ricordata cosa volevo fare prima di andare a dormire.

«La guardiamo?»

Gert ha alzato gli occhi al cielo. «Si sta facendo tardi e ci vuole una vita per metterla su.»

«Per favore.» Gli ho pizzicato quella strana pelle molle che ha sul gomito e l'ho rigirata.

Lui ha detto di sì, «ma solo una volta», e ha messo la lattina sul tavolino, vicino alle sigarette e a uno dei draghi di palloncini del vichingo. Poi è tornato con il sacchetto di plastica del videoregistratore in una mano e la cassetta nell'altra.

L'ho aiutato a collegare il videoregistratore al televisore

con i cavi, ho infilato quello rosso nel buco rosso e quello giallo nel buco giallo, mentre Gert lo metteva in equilibrio sopra il lettore DVD.

Poi mi sono seduta sul divano e lui ha messo su la cassetta.

Prima sullo schermo non si vedeva niente, poi è diventato tutto chiaro. Gert ha alzato il volume, così potevamo sentire le risate.

Nel video siamo in spiaggia. Gert e la mamma hanno gli occhiali da sole e i loro capelli biondi brillano al sole. Il vento spinge le onde dell'oceano sulla sabbia. Io sono piccolissima e ho un costumino rosa e ho gli occhiali anch'io, degli occhialoni verdi che mi coprono mezza faccia.

«Fai la verticale», mi dice la mamma e io la faccio e Gert mi tiene per una caviglia e la mamma ride e mi tiene per l'altra, e io sono a testa in giù. Le onde ci vengono addosso, poi a un tratto ci mettiamo a correre sulla spiaggia e tutti e tre urliamo mentre la videocamera ci segue.

Siamo felici e bagnati. In aria ci sono dei gabbiani ma niente nuvole, quindi i gabbiani sembrano delle lettere dell'alfabeto che volano in cielo.

«Dov'eravamo?»

«Florida», ha risposto Gert. «Vicino a Fort Lauderdale. Ci siamo andati in vacanza nel...»

Ho chiuso gli occhi. «Millenovecentonovantaquattro. Avevo sei anni.»

«Esatto.»

Il video dura undici minuti, poi circa a metà inizia un programma sulla foresta amazzonica che qualcuno ci ha registrato sopra per sbaglio. L'ultima cosa che c'è nel video è la mamma che ride mentre Gert prende la videocamera e gliela punta dritta in faccia, sui denti bianchi e le labbra aperte, e lei con la mano lo allontana e continua a ridere come una persona famosa che non vuole essere ripresa.

Poi Gert ha premuto STOP e lo schermo è ridiventato nero. Avevo trattenuto il fiato senza volerlo e ho dovuto respirare.

«Bene, è ora di andare a letto», ha detto Gert tirando fuori la cassetta e rimettendola nella scatola.

Non abbiamo parlato del fatto che dietro la videocamera c'era il papà, era lui che ci rincorreva sulla spiaggia, e che l'unico ricordo che ho di lui è quando l'obiettivo gli inquadra i piedi nudi e pelosi.

I vichinghi passano un sacco di tempo a parlare dei morti, soprattutto di quelli che sono morti con coraggio in battaglia. Nostra mamma è morta di cancro, mica in combattimento, anche se a volte, quando Gert lo racconta, in effetti sembra proprio una guerra: lei si è battuta contro una tribù di cattivi che aveva dentro il corpo.

Mi ha raccontato che le sono caduti i capelli, che è diventata magra ed è morta perché loro l'hanno avvelenata. Non mi ricordo quando è stata avvelenata dalle radiazioni, che sono invisibili. Non mi ricordo molto altro di lei. Nelle foto che abbiamo in casa è bellissima e bionda, proprio come tutte le vichinghe famose.

Gert è biondo, quando ha i capelli e non se li rade. Io ho i capelli scuri, quasi neri. Non me li rado, Gert non me lo permette. Certe volte penso che dovrei essere bionda anch'io, visto che sono quella che sa tutto sui vichinghi, ma poi mi viene in mente che uno non diventa vichingo per il colore dei capelli.

Quello che rende una persona grande e leggendaria sono i gesti e le azioni.

Nostro padre ha chiamato Gert Gert perché è un tipico nome tedesco. Gert non sa che ho trovato la scatola di fotografie di nostro padre che lui ha ricevuto dopo la morte della mamma. Dentro c'è una foto di papà a letto, senza camicia, che fuma una sigaretta. Ha la testa rasata, dei tatuaggi, i baffi e somiglia molto a Gert. Ce n'è un'altra in cui è in motocicletta con la mamma attaccata che gli stringe le braccia intorno alla vita. Indossa un giubbotto di pelle e non ha il casco, anche se andare in moto senza casco è contro la legge e pericoloso, perché se ti spacchi la testa può uscire il cervello.

Non sappiamo che fine ha fatto. Gert dice che è stato arrestato per avere rubato dentro delle case e poi quando è uscito di prigione non è tornato in famiglia.

«Probabilmente è sottoterra», ha detto e voleva dire che è morto e sepolto.

Non abbiamo il permesso di parlare del papà, e della mamma solo ogni tanto. A Gert non piace granché parlare di nessuno dei due.

Non so molto di nostra madre, tranne quello che mi ha detto Gert. Allora mi invento delle storie su di lei e le racconto a tutti. I vichinghi credono che raccontare delle storie qui, sulla Terra, può rendere molto felice una persona nel Valhalla e che il modo migliore per rendere felice qualcuno è farlo diventare una leggenda di cui tutti parlano.

Ecco perché dico alla gente che mia madre ha combattuto cinquanta milioni di navi cariche di cancri con una spada sola.

«Era la donna più coraggiosa che è mai esistita», dico.

Prima di andare a letto ho preso la sua foto incorniciata che tengo sulla scrivania, e nella mia testa, per non svegliare nessuno, ho cantato le sue lodi. Se prima di andare a letto pensi a qualcuno, può succedere che lo sogni. Quando sogno, certe volte penso che la mamma è morta ed è diventata una valchiria e che un giorno, quando dovrò combattere, mi porterà con sé nel Valhalla.

2

È IMPORTANTE avere un programma da seguire, così tutti sanno dove sei e tu sai cosa fare.

Per esempio:

Il lunedì dopo colazione vado in biblioteca a leggere i libri sui vichinghi. Gert torna da scuola e pranziamo insieme. Il lunedì mi piace anche giocare a basket nel campetto fuori dal nostro palazzo.

Il martedì vado un'ora dal dottor Laird e poi al centro diurno c'è Attività ricreative.

Il mercoledì vado in biblioteca a leggere la rivista *National Geographic* per vedere se sono uscite nuove fotografie di vichinghi. Mi piace anche guardare le fotografie degli animali.

Il giovedì io e Gert andiamo insieme dal dottor Laird. Il giovedì Gert non ha lezione, quindi andiamo anche da qualche altra parte a divertirci insieme.

Il venerdì, il sabato e la domenica vado al centro diurno per le Attività ricreative, le Lezioni di lettura e scrittura o quelle di scienze sociali.

Il mio compleanno era di lunedì e la mattina dopo era martedì, quindi secondo il programma dovevo andare dal dottor Laird.

Di solito usciamo di casa alle 11.15 in modo da essere dal

dottore alle 12. Ma quel giorno Gert mi ha detto che avevamo cambiato programma. Aveva ricevuto una telefonata molto importante e dovevamo fare colazione in anticipo e uscire in anticipo, perché prima dovevamo andare in un posto.

«Un'altra sorpresa di compleanno?» ho domandato.

«È più una commissione», ha risposto. «Non preoccuparti.»

Con Gert per me non è un problema andare in posti nuovi. Se sono sola i posti nuovi non mi piacciono, perché è facile che ti perdi e poi ti rapiscono e chiedono il riscatto.

Mi piace anche la macchina di Gert, che lui tiene molto pulita e lucida.

Non ero mai stata nel posto dove mi ha portato Gert prima di andare dal dottor Laird. In quel posto c'erano un sacco di case con fiori morti e prati che nessuno falciava da tanto tempo. Le case erano arancioni e gialle e sembravano molto stanche. In alcune c'erano dei cespugli con le foglie marroni e l'erba dei prati era marrone e aveva molta sete.

Gert si è fermato davanti a una casa con la porta di metallo senza zanzariera. Davanti c'erano due sedie da giardino di plastica bianca.

Ha parcheggiato, si è sganciato la cintura, ha spento la musica, e il motore della macchina ha borbottato finché si è spento.

«Dove siamo?» ho domandato. «Queste case sembrano malate.»

«Da nessuna parte. Stai tranquilla qui, che torno tra un paio di minuti.»

«Centoventi secondi», ho detto. «Cioè due minuti.»

«Non parlavo in senso letterale», ha detto Gert.

«Allora letteralmente quanto stai via?»

Lui ha sospirato. «Quindici minuti al massimo. Ma se ci metto di più, tu non agitarti.»

Gert ha sempre questo problema: non gli piace essere *preciso*, una Parola del giorno che uso un sacco perché mi aiuta a sapere esattamente cosa aspettarmi. Quando sei il contrario di preciso, impreciso o molto generico, le persone non sanno quando succederà qualcosa o come.

Metto la sveglia dopo quindici minuti.

«Ma avremo abbastanza tempo per arrivare dal dottor Laird? Perché quando mi fai fare tardi lui si arrabbia.»

«Non ti preoccupare, abbiamo tutto il tempo. Adesso abbassa i finestrini, così non muori di caldo.»

È salito sul marciapiede, è arrivato alla porta della casa e io mi sono annusata le ascelle. Lui ha bussato, hanno aperto ed è entrato. Dopo avere abbassato i finestrini ho tirato fuori il telefono, ho mandato un messaggio a Marxy e gli ho chiesto cosa stava facendo. Lui mi ha risposto *NIENTE* e mi ha chiesto cosa stavo facendo io e ho risposto: *Aspetto che Gert esca da una casa così possiamo andare dal dottor Laird.*

Lui mi ha mandato uno smile che bacia e dei cuoricini e mi ha detto che sua madre gli aveva detto di mettere via il telefono. Io gli ho mandato uno smile con gli occhiali da sole e anche un pugno che significa che siamo forti.

Dall'altra parte della strada c'era una donna in bikini verde seduta di fronte a due bambini che si schizzavano dentro una piscina di plastica azzurra. I bambini hanno cominciato a fare la lotta e la donna in bikini ha detto di smetterla di fare casino. Loro hanno continuato, quindi lei ha messo giù il bicchiere, si è alzata e ha preso per un braccio il bambino che aveva iniziato a fare la lotta. L'ha tirato su, gli ha abbassato il costume e ha iniziato a sculacciarlo finché si è messo a piangere.

Non volevo guardare più.

Secondo me i genitori non dovrebbero mai picchiare i figli. Lo zio Richard picchiava sempre Gert, quand'era più piccolo. AK47 dice che ti possono venire dei problemi emotivi.

Mi sono voltata dall'altra parte e ho guardato la casa dov'era entrato Gert, che era la numero 334.

Erano le 10.41. Erano passati undici minuti. Il mio appuntamento con il dottor Laird era sempre alle 12.

Avevamo esattamente un'ora e diciannove minuti per arrivarci.

Visto che non sapevo dove ci trovavamo, non potevo mettermi a risolvere il problema di sottrarre il tempo che ci voleva per arrivare in macchina nello studio del dottor Laird, che è in centro.

Gert è uscito dalla casa e si è avvicinato alla macchina. Erano passati dodici minuti.

«Vieni dentro con me», ha detto.

«Ma mi avevi detto di rimanere qui.»

«Lo so. Ma ci vorrà un po' più di quello che credevo.»

«Abbiamo un'ora e diciassette minuti prima dell'appuntamento con il dottor Laird», ho detto, e Gert mi ha detto di non preoccuparmi, che avevamo un sacco di tempo.

Mentre camminavamo ho cercato di prendergli la mano, ma lui non voleva. «Non adesso», ha detto, e prima di arrivare alla porta mi ha detto di cercare di non parlare. «Stai zitta e se ti fanno delle domande rispondi con il minor numero di parole possibile. Okay?»

«Perché siamo qui?» ho domandato.

«Hai capito?»

Mi ha preso il polso e l'ha stretto finché ha cominciato a farmi male. Ho tolto la mano.

«Ho capito, okay. Caspita. Fare del male ai bambini li fa diventare emotivamente instabili da grandi», ho detto, e la donna con il bikini verde ci ha guardato mentre uno dei bambini piangeva. Da grande diventerà emotivamente instabile.

Poco ma sicuro.

Dentro, la casa puzzava di fumo di sigarette e marijuana. Ho sentito lo scarico di un water e in fondo al corridoio si è aperta una porta. È venuto fuori un uomo molto grosso con dei tatuaggi, a braccia spalancate. Gert mi ha detto che si chiamava Toucan e che era molto importante, quindi dovevo comportarmi bene. Toucan aveva una sigaretta in bocca e non si preoccupava se la cenere cadeva sul pavimento.

«Quindi tu saresti la famosa Zelda», mi ha detto, e ha dato la mano a Gert e poi l'ha allungata per darla anche a me.

Io gliel'ho fissata.

«Ho la mano sporca?» mi ha domandato e ha guardato Gert. «Perché non mi dà la mano?»

Gert ha detto: «È una delle sue manie. Su, Zelda. Dagli la mano».

Una delle mie regole è dare la mano alle persone che mi piacciono o che si sono guadagnate il mio rispetto. Gli abbracci sono soltanto per i membri della mia tribù. Non mi piace essere toccata dagli sconosciuti e non mi piace stare in posti dove c'è un sacco di gente.

Gert mi ha lanciato L'OCCHIATACCIA e così ho dato la mano a Toucan.

«Ho chiesto a Gert di farti entrare così potevo conoscerti», ha detto. «E poi là fuori fa un caldo infernale e non volevo che ti arrostissi in macchina. Dovremo vederci molto spesso, quindi preferirei che non finissi proprio in cenere, ecco.»

«Non sono mica così *famosa*», ho detto.

Nessuno si è tolto le scarpe, quindi le REGOLE DELLA CASA erano diverse da quelle di casa nostra. In quasi tutte le case è permesso tenersi le scarpe e così le mie non me le sono tolte.

«*Mi casa es su casa*», ha detto Toucan. Poi si è interrotto. «Sai cosa significa?»

«La mia casa è casa tua», ha detto Gert.

Toucan si è tolto la sigaretta dalla bocca e mentre parlava la agitava. «Giusto. Ma lo sapete da dove viene?» Però guardava me, così ho scosso la testa e ho detto che non lo sapevo. Toucan ha continuato a spiegare. «Quando Cortés ha conosciuto Montezuma, il re degli aztechi, Montezuma ha detto: Questa è casa tua. Sai chi era Cortés, Zelda?»

«Un esploratore.»

Toucan ha annuito. «La parola giusta è *conquistador*. E sai cosa hanno fatto agli aztechi?»

«No», ho risposto. Toucan si è chinato finché la sua sigaretta mi è arrivata vicina alla faccia.

«Li ha fregati, si è preso tutto e li ha ammazzati.»

Io ho tossito per via del fumo della sigaretta che mi era finito in faccia. Per un secondo c'è stato silenzio.

Poi Toucan è scoppiato a ridere. Ha riso anche Gert, non una risata vera, ma sottovoce. Io non capivo cosa c'era di divertente.

«Direi che era un bifolco. Cortés.»

«Era proprio un maledetto stronzo, ecco cos'era. Adesso entra, devo parlare con tuo fratello di certe cose, a te ti sistemiamo qui dentro.»

Ci ha fatto entrare in soggiorno, dove c'erano un divano e un grande televisore. La moquette aveva bisogno di essere lavata. Anche noi abbiamo la moquette in casa e una volta al mese Gert va in macchina fino al negozio di alimentari per noleggiare la macchina lavamoquette per casa nostra, che dopo un po' è molto sporca, anche se ci togliamo sempre le scarpe. Toucan aveva sicuramente bisogno di quella macchina.

In soggiorno c'era anche un tavolo rotondo con della gente che giocava a carte e fumava sigarette. Toucan ha battuto le mani e loro hanno smesso.

«Ragazzi, con grande piacere vi presento Zelda, la sorella di Gert. Zelda, questa è la banda.»

Io ho fatto un saluto con la mano. «Ciao banda.»

Si sono tutti girati verso di me e mi sono sentita come un rametto in mezzo a tanti alberi.

Loro hanno ricominciato a giocare a carte. Toucan ha buttato la sigaretta al centro del tavolo.

«Vi ha detto ciao, banda.»

La banda ha messo giù le carte e mi hanno detto ciao uno per uno. Toucan ha tirato fuori un'altra sigaretta e se l'è accesa.

«Abbiamo dei giochi fantastici, Zelda», ha detto indicando la tele. «Siediti pure sul divano.»

Mi sono seduta dopo che Gert mi ha fatto un cenno per farmi capire che andava bene. Toucan mi ha chiesto se volevo qualcosa. «Una bibita, o qualcos'altro?»

Io gli ho detto che avevo sete e lui ha chiesto a uno dei giocatori di carte di portarmi una Coca. «Abbiamo il nuovo gioco della NBA. Ti piace il basket, vero?»

«In realtà non possiamo fermarci tanto», ha detto Gert.

Io ho controllato l'orologio. «Abbiamo un'ora e dodici minuti e poi dobbiamo essere da un'altra parte.»

«Tranquilla», ha detto Toucan dando a Gert una pacca sulla spalla. «C'è un sacco di tempo.»

Toucan ha indicato una delle persone che giocavano a carte e gli ha detto di prepararmelo. «Mettile su *NBA2K*.»

Gert mi ha detto che tornava subito. «Non ci vorrà molto», ha aggiunto.

Poi lui e Toucan sono andati in fondo al corridoio a parlare a bassa voce. Sembravano due grossi vichinghi.

La persona che mi stava preparando il gioco aveva dei pantaloncini Nike neri con il cavallo basso, e quando tirava fuori i cavi e sbrogliava il joystick gli vedevi l'inizio delle chiappe. Faceva schifo quasi come la donna che picchiava suo figlio.

Poi mi ha dato il joystick.

«Attenzione che quando giochi devi fare un nuovo account», ha detto. «Non voglio che mi mandi a puttane la stagione.»

Poi ha ricominciato a giocare a carte con la banda.

Ho bevuto la mia bibita e ho iniziato a giocare. La partita era molto divertente. Avevo giocato a delle versioni precedenti al centro diurno, durante le Serate Videogiochi, e avevo scelto i Boston Celtics, che erano la mia squadra preferita, anche se non piacciono a nessuno. Tutti preferiscono i Lakers o i Warriors. La gente è convinta che i Celtics sono noiosi.

Ho giocato per un po'. Ho vinto una delle partite contro i Denver Nuggets e poi ho perso contro i San Antonio Spurs che erano i campioni, quindi la loro squadra era molto forte. Alla tele sono noiosi da guardare, ma sul campo da basket si danno da fare. A Gert piacciono perché non fanno tanta scena e non fanno roba come i passaggi dietro la schiena o troppi dribbling. Passano un sacco, come una tribù di buoni che combatte e lavora insieme invece di fare ciascuno quello che gli pare.

La gente giocava a carte, beveva birra e continuava a fumare. La casa era piena di fumo. Ho finito la lattina e l'ho messa sul tavolino vicino al posacenere pieno zeppo. Uno di loro si è alzato e se n'è andato perché aveva finito i soldi e gli altri hanno cercato di convincerlo a restare, ma lui se n'è andato lo stesso. Poi se n'è andato anche un altro.

Dopo avere vinto un'altra partita, ho controllato l'orologio. Ventuno minuti. Gert se n'era andato da un bel po'.

Ho messo giù il telecomando e mi sono avvicinata alle persone che giocavano a carte. Mi sono fermata dietro a quello che mi aveva preparato l'*NBA2K* e ho guardato la partita. A giocare a carte erano rimasti in cinque e avevano tutti dei berretti da baseball e dei tatuaggi.

Davanti a loro c'erano mucchi di soldi e sigarette. Uno fumava un vaporizzatore. Sapevo che tante persone avevano smesso di fumare le sigarette normali e fumavano quelle scatolette perché hanno un odore migliore e ogni volta che espiri assomiglia al vapore della vasca da bagno. L'uomo era molto grosso e grasso e mi ha guardato voltando la testa.

«Ti serve qualcosa?» mi ha chiesto.

«Guardavo e basta», ho risposto.

Avevo visto Gert giocare a poker al liceo e lo zio Richard ci giocava sempre. Si mettono dei soldi al centro e il vincitore che ha le carte migliori se li prende tutti. Se non vuoi mettere dei soldi, puoi mettere delle sigarette. Gert lo faceva sempre, quando era al liceo. Allo zio Richard piaceva giocare a soldi.

Il Ciccione che era davanti a me alla fine ha perso.

«Ehi, mi porti sfortuna», mi ha detto. «Vai a metterti dietro qualcun altro.»

«Ho qualcosa dove puoi sederti», ha detto il giocatore con il berretto rosso. «Vieni qui.»

Il Ciccione gli ha detto di chiudere il becco. «È la sorella di Gert.»

L'uomo con il berretto rosso mi ha squadrato ben bene. «Non sembra per niente la sorella di Gert», ha detto, poi si è dato dei colpetti sul ginocchio e mi ha detto di avvicinarmi.

Ho deciso di sedermi su una delle sedie vuote vicino alla persona che aveva appena vinto l'ultima mano. Era un tipo magro con i peli della faccia rasati in modo da formare una specie di striscia sottile che dalle orecchie passava tutto intorno al mento, come il sottogola di un casco per bicicletta che così non cade per terra.

Mi ha dato la mano e mi ha detto che si chiamava Hendo.

«Bene, Zelda», ha detto Hendo. «Potrai darmi dei consigli. Un po' più di fortuna mi servirebbe proprio.»

Il Ciccione ha sbuffato. «Allora sei finito.»

Abbiamo giocato insieme, come una squadra. A Hendo piaceva raccontare delle barzellette mentre giocava. Nessun altro rideva o raccontava delle barzellette come lui.

«Allora, ci sono la gallina e l'uovo che sono a letto insieme», ha detto.

«Non puoi semplicemente dare le carte?» ha domandato il Ciccione.

Hendo ha distribuito le carte e ha continuato a parlare. «E la gallina è molto felice. Ha un enorme sorriso sulla faccia, cazzo.»

Ha finito di distribuire le carte e tutti le hanno guardate.

«Allora l'uovo, molto seccato, le dice: 'Immagino che questa sia la risposta alla famosa domanda'.»

«Ah, ah», ha fatto uno degli altri giocatori.

«Non l'ho capita», ho detto io. «Qual era la domanda?»

L'uomo con il berretto rosso si è acceso un'altra sigaretta e si è girato verso il Ciccione. «Ma fa sul serio?»

Io ho detto che facevo sul serio e che comunque volevo sapere qual era la domanda. Hendo ha detto che la battuta stava nel fatto che l'uovo e la gallina avevano appena fatto sesso, la gallina era venuta prima dell'uovo e l'uovo era arrabbiato perché voleva venire anche lui, ma tanto non sarebbe mai successo.

«E perché?» ho domandato, e stavo per aggiungere: «E cosa vuol dire?» ma alla gente non piace quando fai troppe domande in una volta sola.

«Ma è ritardata o cosa?» ha domandato l'uomo con il berretto rosso, e il Ciccione gli ha mollato un pugno sul braccio.

«Non è una bella cosa da dire. È come la parola che inizia per N.»

«Come la parola che inizia per N», ha ripetuto l'uomo con il berretto rosso. «Ma da che pianeta vieni?»

«Il pianeta dove noi continuiamo a prenderci i tuoi soldi», ha risposto Hendo, perché avevamo vinto ancora. Ha fatto un mucchietto più piccolo per me, dove metteva un pochino di soldi ogni volta che vincevamo.

Mentre giocavamo gli ho raccontato delle rune e gliene ho disegnata una su un tovagliolino.

«Dovrebbe proteggerti durante le battaglie», ho detto e a Hendo questa cosa è piaciuta.

«Perfetto. Il poker è come una guerra. Il vincitore si tiene tutto.»

Prima di quella parte della partita in cui ciascuno a turno decide cosa fare, se scommettere altri soldi o passare, ha voluto toccare la runa per vedere se gli portava fortuna.

«Quanto credi che dovrei scommettere?» mi ha domandato, e anche se non sapevo se le carte che aveva in mano erano buone, più o meno gliel'ho detto. Lui mi ascoltava sempre.

Quando il Ciccione è andato a prendere dell'altra birra, hanno fatto una pausa e l'uomo con il berretto rosso è andato in bagno e si è portato dietro tutti i suoi soldi. Gli altri due giocatori sono andati a fumare. Hendo si è scusato per la maleducazione dell'uomo con il berretto rosso.

Gli ho detto che ci ero abituata. «La gente mi dà sempre della ritardata.»

«Be', non lo sembri affatto», ha detto Hendo contando i soldi che aveva davanti. «Secondo me è solo geloso perché ti sei seduta qui e non con lui.»

Ha costruito davanti a sé una pila di banconote da cinque e una di banconote da un dollaro. Io l'ho aiutato a fare dei mucchietti con le monete, uno per ogni tipo.

«Se non me l'avessi detto, non avrei mai pensato che tu e Gert siete parenti.»

«Gert è più gargantuesco di me», ho detto.

«Sì, ma io volevo dire... che sei una bella ragazza. E porti una fortuna pazzesca. Quelle rune funzionano davvero.»

Il Ciccione è tornato con una confezione di sei lattine di birra. Ne ha messa una davanti a Hendo, una dov'era seduto l'uomo con il berretto rosso e le altre davanti a sé.

Ho pensato a quello che aveva detto Hendo sul fatto che

ero una bella ragazza e che non riusciva a credere che ero la sorella di Gert. Mentre giocavamo a poker ho fatto finta di non essere affatto sua sorella, ma una persona normale che giocava a carte. Nella partita succedeva tutto molto velocemente. Io guardavo e cercavo di imparare quali carte erano meglio delle altre. Hendo non si arrabbiava quando sceglievo quelle sbagliate o dicevo a voce alta cosa fare, e mi dava un cinque ogni volta che gli dicevo di fare una cosa e lui vinceva.

Questo ha fatto arrabbiare sempre di più l'uomo con il berretto rosso, perché anche quando non vincevamo noi vinceva il Ciccione. L'uomo con il berretto rosso era l'unico che non vinceva mai.

«Devo trovarmi anch'io una ritardata», ha detto, e si è girato verso il Ciccione. «Secondo te scopa come una ritardata? Ehi, ritardata, fai anche l'ingoio?»

«Sei proprio un porco, sai?» ha detto Hendo mettendo giù le carte.

«Ingoio?» ho domandato.

L'uomo con il berretto rosso ha iniziato ad abbassarsi la cerniera dei pantaloni. «Lo vuoi vedere? Sarà un po' come fare educazione sessuale...»

«Maledizione», ha detto il Ciccione. «Nessuno qui ha voglia di vederlo. Non possiamo giocare e basta?»

«E poi, meglio non avere a che fare con Gert quando s'incazza», ha detto Hendo alzando le carte per farmele vedere.

Uno degli altri giocatori si è alzato e ha detto che se ne andava. Ma l'uomo con il berretto rosso gli ha detto di sedersi.

«Solo perché è il nuovo leccaculo di Toucan, non significa che devo spompinarlo come fanno tutti», ha detto.

«Gert non è il leccaculo di nessuno», ho risposto io.

«Toucan gli dice di saltare e Gert gli chiede fin dove.» L'uomo con il berretto rosso ha messo al centro del tavolo un'altra manciata di monete. «Rilancio.»

«Rilancio», significa che era convinto di vincere e voleva

scommettere più soldi per vedere se c'era qualcun altro sicuro come lui.

Hendo ha puntato tutte le sue banconote, perfino quelle da venti, prima che io potessi dire qualcosa. Sapevo che le sue carte non erano molto buone, perché non c'erano numeri uguali e non erano nemmeno in fila, come due tre quattro cinque e sei. Con le carte in tavola aveva un quattro di quadri, un re di cuori, un due di quadri, un sei di picche e un sette di fiori.

«Poche chiacchiere, veniamo ai fatti», ha detto.

Il Ciccione ha buttato giù le sue carte. «Mi chiamo fuori.»

«E tu?» ha chiesto Hendo all'uomo con il berretto rosso. «Sputi o ingoi?»

Al centro della tavola c'erano così tanti soldi che non riuscivo a contarli. Ma sapevo che Hendo aveva almeno cinquanta dollari in banconote, perché prima li avevo contati. Poi c'erano le monete e i soldi che aveva messo in mezzo il Ciccione prima di arrendersi e i soldi dell'uomo con il berretto rosso.

Ho sentito il cuore che mi batteva forte nel petto. Hendo sorrideva e sembrava non capire che aveva delle brutte carte che non avrebbero battuto nessuno.

Ma poi è successa una cosa incredibile. L'uomo con il berretto rosso ha rinunciato anche lui e ha buttato giù le sue carte.

«Come pensavo», ha detto Hendo prendendosi tutti i soldi. «Che bomba.»

Io e Hendo ci siamo dati un cinque, e l'uomo con il berretto rosso si è alzato e ha cominciato a bestemmiare. Io ho detto che un uomo d'onore deve accettare la sconfitta con coraggio. A quel punto lui mi ha lanciato addosso la sigaretta.

Hendo si è alzato, si sono messi faccia a faccia e hanno iniziato a spintonarsi, l'uomo con il berretto rosso diceva delle cose orribili su me e Gert, come che probabilmente Gert mi scopava tutte le notti, che in effetti era una cosa piuttosto schifosa da dire.

Stavano per iniziare a picchiarsi ma, proprio nel momento in cui l'uomo con il berretto rosso stava dicendo che sono una ritardata, è arrivato Toucan e ha domandato cosa cazzo stava succedendo. Con lui c'era anche Gert, e quando ha sentito la parola *ritardata* ha sgranato gli occhi e io ho capito che stava entrando in modalità *berserker*. Toucan gli ha messo una mano sulla spalla e si è avvicinato all'uomo con il berretto rosso.

«Cos'hai detto?» ha domandato, scostando Hendo per mettersi naso a naso con l'uomo con il berretto rosso.

Gert mi si è messo davanti e quindi per vedere dovevo stare sulle punte dei piedi e allungare il collo. L'uomo con il berretto rosso ha guardato per terra e non ha detto niente. Il Ciccione e Hendo sono rimasti da una parte come per paura che stava per scoppiare una bomba, ma non sapevano bene quando e volevano comunque stare a guardare.

Toucan ha dato una sberla all'uomo facendogli cadere il berretto, poi gliene ha data un'altra e gli ha detto di scusarsi con me. L'uomo con il berretto rosso non ha cercato di fermarlo. Ha lasciato che Toucan lo colpisse più volte.

Poi ha detto che gli dispiaceva, sempre con lo sguardo puntato a terra.

«Più forte», ha detto Toucan. «Non credo che ti abbia sentito.» L'uomo con il berretto rosso ha detto «scusami» così forte che stava quasi urlando, e Toucan gli ha afferrato la testa e lo ha costretto a guardarmi negli occhi mentre diceva «scusami» per la terza volta.

Toucan ha chiesto a Gert se voleva picchiarlo. Gert si è avvicinato, ma io l'ho trattenuto per un braccio. «No», ho detto, perché all'improvviso l'uomo mi è sembrato molto debole.

«Accetto le tue scuse», gli ho detto e poi ho detto a Gert che era ora di andare.

Gert mi ha detto di ringraziare Toucan e io gli ho dato la mano. Lui si è messo a ridere e ha detto che da quel momento avevamo il nostro saluto speciale: mi ha preso la mano, l'ha aperta, ci ha messo sopra la sua, ha stretto le dita e poi mi ha dato una pacca sulla spalla.

A me non piace essere toccata e quando ha finito con quella pacca ho fatto un passo indietro.

«Tu e Gert potete fare pratica», ha detto.

Gert mi ha dato le chiavi della macchina e mi ha detto che potevo accendere il motore e che lui arrivava in un minuto.

Mentre stavo per andarmene, Hendo mi ha salutato con pugno-a-pugno e mi ha detto che ero il portafortuna migliore della sua vita. «Dovresti venire tutte le volte che gioco. Diventerei milionario nel giro di un mese.»

Poi mi ha detto: «Stammi bene».

«Okay. Anche tu.»

L'uomo con il berretto rosso se ne stava in disparte. Quando gli sono passata vicino non mi ha detto niente e l'ultima volta che l'ho guardato ho visto che stava piangendo.

Sono uscita e ho visto che la donna e i bambini dall'altra parte della strada non giocavano più. La donna era in casa e uno dei bambini era seduto da solo sotto il portico. Sono salita in macchina e ho acceso il motore. L'aria condizionata ha cominciato a soffiarmi in faccia.

Gert è uscito dalla casa con un borsone da palestra e l'ha buttato sul sedile dietro. Ha detto che dovevamo partire veloci come un branco di tartarughe, è una battuta che fa sempre. Poi ha indicato l'orologio e ha detto: «Hai visto? C'è un sacco di tempo».

Siamo partiti. Il bambino nel cortile mi ha salutato con la mano e anch'io.

«Sei il nuovo leccaculo di Toucan?» ho domandato.

«Cosa?»

«L'ha detto quello là. Che sei il nuovo leccaculo di Toucan.»

«Io non sono il leccaculo di nessuno», ha risposto. «E tu mi devi scusare. Se avessi saputo che c'era anche quel pezzo di merda, non ti avrei portato con me.» Poi ha sospirato. «Sai che non permetterei mai che ti succedesse qualcosa, vero?»

«Quelle persone non mi piacciono.»

Lui ha guidato per un po'. «Sì, be'. Per questo devi fidarti di me», ha detto. «Ti fidi di me, vero?»

Io guardavo fuori dal finestrino.

«Ehi, rispondi. Ti ho mai deluso?»

«No.»

«Perché insieme siamo imbattibili.»

Alla radio hanno messo una delle nostre canzoni preferite, *Thunderstruck*, degli AC/DC, lui ha alzato il volume e ha iniziato a cantare e poi ho iniziato a cantare anch'io e ho davvero avuto la sensazione che insieme nessuno può batterci.

3

Siamo arrivati dal dottor Laird alle 11.49. Per salire di sopra ci vogliono esattamente otto minuti, a meno che l'ascensore sia rotto, ma dalla macchina ho visto che funzionava perché c'era una persona che usciva.

Gert mi ha chiesto qual è la nostra regola.

«La conosco la regola», ho risposto.

«Voglio che tu me la ripeta.»

«Non parliamo della vita privata di Gert.»

Lui ha annuito. «Bene. Quindi gli racconterai quello che è successo un'ora fa?»

«Un'ora e diciotto minuti», ho detto io. È scattato l'orologio. «Un'ora e diciannove. No, non parlerò del fatto che abbiamo giocato a poker né di Toucan o di qualcos'altro.»

«Bene.» Gert mi ha sorriso. Poi mi ha detto di aspettare, e dal borsone della palestra ha preso la busta. «Dai questa a Laird.»

Il dottor Laird è specializzato in sviluppo, il che significa che lavora con bambini più intelligenti degli altri bambini e con bambini che non sono intelligenti come gli altri bambini e con ragazzini come me e Marxy.

Sul suo biglietto da visita che abbiamo appiccicato al frigo con un magnete c'è scritto che è uno psicologo dello sviluppo.

Il dottor Laird non è come gli altri dottori. Non ti misura la febbre e non ti dà medicine, o almeno non di solito. Lui preferisce fare domande e scrivere delle cose. A volte vado all'ospedale, mi fa stendere su un tavolo freddo e mi fa entrare dentro una macchina che sembra un tubo di Pringles. Là dentro c'è una luce azzurra che mi passa su tutto il corpo. La luce scatta delle fotografie di quello che ho dentro, soprattutto del mio cervello, e ogni tanto il dottor Laird me lo fa vedere, è arancione e rosa e blu, e lui dice che significa che quando è stata scattata la foto quelle parti del mio cervello stavano lavorando come matte. Di solito parliamo e basta e a me piace perché è bravo ad ascoltare e mi fa delle domande da cui si capisce che non sta solo fingendo di stare attento. Ha una cartellina soltanto per me che è lunga quasi come la *Guida Kepple ai vichinghi* e lui ci mette dentro gli appunti che prende su di me tutte le settimane.

Quando mi sono seduta ha preso un foglio dalla cartella, si è abbassato gli occhiali sul naso fino alla punta e ha cominciato a scrivere.

Il dottor Laird è basso e ha un taglio di capelli che secondo Gert risale agli anni Settanta, più lunghi dietro e in cima e più corti sui lati. Il suo studio è pieno di libri e documenti e pezzi di carta incorniciati e attaccati al muro da cui si capisce quali college ha frequentato. Ha due grossi avambracci pieni di peli. Gert dice che anche quegli avambracci sono anni Settanta, e penso che voglia dire che si comporta come se non vivessimo oggi, ma in un'epoca in cui le persone avevano gli avambracci pelosi e i capelli corti sui lati e lunghi sul resto della testa. A volte secondo me assomiglia alle immagini dei vichinghi della *Guida Kepple ai vichinghi*.

È molto bravo a farti parlare. Se c'è silenzio non si comporta in maniera strana e non si agita, ma aspetta che sei tu a sentirti strano, ad agitarti e a metterti a parlare, e con me lo fa.

Gert non ha l'assicurazione, quindi dobbiamo pagare il dottor Laird con i soldi nostri. Se hai un buon lavoro ti danno l'assicurazione e non devi pagare cose come dottori e dentisti. In Canada per esempio hanno tutti l'assicurazione. Visto che sa che non abbiamo l'assicurazione, il dottor Laird ci ha detto che possiamo pagare in base a una scala mobile. Invece di chiedere a tutti gli stessi soldi, lui fa pagare di più i ricchi, e i poveri come me e Gert pagano meno.

Questo è un esempio dell'eroismo del dottor Laird, anche se non combatte delle battaglie vere, con i pugni.

Quando Gert prenderà la laurea e avrà un lavoro importante, avremo l'assicurazione e non dovremo pagare niente.

Il dottor Laird mi ha chiesto com'era andato il compleanno. «Hai avuto dei bei regali?»

Gli ho raccontato che Gert mi aveva regalato un vichingo. «Era molto figo. Non era un vichingo vero. Mi sa che era uno spogliarellista che si toglie i vestiti, però i vestiti da vichingo se li è tenuti.»

«Uno spogliarellista», ha ripetuto il dottor Laird.

«È venuto anche Marxy con sua madre. Ci siamo baciati alla francese.»

«Ah. E come ti sei sentita?»

«Bene», ho risposto. «Però secondo me fa un po' schifo. Perché bisogna mettere insieme le lingue. Lei ha mai baciato alla francese?»

Il dottor Laird si è messo a ridere e mi ha detto di sì, con sua moglie.

«Mi potrebbe spiegare una barzelletta?»

Gli ho raccontato quella della gallina e dell'uovo. Il dottor Laird mi ha ascoltato fino alla fine e non ha riso.

«Non ho riso neanch'io», ho detto. «Mi è sembrata una barzelletta stupida.»

«Be', non è male ma non è neanche così divertente», ha detto lui.

«E cosa significa 'sputi o ingoi'?»

Il dottor Laird si è schiarito la voce. «Dove l'hai sentita?»

«Da nessuna parte», ho risposto, perché mi era venuto in mente che avevo promesso a Gert di non parlare della casa di Toucan.

C'è stato un silenzio, succede spesso quando vado dal dottor Laird. Lui mi dà sempre il tempo di pensare, quando ne ho bisogno.

«Lei trova che sono bella?» ho domandato.

«È successo qualcosa con Marxy? Ti ha chiesto di sputare e ingoiare?»

«No, no, no. È solo che ho sentito qualcuno che lo diceva e non ho capito cosa voleva dire.»

«È una richiesta volgare che fanno certe persone riguardo a un determinato atto sessuale», mi ha spiegato il dottor Laird e ha posato la penna. «Tu e Marxy avete fatto altro, a parte baciarvi?»

Ho scosso la testa e ho detto di no. «Solo baci alla francese.»

«Hai mai pensato a come sarebbe fare sesso con Marxy?»

Io ho alzato le spalle e ho detto forse, anche se era la prima volta che dicevo quelle parole a voce alta. Il dottor Laird ha detto che andava bene parlare di Marxy e sesso, che è naturale per persone della nostra età, *adulti*, ha detto, voler esprimere fisicamente un reciproco amore.

«A Gert non piace quando parlo di sesso.»

Il dottor Laird si è guardato intorno e i suoi occhi hanno sfiorato ogni parte della stanza. Mi ha detto di guardarmi intorno e, quando gli ho chiesto perché, ha risposto: «Chi altro c'è in questa stanza?»

«Nessuno.»

«Bene. Qui Gert non c'è. Ci siamo solo io e te.»

«Sì», ho detto. «Ho pensato a fare sesso con Marxy, e a come deve essere nudo.»

«Sai cosa vuol dire sesso sicuro?»

Ho annuito. «Preservativi e bambini e il pene.»

Il dottor Laird mi piace. È una persona che non racconta cazzate, proprio come AK47, proprio come Gert. Una persona che non racconta cazzate dirà sempre la verità, anche quando le altre persone non sono in grado di sopportarla. Il dottor Laird ha detto che probabilmente dovevamo fare un'altra seduta per parlare in maniera più dettagliata di come doveva essere fare sesso con Marxy.

«È un po' complicato e mi piacerebbe parlarne un po' di più con te», ha detto.

«So che le persone sono delle merdacce quando pensano a persone come noi che fanno sesso.»

«Merdacce è proprio il termine tecnico, sì, ma io non sono una di quelle persone. Penso soltanto che dovremmo essere il più preparati possibile.» Ha detto che fare sesso è un passo importante, ma che dovremmo parlare di più di Marxy.

«Cosa vuol dire?»

«Da quello che ho capito siete due persone molto diverse.»

Ho annuito. «Lui ha un pene e io una vagina.»

Il dottor Laird ha sorriso. «Giusto. Ma io parlavo del punto in cui vi trovate come persone. Non solo fisicamente, ma sul piano dello sviluppo. Sai cosa intendo?»

Quando il dottor Laird dice la parola *sviluppo* intende il potere del cervello.

«Sta dicendo che io e Marxy abbiamo cervelli diversi.»

«Esatto. E quando parliamo di cose come il sesso e i sentimenti, avere cervelli diversi, come dici tu, rende le cose più complicate.»

Ho sorriso perché Marxy mi dice sempre che sono carina. «Marxy è incredibile», ho detto.

Il dottor Laird mi ha chiesto cosa mi piace di lui.

Io ho fatto una lista delle COSE CHE MI PIACCIONO E CHE TROVO SEXY DI MARXY:

- Ha delle guance carine che quando sorride si riempiono di fossette.
- Quando cammina i muscoli dei suoi polpacci diventano enormi.
- Il suo colore preferito è il rosso e il mio è il blu e quando li mescoli viene fuori il viola, un altro colore molto vivace.
- Ha sempre un buon odore e i suoi vestiti non sono mai spiegazzati.
- Certe volte bacia troppo con la lingua.
- Mi stringe troppo forte perché è troppo grosso per dimostrare il suo amore e fa male, ma vuol dire che mi vuole molto bene.
- La sua imitazione di Sean Connery è molto sexy.

Il contaminuti a forma di uovo del dottor Laird ha cominciato a suonare e voleva dire che la seduta era finita. «Dovremmo parlare di più di te e Marxy», ha detto il dottor Laird alzandosi. «La prossima volta. Ma prima che tu vada via c'è una cosa che voglio farti vedere. Possiamo dire che è un regalo di compleanno.»

Ha aperto il cassetto della scrivania e ha tirato fuori dei fogli uniti con dei punti metallici. Era un articolo che aveva trovato su internet e stampato, che parlava di un celebre scheletro vichingo.

«Leggi la parte che ho evidenziato», ha detto.

Ho trovato la parte di cui stava parlando. «Iconica tomba vichinga contiene superdonna», ho letto ad alta voce. «Cosa vuol dire?»

«*Iconica* significa molto importante, capace di ispirare gli altri.»

«Oh. Quindi questa persona morta è un'icona.»

«Continua a leggere.»

L'articolo diceva che un esame del DNA aveva dimostrato che uno dei più celebri scheletri vichinghi in realtà apparteneva a una donna. Tutti credevano che fosse un uomo, ed era iconica, ha detto il dottor Laird, perché era una delle tombe più antiche e complete e un sacco di archeologi che studiano i popoli antichi l'avevano usata per raccontare il passato.

«Per esempio il tuo scrittore preferito, Kepple», stava dicendo il dottor Laird. «Probabilmente ha pensato, come tutti gli altri, che questo vichingo morto fosse un uomo. Ma in realtà, visto che è una donna, e una donna supertosta con un sacco di armi, ora la nostra idea dei vichinghi cambierà. Giusto?»

«Capisco.»

«E persone come Kepple e scienziati e storici inizieranno a parlare di più di guerriere vichinghe donne.»

«Leggendario», ho detto. «Caspita.»

La tomba si trovava nella cittadina svedese di Birka e conteneva un sacco di armi e armature. L'articolo diceva che era la prova che la persona sepolta non era una persona normale, ma «una guerriera professionista.»

Ho guardato l'immagine della tomba sul foglio.

«Perché me l'ha fatta vedere?»

«Te l'ho fatta vedere perché voglio che inizi a pensare alla tua leggenda. Capisci cosa intendo?»

Allora ho capito. Il dottor Laird mi aveva fatto vedere quella vichinga per dimostrarmi che anch'io potevo avere dei poteri. Gliel'ho detto e lui ha annuito.

«Credo che tu abbia più risorse di quelle che credi, Zelda.»

Nello studio del dottor Laird non è permesso abbracciarsi perché dobbiamo comportarci in maniera professionale, così gli ho stretto la mano.

Siamo usciti dallo studio e siamo entrati nella sala d'aspetto dove la sua segretaria Hanna tiene la sua agenda. Hanna ha detto al dottore che non potevo ancora andarmene.

«C'è stato un piccolo problema con l'ultimo assegno di Zelda», ha detto.

Il dottore si è accigliato. «Era a vuoto?»

È stato a quel punto che mi sono ricordata della busta. Me l'ero messa in tasca, l'ho tirata fuori e l'ho data al dottor Laird. «Gert mi ha detto di dargliela.»

Il dottore ha aperto la busta. Dentro c'erano dei soldi. Ha sospirato e me l'ha restituita. «Lui sa benissimo che non posso prendere contanti, Zelda.»

Ho tenuto in mano la busta perché non sapevo bene cosa farne. Il dottor Laird ha detto a Hanna di fissarmi un appuntamento lo stesso giorno della prossima settimana.

«Zelda, puoi chiedere a Gert di chiamarmi?»

«Glielo dirò.»

Il dottor Laird mi ha sorriso e mi ha detto di stare bene.

Gert era parcheggiato dall'altra parte della strada. Sono salita in macchina e gli ho dato la busta. Gli ho ripetuto quello che aveva detto il dottor Laird sull'assegno e sul fatto che non può prendere contanti e di chiamarlo il prima possibile.

«Che differenza fa se sono contanti o un assegno?» ha domandato Gert, e io gli ho risposto che non lo sapevo e lui ha detto che era una domanda retorica.

Ho iniziato a leggere l'articolo che mi aveva dato il dottor Laird.

«Cos'è?» mi ha chiesto Gert.

«C'è stata una 'scoperta straordinaria che cambierà per sempre il nostro concetto dei vichinghi'», ho risposto leggendo le prime righe.

«Davvero?» ha chiesto Gert. «Perché non mi racconti?»

Così gli ho detto tutto sulla guerriera vichinga e la tomba e i test del DNA e le incredibili implicazioni e i dati militari che hanno trovato nella tomba, poi ho cominciato a chiedermi chissà cosa pensava Kepple della vichinga.

Quando siamo arrivati a casa sono andata al mio computer, l'ho acceso, ho cercato il sito di Kepple, dove c'è un modulo per contattarlo, e ho iniziato una lettera.

Caro dottor Kepple,

per prima cosa mi scusi se mi sono dimenticata di chiamarla dottore nell'ultima lettera che le ho scritto, ma io credevo che i dottori aiutavano le persone malate e poi invece ho imparato che si può essere dottore anche se si sanno un sacco di cose su argomenti come i vichinghi.

La ragione per cui le scrivo è che ho trovato un articolo che credo lei dovrebbe leggere e che parla di una tomba vichinga in Svezia. Me l'ha dato il dottor Laird (lui è il tipo di dottore che aiuta le persone malate e anche persone come me che non sono malate ma diverse).

L'articolo dice che un celebre scheletro vichingo era in realtà una donna e che si tratta di una guerriera di altissimo livello. Lo cerchi con Google per saperne di più.

Grazie e buona giornata
Skál,
Zelda

Ho cliccato INVIO e il computer ha fatto uno strano rumore, come quello di un aeroplano che decolla, ed è comparso un messaggio con scritto: «Grazie. Il tuo messaggio è stato inviato».

Gli avevo già scritto cinque lettere e il dottor Kepple non mi aveva mai risposto.

Ho sperato che questa volta la mamma riusciva a convincere Odino a farlo rispondere.

4

Per tutta la notte ho pensato a quello che aveva detto il dottor Laird sul fatto che devo essere l'eroina della mia leggenda. Mi sono messa davanti allo specchio e all'inizio non ho visto per niente l'immagine di un'eroina.

Secondo la *Guida Kepple ai vichinghi* le tribù vichinghe erano composte da quattro tipi di persone: nobili, uomini liberi, un'altra categoria che era quella degli schiavi, che non esistono più, e i guerrieri. I nobili erano leader che avevano enormi tesori e dei guerrieri che li seguivano. Quasi tutti gli uomini liberi erano degli agricoltori e delle persone chiamate mercanti, che vendevano delle cose. Ma anche i guerrieri erano uomini liberi, e per diventare potenti scendevano in battaglia e sconfiggevano i cattivi e trovavano dei tesori.

Quando i guerrieri sconfiggevano abbastanza cattivi, si comportavano con coraggio, vincevano un numero sufficiente di battaglie e mettevano insieme un tesoro abbastanza grande, la gente cantava delle canzoni su di loro e diventavano eroi. Gert al liceo è stato un eroe per la squadra di football, perché era coraggioso e sconfiggeva le squadre di cattivi che sembravano più forti e ha vinto il tesoro più grande che c'è nel football, cioè il campionato statale. Se vai su internet si possono ancora trovare delle *saghe* scritte su come Gert ha segnato tre *touchdown* nella partita di campionato anche se aveva male al ginocchio.

I suoi compagni di squadra erano guerrieri e uomini liberi, ma l'eroe era Gert.

Di solito le persone pensano che soltanto gli uomini possono essere guerrieri. Secondo l'articolo del dottor Laird, anche le donne possono essere guerriere, e anche molto forti.

«Se una guerriera poteva raggiungere un livello molto alto, dobbiamo cominciare a mettere in discussione un sacco di preconcetti sulle convenzioni sociali dei vichinghi», diceva l'articolo.

L'ho letto due volte per essere sicura di avere capito cosa stava dicendo. Prima la gente pensava che soltanto gli uomini potevano essere guerrieri in grado di diventare eroi leggendari e che alle donne non era permesso diventare eroine, ma il guerriero vichingo dell'articolo era una donna e gli oggetti sepolti nella tomba dimostravano che era anche un'eroina, e molto forte in battaglia.

I vichinghi chiamavano le loro leggende *saghe*. Secondo la *Guida Kepple ai vichinghi* il termine *saga* significa «ciò che è detto.» Significa anche «storia.» Esistono molte saghe famose. Tutte le saghe vichinghe parlano di re o guerrieri. La mia preferita è la saga leggendaria che si intitola *Hrólfs saga Gautrekssonar*, perché parla di un re molto potente che è anche una donna di nome Þornbjörg. È una tipa molto tosta, così forte in battaglia che alla gente non importa che è una donna.

La mia parte preferita dell'articolo parlava delle guerriere più forti di tutte, cioè le *skjaldmær*. Non sono valchirie, ma donne quasi altrettanto forti. Nelle leggende vichinghe non succede molto spesso che scelgono delle donne per diventare guerrieri. Le ragazzine di dodici anni molto forti e muscolose capaci di combattere con la stessa forza dei ragazzi potevano diventare *skjaldmær* e in questo modo anche guerriere.

Io non sono un re quindi mi sono chiesta se potevo diventare *skjaldmær*. Ma prima devo costruirmi una leggenda.

Una volta il dottor Laird mi ha domandato perché mi piacciono i vichinghi. Gli ho dato tre ragioni:

Prima, sono coraggiosi.

Seconda, sono forti e le persone devono pensarci due volte prima di cercare di fargli del male.

Terza, gli eroi vichinghi difendono le persone che non riescono a difendersi da sole.

Ho detto al dottor Laird che volevo diventare tutte quelle cose. La gente mi guarda e non pensa che sono coraggiosa o forte ma che sono io quella che ha bisogno di protezione. La mia leggenda dimostrerà alla gente che, anche se non sei gargantuesco, puoi sempre essere forte e coraggioso e aiutare le persone della tua tribù.

Ho aperto la *Guida Kepple ai vichinghi* e ho cominciato a fare una lista delle cose che ci sono in tutte le saghe.

Cose che servono per le leggende

- ☐ Un eroe molto abile nel combattimento corpo a corpo
- ☐ Un'arma potentissima che l'eroe può usare
- ☐ L'eroe deve conquistarsi l'amore di una leggiadra fanciulla in pericolo
- ☐ Ogni eroe ha bisogno di un uomo saggio
- ☐ Saccheggiare i villaggi nemici per mettere insieme un tesoro
- ☐ L'eroe deve sconfiggere un cattivo che minaccia la tribù

Poi ho pensato a quello che significa ciascuna di queste cose.

Un eroe molto abile nel combattimento corpo a corpo

Dal momento che non sono molto grande e forte, ho deciso che per poter sconfiggere i cattivi devo diventare più forte. Ho visto Gert fare gli addominali e le flessioni in soggiorno e ho deciso di aggiungere questi esercizi a quelli che faccio prima di andare a letto.

Devo anche studiare arti marziali. Sul blocchetto di post-it vicino al mio computer ho scritto «googlare *glíma*», che è il nome del combattimento corpo a corpo tra vichinghi, e l'ho appiccicato al muro così non me lo dimentico.

Un'arma potentissima che l'eroe può usare

Io non avevo armi. Tutti i grandi eroi delle saghe hanno armi speciali che li aiutano a sconfiggere i cattivi. Per esempio Þrainn, il *draugr*, aveva una spada che si chiamava Mistilteinn che era sempre affilata nonostante tutte le teste che tagliava. C'è anche Mjölnir, che era un martello che apparteneva a Thor e gli tornava sempre nella mano quando lo lanciava.

Ho fatto un cerchietto intorno a questa parte della lista.

La cosa leggendaria delle saghe che viene dopo è:

L'eroe deve conquistarsi l'amore di una leggiadra fanciulla in pericolo

Ho cercato la parola *fanciulla* e ho letto che vuol dire «donna giovane e innocente», e l'ho aggiunta alla mia lista delle Parole del giorno insieme alla definizione. Quasi tutti gli eroi delle saghe sono uomini che salvano leggiadre fanciulle dai cattivi e dai mostri perché le leggiadre fanciulle non sono in grado di salvarsi da sole. Questo era un problema. Io non volevo essere una leggiadra fanciulla che ha bisogno di essere salvata. Volevo essere l'eroe che la salva. Poi mi sono resa conto che potevo conquistare l'amore di una fanciulla che non fosse una donna, ma un uomo. E visto che ho già un ragazzo di cui ho conquistato l'amore, ho messo una crocetta vicino a questa voce della lista, il che mi rende felice perché significa che sto già cominciando a diventare una leggenda.

Ogni eroe ha bisogno di un uomo saggio

Tutti gli eroi hanno bisogno di un uomo saggio o di una persona che gli dà dei consigli validi. Il dottor Laird è un uomo saggio e dare consigli validi fa parte del suo lavoro. Vicino a questa voce ho messo una crocetta.

Saccheggiare i villaggi nemici per mettere insieme un tesoro

Saccheggio è un'altra parola che ho dovuto cercare e la definizione che ho trovato non mi è piaciuta. Significa «rubare, spesso con la violenza». Rubare non è una cosa molto onorevole e quindi ho deciso di trovare un altro modo di ottenere un tesoro. Vicino a questa voce della lista ho messo un punto interrogativo (?).

L'eroe deve sconfiggere un cattivo che minaccia la tribù

Questa era la mia voce preferita della lista. Sotto TRIBÙ ho scritto «Gert» e «AK47», e stavo per aggiungere Marxy, ma visto che era già nell'elenco in quanto LEGGIADRA

FANCIULLA di cui mi sono conquistata l'amore, ho lasciato perdere.

Poi ho fatto un elenco di CATTIVI:

- Zio Richard
- Papà
- Cancro

Ho smesso di scrivere. Ho pensato alla partita di poker e ho aggiunto:

- L'uomo con il berretto rosso

Nella lista ho messo anche il nome di Toucan, ma non ero sicura, perciò vicino al nome ho messo un (?).

Per la mia lista avevo un'ultima cosa che non era nessuno degli elementi delle saghe. Ho deciso che l'ultima parte della mia leggenda sarà far rimettere insieme Gert e AK47. Se sarò molto brava con la mia leggenda, si sposeranno e avranno dei bambini e la nostra tribù crescerà.

Quando ho chiesto ad AK47 perché lei e Gert si erano lasciati, mi ha risposto che mio fratello è un puttaniere che deve diventare adulto. Quando ho chiesto a Gert perché era un puttaniere e non cresceva, lui ha capito che avevo parlato con AK47 e mi ha detto di non credere a tutto quello che sento.

Sapevo che si erano lasciati perché Gert l'aveva messa incinta e lei aveva abortito senza dirglielo. L'aborto impedisce a un bambino di nascere. Certe persone pensano che sia come uccidere un bambino. AK47 dice che somiglia di più a impedire la cottura di un dolce togliendo gli ingredienti necessari per prepararlo.

AK47 è una delle persone a cui voglio bene. Se si trovasse nei guai, la difenderei con tutte le mie forze. Il problema è che di solito sono io quella che fa qualcosa di stupido o si trova nei guai e AK47 deve venire a salvarmi. AK47 è una persona caotica, che è uno dei motivi per cui lei e Gert litigavano tantissimo. A Gert le cose piacciono pulite e in ordine e, anche se è stato mandato via dal liceo per avere violato le regole, adesso gli piacciono le persone che seguono le regole. Ad AK47 le regole non piacciono. Lei è uno spirito libero che non si comporta sempre come le donne dei film e della televisione, che è uno dei motivi per cui piace a Gert. Quando erano al liceo faceva parte della squadra di atletica, quindi ha le gambe molto muscolose e non è molto alta, ma se si mettesse i tacchi lo sarebbe, però non se li mette.

Visto che era venerdì, mi stavo preparando per andare al centro diurno. Di solito AK47 arriva tardi con un autobus che fa un sacco di rumore e quando entra nel quartiere per venirmi a prendere davanti a casa butta fuori un sacco di fumo nero.

Uscita dall'ascensore sono andata fuori. Alf stava fumando una sigaretta. Ad Alf piace intrecciarsi i capelli tutti attaccati alla testa, come degli spaghetti. È una di quelle persone che non sono né un eroe né un cattivo. È semplicemente una persona normale a cui piace fumare e che lavora come custode in una scuola.

A volte gli piace anche sballare e fumare erba sul balcone, e il fumo arriva fino alla mia finestra e io devo chiuderla per non respirare la sua stessa aria.

«Ho sentito che era il tuo compleanno», ha detto quando mi ha visto arrivare.

«Era.»

Mi ha fatto gli auguri e ha cercato di darmi un cinque. A me non piace farlo con le persone che non fanno parte della mia tribù, quindi con Alf non l'ho fatto. Lui ha abbassato la mano. È anche innamorato di AK47 e quando lei viene a prendermi di solito si fa trovare fuori a fumare così può salutarla e cercare di convincerla a uscire con lui, ma non lo farebbe mai con mio fratello in giro.

Mi ha chiesto: «Come sta tuo fratello?»

Gli ho risposto che Gert stava benissimo.

«Ottimo», ha detto Alf. «Va ancora al college?»

Gli ho risposto che Gert stava sconfiggendo il college facendosi dare dei buoni voti.

«Anch'io sono andato al college. Ho resistito un semestre e mezzo.»

La puzza della sigaretta di Alf mi ha fatto tossire. Una delle mie armi è che la gente dimentica che ci sono perché non sono gargantuesca. Anzi, sono proprio il contrario. AK47 dice sempre che un buon guerriero trasforma le debolezze in punti di forza e le persone che sono quasi invisibili come me possono sorprendere i nemici. La parte negativa dell'essere invisibile è che persone come Alf mi fumano addosso e non se ne rendono neanche conto.

Mi sono chiesta se dovevo aggiungere Alf al mio elenco di cattivi.

Lui ha fatto cadere la cenere sul marciapiede.

L'autobus ha svoltato l'angolo e ha superato il palazzo di fronte al nostro. È un autobus con un colore strano. Di solito gli autobus sono gialli. Quello che guida AK47 è color collutorio perché una volta era di un ospedale ed è così vecchio che è di un verde chiarissimo.

Alf ha subito buttato la sigaretta per terra e l'ha coperta con il piede.

Erano le 8.55. L'autobus si è fermato e lo sportello si è aperto.

«Lo so, lo so», ha detto AK47. «Sono in ritardo. Lo so.»

Dai finestrini vedevo i miei amici Yoda e Hamsa che mi salutavano. Li ho salutati anch'io. Yoda premeva la faccia contro il vetro. Sembrava una frittella con la bocca.

«Ehi, Annie», ha detto Alf. «Ero qui che facevo compagnia alla festeggiata.»

E mi ha dato una pacca sulla spalla.

«Non le piace essere toccata, cretino», ha detto AK47.

AK47 ha i capelli corti come un uomo, quasi rasati, e non si mette né vestiti né gonne. È anche mezza nera, il che rende nervose parecchie persone, perché io e Gert siamo bianchi e a tutti quelli della vecchia tribù di Gert, al liceo, i neri non piacciono.

Mi ha fatto un cenno. «Forza, Zee.»

Io ho augurato buona giornata ad Alf.

«Fammelo sapere quando possiamo uscire a cena insieme», ha gridato Alf ad AK47, che ha scosso la testa e ha chiuso lo sportello.

Se continua a cercare di rubare AK47 a Gert, devo *decisamente* inserirlo nella lista dei cattivi.

Sono salita sull'autobus e sono andata a sedermi in fondo insieme a Yoda e Hamsa, che erano uno di fronte all'altro. Ci sediamo sempre in fondo perché è dove si mettono tutte le persone leggendarie del liceo. Anche Gert si sedeva in fondo insieme ai suoi amici, che erano i tipi più fighi, quindi ci sediamo lì anche noi. Sugli autobus normali non siamo mai i più fighi, ma sull'autobus di AK47 potevamo esserlo.

AK47 mi ha detto di sedermi davanti e quindi mi sono seduta vicino a lei.

«Pulisciti le mani con questo.» Ha tirato fuori un fazzolettino dalla scatola che tiene tra il volante e il grande finestrone di vetro. «Quello stronzo sudaticcio mi fa proprio schifo.»

Hamsa e Yoda mi hanno fatto gli auguri di buon compleanno. Non si sono alzati perché alzarsi quando l'autobus è in movimento è contro le REGOLE DELL'AUTOBUS.

«Tanti auguri!» ha urlato Yoda e io ho urlato: «Grazie!»

Poi Hamsa ha urlato la stessa cosa e si sono fatti gli auguri tra di loro anche se nessuno dei due è nato il mio stesso giorno.

Ma a me non importava. Passare un buon compleanno significa anche dividerlo con le persone che ti piacciono, con i membri della tua tribù, quindi non mi dispiaceva dividere con loro il potere del mio compleanno.

«Sì, è il compleanno di tutti», ha detto AK47. «Urrà.»

«Com'è andata?» mi ha domandato. «Bene?»

Le ho raccontato che Gert mi aveva regalato un vichingo che in realtà era uno spogliarellista. «Però quando è venuto al mio compleanno non si è tolto i vestiti.»

AK47 ha scosso la testa e ha detto: «Hai proprio un fratello idiota».

L'autobus ha cominciato a sfrecciare per la strada. Un'altra macchina ha svoltato l'angolo e AK47 non ha neanche rallentato. Guida meglio di tutte le persone che conosco, anche meglio di Gert, che guida veloce e non ha mai incidenti.

AK47 ha detto: «Okay, sei pronta per il tuo regalo?»

Ho risposto di sì. Lei mi ha detto di guardare sotto il sedile. Ho trovato una scatola e l'ho tirata fuori. Sulla carta c'erano degli alberi di Natale e Babbo Natale.

«Scusami. Avevo finito quella da compleanno.»

«Non c'è problema, il Natale mi piace tantissimo.»

Lei mi ha detto che potevo aprirla come volevo e così l'ho aperta lungo le parti chiuse con lo scotch perché non mi piace strappare le cose.

«Hai ricevuto un regalo?» ha chiesto Hamsa dal fondo.

«Fatti un piattino di affari tuoi», ha detto AK47.

Ho tolto la carta natalizia. La scatola non era molto grande. Questo non significava che non era un regalo importante, perché le cose piccole possono essere forti, come AK47, che è solo un pochino più alta di me.

«Porca miseria», ho detto. Dentro la scatola c'era una spada vichinga.

«So che non è molto grande, ma può essere un inizio.»

Ha fermato l'autobus davanti al centro diurno. Insieme alla spada mi ha consegnato un pezzo di carta con su scritto REGOLE DELLA SPADA VICHINGA.

«So che ti piacciono le regole e ho pensato che questo potesse esserti utile.»

Ho letto il foglio.

Regole della spada vichinga

- Non è permesso usare la spada per fare del male.
- Quando non usi la spada la devi mettere nella sua scatola e lasciarcela.
- A nessun altro è permesso usare la spada.

AK47 ha detto che le eccezioni a questa regola erano lei e Gert.

«Ma oggi te la tengo io. Quando usciamo insieme potrai giocarci.»

«I vichinghi non giocano. Soprattutto non giocano con le armi.»

AK47 ha annuito e ha detto che era vero, che le armi non sono giocattoli. Yoda e Hamsa sono corsi sul davanti dell'autobus.

«Porca miseria», ha detto Yoda. «È una spada vera?»

«È vero metallo», ho risposto.

«Posso guardarla?» ha chiesto Hamsa.

Ho spiegato a tutti e due che non potevo tirarla fuori dalla scatola finché AK47 non mi dava il permesso. Loro hanno guardato AK47, che ha spento il motore e ha tirato fuori la chiave.

«Giù tutti tranne Zelda», ha detto.

Hamsa e Yoda sono scesi. AK47 ha fatto a tutti e due

il saluto pugno-a-pugno. Avevano visto me e AK47 che lo facevamo e così hanno iniziato a farlo anche loro.

«Buona giornata, citrulli», ha detto AK47.

Questa era un'altra cosa che a loro piaceva molto, gli strani soprannomi che gli dava AK47, come *citrulli* o *bestioline*, che significa qualcosa di piccolo, anche se loro sono più grossi di lei e più grossi di me e sono adulti, mica degli animaletti.

«Posso avere una spada?» ha domandato Hamsa quando io e AK47 siamo scese dall'autobus.

«O una spada laser», ha detto Yoda, e intendeva una spada fatta di luce come nel film *Guerre Stellari*.

«Quelle non esistono», ha detto AK47 dandogli delle pacche sulle spalle.

Io ho tirato fuori la spada. Non era molto grande. L'ho tenuta in mano cercando di non toccare il metallo della lama. Non volevo tagliarmi. Le spade vichinghe sono sempre molto affilate. La *Guida Kepple ai vichinghi* dice che i guerrieri passavano un sacco di tempo ad affilare le spade, prima di una battaglia.

La piccola spada vichinga era più corta di un righello. L'ho impugnata tenendomela davanti e ho immaginato che l'autobus si avvicinava rapidamente a una tribù di vichinghi. Le loro spade erano sicuramente più grosse ma non importa quanto grande è la tua spada, dice sempre AK47, importa come la usi.

«Gli ho chiesto di fare in modo che quella roba sull'impugnatura fosse vichinga», ha detto lei.

I segni sull'impugnatura erano rune, cioè dei piccoli simboli con un grande potere.

«Dovrebbero essere autentiche. C'è dentro anche *pur*, o quello che è. Credo che significhi Thor. È una copia della spada di Thurmuth», ha detto.

Sulla spada c'erano delle rune molto potenti. Secondo la *Guida Kepple* quelle due rune insieme erano capaci di far diventare la persona che usava la spada un guerriero gargantuesco.

La mia runa preferita si chiama *dagaz*, però si pronuncia «tha gozz.» Somiglia molto a una H.

Dagaz significa risveglio o trasformazione. È questo che voglio fare nella mia leggenda: voglio passare da vichinga normale a eroina.

Ho chiesto ad AK47 se stavamo per scendere in battaglia, se era per questo che mi aveva regalato la spada.

«Ci sono battaglie tutti i giorni, pulcino», ha risposto. «Non è una spada a grandezza naturale, ma comunque stai attenta.»

Gliel'ho data. Anche se un vichingo non è pronto a sconfiggere i nemici senza un'arma, sapevo che AK47 la teneva al sicuro e mi ha detto che me la restituiva alla fine della giornata.

Visto che AK47 mi aveva regalato una spada, mi sono accorta che potevo toglierla dalla lista di COSE CHE SERVONO PER LE LEGGENDE. Ormai avevo tre cose di cui tutti gli eroi vichinghi hanno bisogno: una leggiadra fanciulla, un'arma potente e un uomo saggio.

5

Ogni volta al centro diurno abbiamo due ore in cui tutti quelli come me e Hamsa e Yoda e Marxy possono parlare e giocare in palestra, se vogliono. Siamo persone «ritardate», che è una parola di cui non me ne frega niente ma nessuno la può dire, come la parola che inizia per N che Gert diceva sempre prima che lui e AK47 si mettessero insieme, e che io non riesco neanche a dire a voce alta, anche se questa è la mia leggenda.

A volte al centro diurno usiamo l'aula di arte e dipingiamo. La sera, due volte alla settimana, ci sono anche delle lezioni di lettura e scrittura dove ci esercitiamo e ci teniamo allenato il cervello.

Io vado al centro diurno per mezza giornata e pranzo là, poi AK47 mi accompagna a casa nei giorni in cui Gert non può venirmi a prendere perché è a lezione.

«La festeggiata», ha detto Big Todd quando sono entrata, e invece di salutarmi con il pugno-a-pugno mi ha dato un cinque.

«Big Todd, amico mio», ho detto.

«Ti sei divertita?»

Allora gli ho raccontato dello spogliarellista vichingo e della spada che ho ricevuto da AK47. Lui mi ha chiesto se me l'ero portata dietro, perché al centro diurno le armi non sono permesse.

«Avere un'arma speciale è una delle parti più importanti dell'essere un eroe», ho detto.

«Non è un'arma», ha spiegato AK47 avvicinandosi. «E per oggi gliela tengo io.»

«Gert lo sa?»

«L'arma di un vichingo appartiene al vichingo e non riguarda nessun altro», ho risposto.

«Esattamente», ha aggiunto AK47.

Big Todd è la persona che gestisce i programmi del centro diurno e ci organizza il lavoro. È alto, magro e gay. A volte il suo ragazzo, Noah, viene a giocare a basket con noi in palestra. Lui e Big Todd si sono conosciuti al college giocando a basket. Una volta ho detto a Gert che anche lui dovrebbe giocare a basket insieme a Big Todd e Noah, visto che a basket è bravo quanto lo era a football, ma a Gert non piacciono i finocchi, che significa gay ma in senso negativo, ed è una di quelle parole che AK47 mi ha detto di non usare mai e poi mai.

Todd era l'unica persona gay che avevo mai conosciuto e una delle più gentili, gay o non gay. Non riuscivo bene a capire come facesse a fare sesso, visto che né lui né il suo ragazzo hanno la vagina. Ma AK47 mi ha detto di non preoccuparmi.

«A loro va benissimo così», mi ha detto, e io so che quando dice cose del genere è il momento di smetterla di fare domande.

Il centro diurno ha delle grandi finestre davanti e dei quadrati marroni sui lati che ricordano tanto il gioco del jenga. Al centro diurno ci va un sacco di gente diversa. C'è una palestra molto grande con delle macchine che ti aiutano a farti i muscoli. Una volta Gert ci andava sempre a lavorare sui suoi muscoli mentre io stavo con Big Todd e Hamsa e Yoda e Marxy.

Dentro la classe ci sono un sacco di sedie arancioni e azzurre, sedie di plastica, e una lavagna bianca che una volta era nera. C'è un buon odore. A tutti piace annusare la lavagna, soprattutto quando si usano i pennarelli. Big Todd tiene d'occhio quelli che annusano troppo i pennarelli della lavagna.

Ci sono sempre un sacco di genitori e fratelli e sorelle che aspettano che inizi la lezione. Una volta desideravo che Gert aspettasse l'inizio delle lezioni come fanno gli altri genitori e i fratelli e le sorelle. Ma adesso, soprattutto dopo il mio compleanno, so che gli eroi devono fare delle cose senza parenti, genitori, fratelli e sorelle. Poi le persone come me, Hamsa e Yoda non hanno nessuno che le aspetta perché sono venute con l'autobus, il che significa che in confronto agli altri sono povere. Non siamo obbligati a pagare l'autobus o a prenderci una macchina, perché è un servizio gratuito.

Quando Big Todd ha battuto le mani e ci ha chiesto di formare delle coppie, le persone che non fanno parte della classe se ne sono andate.

Yoda e Hamsa si sono scelti a vicenda. Mi sono guardata intorno cercando Marxy, ma non era ancora arrivato. Di solito io, Hamsa, Yoda e Marxy lavoriamo insieme, visto che siamo amici e non siamo particolarmente strani, quindi fare esercizio non è molto difficile. Nell'aula faceva caldo e l'aria condizionata nella finestra mi sparava dritto in faccia mentre giravo cercando qualcuno di non strano.

Tutti avevano trovato un compagno tranne me.

«Ce l'hai un compagno?» mi ha chiesto Big Todd.

«Sto aspettando Marxy.»

«Be', non possiamo aspettare ancora.» Big Todd si è guardato intorno. «C'è Sarah-Beth. Sarah-Beth, ce l'hai un compagno?»

Sarah-Beth ha scosso la testa. Se ne stava lontana da tutti, vicino alla finestra, ma non guardava fuori. Anche se è venuta al centro diurno cento volte, ha ancora paura di tutti e si comporta in maniera strana. È la persona peggiore con cui socializzare. Ha la sindrome di Down come Hamsa, ma è di due anni più grande. Ha i capelli lunghi e ci gioca tutto il tempo. In testa ha dei punti in cui i capelli non ci sono più ed è calva come un vecchio, solo che in altri punti ha i capelli molto lunghi.

Big Todd ha detto a Sarah-Beth che io ero la sua banca e di andare con gli altri che avevano già cominciato a sedersi.

«Okay», ho detto a Sarah-Beth. Ci siamo sedute di fronte, a un tavolo. «Non fare robe strane e non metterti cose in bocca, okay?»

«Okay», ha risposto Sarah-Beth e si è seduta sulle mani per farmi vedere che non le usava per mettersi in bocca i capelli.

Big Todd ha detto di fare finta di essere in banca a depositare un assegno, che è un pezzo di carta con dentro dei soldi. In realtà i soldi non ci sono, ma quando tu lo dai alla banca, la banca ti mette dei soldi sul conto. Le ultime volte che ci siamo esercitati a socializzare abbiamo parlato di soldi e conti in banca e di come è importante capire i soldi, se vogliamo diventare degli adulti indipendenti.

«Pensate alle banche come al posto dove vi tengono tutti i soldi che guadagnate», ha detto Big Todd. «Così non dovete sempre portarveli dietro.»

Ho alzato la mano. «Quindi è come un tesoro segreto», ho detto.

«Un cosa?»

Ho spiegato che, ogni volta che i vichinghi sconfiggevano in battaglia delle altre tribù o dei mostri, come i draghi, si prendevano il tesoro e lo chiudevano a chiave in una caverna. «Il tesoro non se lo portano in giro, ma sanno che se ne hanno bisogno c'è.»

Big Todd ha fatto schioccare le dita. «Esatto. È come un tesoro segreto. E le carte di credito vi permettono di prendere un po' di quel tesoro dal nascondiglio, che è il vostro conto, senza dovervi sempre portare dietro tutti i soldi. Gli assegni sono pezzi di carta con cui promettete di dare un po' del vostro tesoro a qualcun altro.»

«E cosa succede se un assegno è a vuoto?» ho domandato, perché il dottor Laird aveva detto che l'assegno di Gert era a vuoto.

«Significa che avete promesso a qualcuno un po' del tesoro del vostro nascondiglio, ma non ne avete quanto ne avete promesso con quell'assegno.»

Quindi significava che la caverna di Gert non conteneva abbastanza soldi per pagare il dottor Laird; ecco perché l'assegno che gli prometteva una parte del tesoro per aiutarmi era a vuoto. Ho alzato di nuovo la mano.

«L'ultima, Zelda», ha detto Big Todd. «Quando andremo avanti le cose diventeranno più chiare.»

«Dove lo troviamo dell'altro tesoro da mettere nel nascondiglio?»

«Lavorando, stupida», ha detto qualcuno dall'altra parte della stanza. «Adesso possiamo fare la banca?»

Big Todd gli ha lanciato un'occhiata severa.

Sarah-Beth fissava il pezzo di carta che aveva davanti. Doveva essere l'assegno. C'era anche una scatola di plastica con dentro un mucchietto di carte di plastica, che in teoria erano bancomat falsi. Io e Sarah-Beth abbiamo dovuto condividerne uno, ma non era una bella cosa perché ho capito subito che avrebbe iniziato a masticarlo. Quindi l'ho preso prima io.

Quando le ho chiesto per finta di darmi i soldi del mio conto usando la carta di plastica della scatola, Sarah-Beth non ha risposto. Aveva la bocca piena dei suoi capelli arancioni.

«Vorrei depositare questo assegno usando il mio conto e il mio bancomat», ho detto, e le ho fatto vedere l'assegno e anche la carta di plastica.

Invece di fare l'impiegata di banca, lei ha chiuso gli occhi e si è tappata il naso come una che vuole tuffarsi.

«La gente in banca non fa così», le ho detto.

Lei ha sgranato gli occhi. «Tu credi di sapere tutto», ha detto. «Mia sorella gioca con i suoi capelli e non c'è niente di male.»

Ho alzato la mano e ho cercato di richiamare l'attenzione di Big Todd che stava facendo il giro per ascoltare tutti.

«Bene», ha detto a un'altra coppia dall'altra parte del tavolo. «Ottima transazione.»

Io ho agitato la mano come una pazza finché mi ha visto e si è avvicinato. «Chi lavora per la banca e chi ha portato l'assegno?» ha domandato.

«Sarah-Beth si mangia i capelli e basta.»

Big Todd ha chiesto a Sarah-Beth chi voleva essere, la banca o il cliente. Lei aveva i capelli coperti di saliva, e anche le mani. Se io lavorassi in una banca non vorrei mai toccare un assegno con sopra della saliva, e se dovessi portare un assegno in banca non vorrei mai che fosse ricoperto di saliva. L'ho detto e Big Todd mi ha detto di stare calma.

«Dalle una possibilità.» Ha preso una sedia libera e si è seduto vicino a Sarah-Beth. Le ha messo davanti un pezzo di carta, il finto assegno. Le ha parlato molto lentamente. «Allora, questo è un assegno. Ti ricordi cos'è un assegno?»

Lei ha annuito e si è tirata i capelli.

«Cos'è?»

«Soldi», ha risposto lei.

«Esatto. E se Zelda è la banca, cosa vogliamo farne dell'assegno?»

«Lo portiamo a Zelda che lo mette sul nostro conto.»

«Bene.» Big Todd mi ha guardato. «Allora, Zelda? Tu sei la banca. Cosa devi chiedere a Sarah-Beth?»

Io ho sospirato. «L'assegno, che lei deve firmare dietro, e la sua carta di plastica.»

Big Todd ha sorriso e ha chiesto a Sarah-Beth se quelle cose le aveva, e dal momento che stavamo fingendo le ha dato una carta di plastica finta. Lei ha firmato l'assegno dietro. Non era una firma molto bella. A fare le firme ci eravamo esercitati, ma dentro la sua non sembrava che c'erano delle lettere, a parte la S e la M del cognome, che poi non sapevo nemmeno qual era.

«Che bella firma», ha detto Big Todd con un sorriso gargantuesco. «Cosa ne pensi, Zelda? Fichissima, no?»

Sarah-Beth ha smesso di masticarsi i capelli e mi ha guardato. Ho risposto che non era male. «Ma non vedo il cognome.»

Big Todd mi ha guardato scuotendo la testa, mi ha chiesto se poteva parlarmi e siamo andati a fare un discorso mentre Sarah-Beth continuava a masticarsi i capelli. Lui mi ha portato vicino alla finestra.

«Perché fai così con Sarah-Beth?»

Ho alzato le spalle. «Non volevo fare coppia con lei. Volevo fare coppia con Marxy.»

Marxy è arrivato tardi, quando le prime persone che avevano fatto la banca sono diventate quelle con le carte e gli assegni. Sarah-Beth mi ha chiesto la carta d'identità.

Ho fatto un gesto a Marxy.

«Potrei avere la sua carta d'identità?» ha domandato Sarah-Beth.

Marxy ha risposto al mio gesto dal fondo della stanza e mi ha chiamato.

«Stavo parlando io, ho bisogno della sua carta d'identità», ha detto Sarah-Beth. Big Todd è andato da Marxy e gli ha indicato la persona con cui doveva fare coppia, uno che si chiama Michael ma tutti lo chiamano Carota perché le carote sono la cosa che gli piace di più in assoluto. Carota era arrivato tardi e quindi Big Todd l'ha messo a lavorare con lui.

«Prendi il mio posto», ha detto Big Todd. «Stiamo facendo la banca.»

A Marxy la banca piace, così io ho alzato la mano e ho detto che poteva farla con me. «E Sarah-Beth può andare con Carota.»

Il mio era un esempio di Risoluzione dei problemi, una cosa che avevamo imparato due mesi prima nel corso di scienze sociali.

Big Todd ha detto che Marxy e Carota avrebbero lavorato insieme e basta. «E non chiamarlo Carota.»

Sarah-Beth stava cercando di rifare meglio la sua firma dietro il finto assegno. Io ho detto a Big Todd che andava bene, e che l'avrei aiutata facendo meglio la banca.

«Perché i vichinghi ti piacciono tanto?» mi ha chiesto lei.

«Perché sono forti.»

«In Giappone hanno i samurai e i ninja e gente che sa il karate.»

«Un vichingo potrebbe sconfiggerli tutti.»

Lei si è stretta nelle spalle. «Se i vichinghi sono così forti perché sono tutti morti?»

«Non sono tutti morti. Io sono un vichingo.»

Sarah-Beth ha scosso la testa. «No, tu sei una femmina.»

«Se sei così intelligente», le ho detto, «perché ti mangi i capelli?»

Sarah-Beth ha fissato la sua firma, che non sembrava fatta di lettere dell'alfabeto. Ha alzato la mano e ha chiamato Big Todd.

«Come va qui?»

«Zelda mi prende in giro perché mi mangio i capelli.»

«Ha cominciato lei.»

Sono uscita dalla stanza insieme a Big Todd e lui ha chiuso la porta. Mentre camminavamo la gente faceva: «Ooooooh», e Yoda ha detto: «Si è messa nei guai».

Fuori Big Todd mi ha chiesto cos'avevo. Gli ho raccontato la nostra discussione su vichinghi e samurai.

Lui ha incrociato le braccia. «Okay, quindi se ho capito bene avete soltanto avuto un disaccordo. Giusto?»

Era giusto e sbagliato insieme.

«Sta cercando di farmi arrabbiare.»

Big Todd si è appoggiato alla porta. «Un sacco di volte nella vita bisogna avere a che fare con persone che non ci piacciono o che cercano di farci arrabbiare. Ecco perché facciamo delle lezioni come questa. Per farvi esercitare a non perdere la calma. Una leggenda perderebbe la calma su una cosa sciocca come un disaccordo?»

Ho scosso la testa e ho detto di no.

«Okay.» Ha aperto la porta e mi ha messo una mano sulla spalla. «E poi quando sei qui Sarah-Beth fa parte della tua tribù come Marxy.» Mi sono voltata a guardare Sarah-Beth, che aveva smesso di esercitarsi a fare la firma e si era messa a disegnare animali. «Vai a scusarti.»

Big Todd mi ha accompagnato da Sarah-Beth.

«Scusami se ti ho preso in giro perché ti mangi i capelli», ho detto dandole la mano.

Lei si è stretta nelle spalle. «Non importa.»

Big Todd si è schiarito la voce, segno che dovevo dire delle altre cose. Così ho aggiunto: «Anche i samurai sono dei guerrieri forti».

Lei ha alzato gli occhi dal foglio. «Forse i vichinghi e i samurai sono forti uguali.»

Io ho risposto che forse era vero. Nella mia testa però ho pensato: Non esiste che un samurai può sconfiggere un vichingo in battaglia, ma non l'ho detto perché una delle regole delle scuse è che le fai e anche se non vuoi devi fingere di crederci.

* * *

Quando sono tornata a casa dal centro diurno, Gert stava leggendo il *Libro di Macroeconomia* al tavolo della cucina. Teneva la testa inclinata e, visto che non ha capelli, la pelle era tutta rugosa e stava diventando rossa e piena di vene, il che significa che nel suo cervello bolliva qualcosa che stava per arrivare in superficie. Masticava la matita e quando gli ho chiesto se era stressato ha alzato un dito per dirmi di stare zitta e con l'altro ha coperto delle parti di una frase, parola per parola, come mi ha insegnato a fare il dottor Laird ogni volta che ho dei problemi a capire come stanno insieme le parole.

Una volta ho cercato di leggere uno dei libri di Gert, ma il tipo di libri che Gert legge per il college sono pieni di matematica e numeri, cose in cui io non sono forte.

I momenti più duri per lui sono a metà semestre e alla fine. La stagione degli esami di metà semestre e di quelli finali. Sul calendario del frigo ha fatto dei cerchietti intorno a quei giorni, li ha colorati con l'evidenziatore giallo e li ha circondati con dieci o quindici stelline che sembrano troppo piccole da disegnare per uno grosso come mio fratello.

Gli esami di metà semestre erano il giorno dopo. Mi sono tolta le scarpe per rispettare le REGOLE DELLA CASA. Avevo la mia spada vichinga nello zaino, nella sua custodia, AK47 me l'aveva data sull'autobus mentre tornavamo a casa, e sono andata a nasconderla in camera mia. Poi ho tirato fuori i risparmi che tenevo nel vasetto.

Quando sono uscita mi sono seduta davanti a Gert e ho messo i soldi sul tavolo.

«Vorrei cominciare a contribuire al tesoro della tribù.»

Lui ha alzato gli occhi dal *Libro di Macroeconomia*. «Come?»

«Tutte le tribù hanno un tesoro che usano per pagare le cose. E io vorrei aggiungere il mio tesoro a quello del nascondiglio.» Lui non ha capito, così ho dovuto aggiungere: «Il tuo assegno per il dottor Laird era a vuoto perché non abbiamo abbastanza soldi».

«L'assegno non era a vuoto, c'è stato uno sbaglio. Adesso se non ti dispiace devo studiare, okay? Domani ho degli esami importanti.»

Sono andata in camera mia a rileggere la lista di cose di cui un eroe ha bisogno e ho messo una crocetta vicino a «un'arma potente», e ho sottolineato «tesoro». Poi ho fatto le flessioni e gli addominali e sono andata su YouTube a imparare come combattere nella maniera giusta con una spada.

Gert si è affacciato e mi ha detto che usciva per andare al suo gruppo di studio e che tornava dopo poche ore.

«La cena è in frigo», ha detto e ha visto i video di YouTube.

Mi ha chiesto cosa stavo facendo e gli ho risposto che mi preparavo alla battaglia.

6

Adesso che avevo una vera arma, potevo imparare a sconfiggere i cattivi in maniera più abile. Secondo i video di combattimenti con la spada su YouTube ci sono tre modi di attaccare usando una spada.

1. Stoccata: spingi la spada verso il tuo nemico.
2. Parata: impedisci al tuo nemico di infilzarti.
3. Fendente: non spingi, ma cerchi di fermare il tuo nemico tagliandolo con la spada.

Mi sono esercitata con tutte e tre al campo da basket fuori casa, finché è venuto buio, e facevo finta di avere davanti Grendel, che è il cattivo più mostruoso di quella storia vichinga che si intitola *Beowulf*. Una delle cose che ho imparato è che i Grendel si possono nascondere dentro le persone e fingere di essere umani fino a quando decidono di attaccare.

Tutti i CATTIVI della mia lista probabilmente hanno dentro un Grendel.

Per esempio lo zio Richard, con cui io e Gert abbiamo vissuto, era un bifolco assoluto e Gert l'aveva sconfitto in battaglia e probabilmente poteva anche strappargli la testa, ma io gli ho chiesto di fare l'eroe e non strappare la testa dello zio Richard, anche se lo zio Richard era un cattivo che se lo meritava.

Lo zio Richard è stato la prima persona che ho conosciuto che aveva dentro un Grendel. Sembrava una persona normale, ma certe volte, soprattutto quand'era ubriaco, diventava cattivo. Quando è diventato cattivissimo ha picchiato Gert con una bottiglia di birra e gli ha fatto un taglio in testa.

Gli altri cattivi della lista erano Grendel anche loro. Mi sono esercitata a sconfiggere l'uomo con il berretto rosso della partita di poker e anche Toucan e anche Sarah-Beth, ma lei ho smesso di combatterla perché ho deciso che in realtà non era una cattiva. Era solo molto fastidiosa.

Una volta il dottor Laird mi ha chiesto di descrivere i Grendel. Mi ha detto di parlargliene nel modo che mi aiutava di più.

«Come sono fatti, che rumore fanno, cosa succede quando arrivano. Tutto quello che vuoi.»

Mi ha anche dato un blocco di fogli per disegnarli. Il problema però era che la maggior parte delle volte li sentivo soltanto ringhiare. Ogni tanto li vedevo in sogno, oppure se succedeva una cosa brutta e mi giravo molto rapidamente riuscivo a vedere le loro code o le loro gambe pelose.

Al liceo, prima di smettere di andarci, Gert aveva letto un libro che si intitolava *Grendel*. Mi aveva detto che era l'unico libro delle ore di inglese che gli era piaciuto.

«Conosco quel romanzo», ha detto il dottor Laird. «È stata la prima volta che hai letto di Grendel?»

Ho annuito e gli ho detto che Grendel è un cattivo e si merita quello che gli succede. Il dottor Laird mi ha chiesto cosa volevo dire.

«Grendel attacca i vichinghi e, se ne mangia uno, è una cosa da cattivo», ho risposto.

«Hai letto il romanzo?»

Ho scosso la testa. «Me l'ha letto Gert e me ne ha parlato e poi ho letto la *Guida Kepple ai vichinghi.*»

«Be'», ha fatto il dottor Laird, «è una specie di interpretazione al contrario.»

Mi ha detto che bisognerebbe leggere il libro e dispiacersi per Grendel anche se fa delle cose brutte. «Lui non può farne a meno. Fa parte della sua natura.»

Non mi piaceva quella versione della storia, perché così l'eroe vichingo diventava un cattivo e il cattivo mostruoso diventava un eroe.

«A volte le persone buone fanno delle cose brutte», ha detto il dottor Laird. «Certe volte le cose non si possono dividere semplicemente in buone e cattive.»

«I Grendel sono cattivi», ho detto io.

«Be'», ha fatto il dottor Laird, «forse i Grendel di cui parli tu sono dei cattivi puri. Ma i mostri normali sono più complicati.»

Dopo avere sconfitto i Grendel con la mia spada vichinga sul campo da basket sono tornata in casa, ho acceso il computer e ho cominciato a scrivere.

Caro dottor Kepple,

ho delle altre domande.

Per prima cosa, io so che Beowulf ha sconfitto Grendel nell'epica vichinga più famosa di tutte. Ma esistono degli altri Grendel? Il dottor Laird dice che ogni volta che sento arrivare i Grendel in realtà non sono il vero Grendel. Forse il vero Grendel è sopravvissuto alla battaglia con Beowulf e si è nascosto per tutti questi anni?

Seconda cosa, di recente per il mio compleanno mi hanno regalato una spada vichinga. Ha delle rune molto potenti su cui vorrei una sua opinione, ma il modulo che c'è sul suo sito non mi permette di allegare delle immagini come si fa con le e-mail. Esiste un modo per mandarle una foto della spada?

Skál,
Zelda

Ho cliccato INVIO e ho visto che si stava facendo tardi. Ho mandato un sms a Gert per chiedergli dov'era e a che ora tornava a casa. Abbiamo una regola che se lui torna a casa tardi mi manda un sms per dirmelo.

Mi sono preparata la cena usando una ricetta molto speciale per la Pizza di waffle che conosciamo solo io e Gert. Prima devi prendere un barattolo di salsa di pomodoro, versarlo in una scodella e metterlo nel microonde per un minuto. Mentre si scalda metti dei waffle congelati nel tostapane. Se lo fai correttamente, la salsa e i waffle saranno pronti nello stesso momento. Poi metti la salsa di pomodoro sui waffle e poi delle fette di formaggio sulla salsa e poi sopra della carne.

Mentre preparavo la Pizza di waffle, Gert mi ha mandato un sms per dirmi che tornava molto tardi e di non aspettarlo sveglia. Si stava facendo tardi e ho cominciato a preoccuparmi per il suo esame di metà semestre. Un guerriero deve riposarsi prima di affrontare una sfida così grande.

Dopo la Pizza di waffle ho fatto le solite cose: mi sono spazzolata i capelli, mi sono lavata i denti e mi sono messa il pigiama. Mi sono annusata sotto le ascelle e ho deciso che non avevo bisogno di una doccia.

Prima di andare a letto ho controllato di avere messo la sveglia per svegliarmi presto e augurare *happ* a Gert per il suo esame di metà semestre.

Mi ero addormentata da poco quando mi sono svegliata per un rumore fuori dalla mia camera.

So sempre quando Gert è ubriaco, perché inciampa nelle cose e fa un sacco di rumore. Mentre ero distesa a letto l'ho sentito ridere e poi ho sentito che faceva una risata strana, ma alla fine ho capito che quel suo modo strano di ridere era la risata di qualcun altro.

Una donna, una sconosciuta e non AK47.

Il nostro Voto, che in norreno antico si chiama *heit*, dice che, quando uno di noi vuole portare a casa qualcuno che l'altro non conosce, lo diciamo agli altri membri della tribù, che in questo momento siamo io e Gert ma che una volta era anche AK47.

Dopo che Gert e AK47 si sono lasciati, lui ha cominciato a portare un sacco di sconosciute a casa, di sera tardi. Io non riuscivo a dormire e molte volte le sconosciute e Gert erano ubriachi. A me non piacciono le persone che si ubriacano in generale, ma soprattutto Gert, perché la mamma era ubriaca quand'ero nella sua pancia ed è per questo che sono diversa, che è un modo più carino di dire *ritardata.* Gert non beveva molto quando lui e AK47 stavano insieme.

Adesso beve un sacco.

Era l'1.23, anche se erano passate meno di cinque ore da quando mi ero addormentata e avevo mandato a Marxy degli sms sui video di baci su YouTube.

Sono andata alla porta e ho girato lentamente la maniglia finché è entrato un filo di luce.

Dalla mia camera vedevo soltanto metà del soggiorno. Le altre cose che vedevo erano l'ingresso e la porta del bagno. Gert in jeans e felpa che continuava a cadere e andava dalla cucina al soggiorno e diceva delle cose sottovoce.

Poi ho visto un'altra persona con un sacco di lunghi capelli neri e una gonna corta, e poco dopo gli ingredienti si sono mescolati e ho visto una donna in piedi nel nostro soggiorno.

Gert le ha dato un bicchiere con dentro qualcosa di giallo. Lei ha bevuto un grosso sorso. Ha bevuto un po' anche lui. Si sono baciati e Gert le ha sussurrato qualcosa nell'orecchio e lei è scoppiata a ridere.

L'ho visto passare davanti alla mia porta per andare in bagno. La donna si è ficcata una mano tra i capelli e poi ha tirato fuori il telefono. Ha premuto i bottoni e la sua faccia si è illuminata per via dello schermo. Era molto truccata.

Non aveva neanche rispettato la regola che dice che devi toglierti le scarpe.

Sentivo Gert che faceva la pipì in bagno.

Era il momento di affrontare la sconosciuta, mentre era sola e non se l'aspettava. Era una tattica bellica che usavano sempre i vichinghi: attaccavano di notte, per cogliere impreparati i nemici. Sono saltata fuori dall'ingresso, mi sono piazzata davanti a lei e a voce altissima ho detto: «CHI È LÀ».

Lei ha lasciato cadere il bicchiere che aveva in mano e ha detto: «Oddio!» Il bicchiere è rimbalzato per terra e si è rovesciato sulla moquette.

«Identificati», ho detto.

«Cristo», ha detto lei e ha chiamato Gert mettendosi una mano sul cuore.

«Non puoi passare!»

Ho sentito lo scarico del water e Gert è uscito tirandosi su i pantaloni e mi ha visto. Ha visto me e la donna in piedi ai due lati del soggiorno.

«Scusami», ha detto la donna. «Mi sono spaventata e non mi aspettavo...»

«Non c'è problema.» Gert si è voltato verso di me. «Zee. Cosa ci fai in piedi?»

«Hai bevuto. E domani hai gli esami di metà semestre.»

La donna si è chinata e ha preso il bicchiere. «Mi dispiace», ha detto. «Posso pulire.» Gert le ha detto che non c'era nessun problema e che non doveva preoccuparsi.

«Il problema c'è», ho detto io. «Non hai rispettato le regole.»

La bocca della donna si è aperta e poi si è chiusa. «Forse dovrei andare.»

Io le ho detto che era esattamente quello che avrebbe dovuto fare. Gert non aveva chiesto il permesso e poi aveva bevuto e, più restava in piedi, meno ore avrebbe dormito. Per essere il più forte possibile devi essere riposato.

«Aspetta un secondo», ha detto Gert, poi si è girato verso di me. «Qual è il problema? Ho bevuto un paio di bicchieri. Tutto qui.»

Ho incrociato le braccia sul petto. «Domattina ti devi alzare presto per gli esami.»

«Non ce li ho presto, e poi sono esami miei e non tuoi.»

La donna era in piedi dietro di lui e gli toccava il braccio come faceva sempre AK47, muovendo la mano su e giù, e io non riuscivo a guardare.

Mi sono girata e sono tornata in camera mia per dimostrargli che ero arrabbiata.

Quando sono arrivata mi sono seduta e ho incrociato le braccia aspettando che veniva a scusarsi. Invece li ho sentiti parlare ancora e poi si sono messi a ridere e poi c'è stato silenzio. Sapevo che stavano per fare sesso, così ho acceso la mia musica vichinga più forte che ho potuto. La persona che viveva sopra la mia camera da letto picchiava sul pavimento e faceva tremare il soffitto. Ho ficcato la testa sotto le coperte e ho chiuso gli occhi e ho tanto desiderato che smetteva.

Avevo già visto Gert fare sesso, quando abitavamo nella casa dello zio Richard. Gert aveva una ragazza che si chiamava Charlene e una notte è entrata dalla finestra del seminterrato e Gert l'ha portata in camera nostra. Quando è entrata io dormivo e credevo di sognare che lei era un mostro. Dormivamo in un letto a castello. Quello di Gert era in basso perché lui era molto pesante e se dormiva sul letto di sopra rischiava di sfondarlo. In quello di sopra ci dormivo io. Mi piaceva stare lassù. Vedevo tutto e se qualcuno voleva raggiungermi doveva salire la scaletta di metallo.

Quando mi sono svegliata e gli ho chiesto chi c'era lì al buio, Gert mi ha detto di stare zitta. La lampadina era sotto e non faceva abbastanza luce e non riuscivo a vedere bene.

«È tutto a posto», ha detto Gert in piedi in fondo al letto, la sua testa arrivava all'altezza della mia, sul letto di sopra. Mi ha messo la mano sulla bocca e quando l'ha tolta gli ho chiesto cosa stava succedendo.

«Niente. Rimettiti a dormire.»

Gli ho chiesto chi c'era in camera. L'odore era cambiato, non era più il deodorante di Gert, le sigarette dello zio Richard e l'erba che Gert fumava, ma il profumo delle ragazze della scuola.

«Charlene», ha detto Gert.

«Ciao Charlene», ho detto io. Ho acceso la lampadina fissata al muro vicino alla mia testa ed era così luminosa che Gert mi ha detto di spegnerla.

Charlene ha guardato Gert e ha detto che era troppo strano se in camera c'ero anch'io.

«A lei non importa», ha detto Gert. «Vero, Zee? Lei dorme qualunque cosa succeda.»

Gli ho chiesto cosa succedeva mentre dormivo, e poi che in realtà non dormo molto bene se so che nella stanza sta succedendo qualcosa, e una persona che non è né me né Gert mi guarda dormire.

«Anche a me non piace essere guardata», ha detto Charlene. «Forse non è stata una buona idea.»

Gert si è avvicinato di nuovo al mio letto e mi ha sussurrato se per caso non volevo andare un po' in bagno. «O in soggiorno.»

«Ma questo è il mio letto», ho detto io. «E questa è la mia camera.»

«Non ci vorrà molto.»

«Ah sì?» ha detto Charlene. Era appoggiata alla scrivania con le braccia incrociate sul petto e picchiettava il muro con il tacco. Gert mi ha messo le mani sulle spalle. «Forse un po' ci vorrà.»

«Ah, ah. Molto divertente.» Gert ha messo il mento sul mio materasso e ha sussurrato: «Ti prego. Farò quello che vuoi. Qualsiasi cosa».

«Si sta facendo tardi.» Charlene masticava della gomma e la faceva schioccare in bocca.

«Tutto quello che vuoi», ha ripetuto Gert.

Ma io non volevo niente da Gert. Volevo che la mamma era di nuovo viva e volevo essere di più di quello che ero e volevo andare a scuola nelle classi normali come faceva Gert.

«Mi racconti delle altre storie sulla mamma?» gli ho chiesto.

«Adesso?»

«Domani dopo la scuola. Per almeno un'ora.»

Charlene ha fatto scoppiare di nuovo la gomma. «Non ho mica tutta la notte», ha detto. «Anch'io ho dei figli.»

«Va bene», ha detto Gert.

«Giurin giurello?»

Lui ha guardato Charlene che si toglieva dei peli di gatto dalla maglietta e li lasciava cadere sulla moquette. Mi ha dato il mignolo e le nostre dita si sono intrecciate e poi si sono separate con uno schiocco per rendere eterna la nostra promessa.

In soggiorno mi sono messa i cuscini sotto la testa e mi sono tirata la coperta fino al mento. La casa dello zio Richard non era molto pulita e la cena che lui non aveva mangiato era ancora sul piatto. Certe volte, quando tornava dal lavoro, si addormentava sul divano dopo aver guardato la tele, con la pancia che sporgeva e le gambe spalancate. Se succedeva, noi dovevamo spegnere la tele e mettergli sopra una coperta, così la mattina dopo al risveglio non si arrabbiava, oppure non si stancava perché aveva avuto freddo e si era svegliato in piena notte per cercare una coperta.

Ma lui non era sul divano, così mi sono preparata un burrito e mi sono ficcata bene il cuscino sotto la testa perché così era due volte più comodo per dormirci sopra. Il volume della televisione era a zero e mi sono messa a fare zapping. Non c'erano molti canali. Lo zio Richard era convinto che la tele via cavo fosse troppo cara e usava le antenne per cercare di prendere più canali. I canali a volte funzionavano, ma il più delle volte no.

Sull'unico canale che funzionava c'era un programma di molti anni fa su una famiglia di pionieri che si spostavano con i carri e allevavano le mucche. Le donne sembravano delle suore e avevano i vestiti lunghi, gli uomini sparavano sempre a delle cose, se le davano di santa ragione e poi si mettevano a bere birra su delle sedie a dondolo sotto il portico delle case. Avevo appena cominciato a addormentarmi di fronte ai pionieri della tele quando ho sentito dei passi avvicinarsi dalla camera dello zio Richard in fondo al corridoio.

«Cosa ci fai qui?» mi ha domandato lo zio. «Non dovresti dormire in camera tua?»

Ho fatto finta di russare e non sentirlo. Lui ha detto che mi aveva visto muovere per qualche secondo e che sapeva benissimo distinguere chi russa per finta.

Ha indicato la tele. «Non posso credere che questo è il meglio che riusciamo a fare.»

Alla tele i pionieri erano in chiesa. Lo zio Richard si è avvicinato e ha spostato le antenne. Era molto abituato alle antenne. Lo zio Richard non lavorava molto perché si era fatto male a una gamba quand'era stato investito da un furgone delle poste mentre attraversava la strada. Dopo gli avevano dato un sacco di soldi e lui aveva comprato la casa e per un po' aveva aperto un bar, poi però l'aveva chiuso perché le persone che ci lavoravano si intascavano tutti i soldi.

L'immagine è diventata più confusa e lui ha cambiato canale e ha messo quello dello sport, che quando avevo acceso la tele io non funzionava. Mi ha spostato i piedi e ha iniziato a guardare la boxe.

«Credo di sapere come va a finire», ho detto.

«Allora non rovinarmi la sorpresa.»

All'inizio uno dei due pugili era molto meglio dell'altro. Avevo già visto la fine del combattimento e sapevo che quello che sembrava meno bravo vinceva mettendo KO il suo avversario per tre volte di fila, molto in fretta.

Lo zio Richard si è grattato il petto e ha detto che andava a prendersi una birra. «Vuoi qualcosa?»

«No, grazie», ho risposto.

Lui è tornato e si è seduto. Abbiamo continuato a guardare, e mentre i pugili si menavano lo zio Richard mi ha messo un braccio sulle spalle e mi ha toccato con le dita. Sentivo che disegnava qualcosa con l'indice. Poi ho riconosciuto la forma: era la lettera Z. Ho iniziato ad agitarmi e lui mi ha chiesto se c'era qualcosa che non andava.

«Devi rilassarti, altrimenti finirai come tuo fratello», ha detto, e questo non mi è piaciuto e volevo mettermi a urlare ma non volevo mettere Gert nei guai. Io e Gert avevamo fatto giurin giurello, era come un patto vichingo, solo che allora non sapevo di essere un vichingo e non lo chiamavo così. Ho capito di essere un vichingo soltanto quando Gert per Natale mi ha regalato la *Guida Kepple ai vichinghi*. Gert e lo zio Richard litigavano sempre per qualcosa, da quando Gert era diventato più grande dello zio. Una volta lo zio Richard prendeva sempre a sberle Gert e lo chiamava «ragazzo», e diceva che se voleva vivere sotto il suo tetto doveva rispettare le sue regole.

Anche se avevamo un legame di sangue, per via di come trattava Gert non facevamo parte della stessa tribù.

Sono rimasta seduta sul divano e cercavo di guardare la tele e pregavo che lo zio Richard non sentiva niente.

Dalla camera da letto arrivavano dei rumori di sesso e per nasconderli io tossivo e dicevo che stava cominciando a venirmi un raffreddore.

«C'è in giro», ha detto lo zio Richard e mi ha detto di aspettare lì mentre andava a prendere un po' di brandy. «Un vecchio rimedio di famiglia», ha spiegato tornando con una bottiglietta con un odore dolce ma anche molto forte.

Me ne ha versato un po' nel tappo che aveva svitato dalla bottiglia e me l'ha dato. «Quando da piccoli stavamo male, io e la tua mamma bevevamo sempre un sorsetto di questo e ci riscaldava subito.» Ho risposto che aveva un cattivo odore e lui mi ha detto che era fatto apposta. «Fidati. Buttalo giù in un sorso solo.»

Ho obbedito e il brandy mi è sceso nello stomaco, dove in effetti mi ha riscaldato. Ho fatto una smorfia.

«Non ha un buon sapore.»

«Sì, ma ti fa sentire meglio. Vero?» Lo zio Richard ha sorriso mostrando i denti che si era fatto sbiancare, quindi non erano più gialli per via del caffè e delle sigarette.

Mi ha messo di nuovo un braccio sulle spalle e stavolta ho sentito il suo dito dalla spalla al braccio e poi la mano tra il suo braccio e il mio corpo. A volte Gert faceva così con le ragazze. Poi ho sentito la sua mano toccarmi il petto e mi sono irrigidita.

I rumori di sesso che venivano dalla stanza mia e di Gert sono diventati più forti e stavolta mi sono dimenticata di tossire. Le dita si sono fermate. Lo zio Richard li aveva sentiti.

«Figlio di puttana», ha detto e si è alzato per andare in camera di Gert. Ho cercato di trattenerlo e lui mi ha spinto giù. «Non è il momento di starmi tra i piedi, cazzo.»

Ho buttato via la coperta e ho iniziato a correre e ho cercato di mettermi davanti alla porta.

«Spostati», ha detto lui.

«No», ho detto, e come Gandalf nel *Signore degli Anelli* ho aggiunto: «TU NON PUOI PASSARE!»

Lo zio Richard ha spalancato la porta. In camera c'era buio ma la luce del soggiorno ha illuminato tutto. Gert era in piedi dietro Charlene che era aggrappata alla sedia vicino alla scrivania. Erano nudi.

Lei si è voltata dall'altra parte ed è corsa a letto e Gert ha chiesto che cazzo stava succedendo.

«Fuori di qui, puttanella», ha detto lo zio Richard buttando a Charlene i suoi vestiti. «Tua madre si vergognerebbe di te.»

Si sono messi a urlare e Charlene ha iniziato a mettersi la maglietta. Gert ha affrontato lo zio Richard che era vestito, mentre lui no.

«Ma che problemi hai?» gli ha detto, e lo zio Richard gli ha dato una sberla in piena faccia.

Charlene si è messa a gridare e mi è passata vicino di corsa in mutande con in mano il resto dei vestiti.

«Sei un disgraziato, proprio come tuo padre», ha detto lo zio Richard.

Quando lo zio Richard ha detto quella cosa su nostro padre, Gert gli ha mollato un pugno. Era la prima volta che picchiava lo zio, mentre lo zio l'aveva picchiato un sacco di volte. Si sono messi a fare la lotta e io non sapevo come farli smettere. Hanno urtato la scrivania e buttato per terra una lampada. La gamba dello zio Richard si è piegata in maniera strana e per la prima volta non è stato più forte di Gert.

Così ho iniziato a urlare più che potevo, finché loro hanno smesso di fare la lotta. Lo zio Richard si è alzato lasciando andare Gert e si è messo tra di noi respirando forte e veloce.

«Smettila», ha detto.

Gert si è asciugato il sangue dalla bocca. «Non sgridarla», ha detto.

Lo zio Richard ha alzato le mani ed è uscito dalla stanza dicendo che si era pentito di averci ospitato. Quando se n'è andato, io ho smesso di urlare. Gert si è infilato le mutande e si è seduto sul letto premendosi una maglietta sulla faccia per fermare il sangue.

«Cazzo», ha detto dandosi un pugno sulle ginocchia. «Adesso a scuola lo sapranno tutti. Perché gliel'hai detto?»

«Io non ho detto niente. Facevate casino e lui vi ha sentito.»

«Cazzo», ha ripetuto Gert e ha buttato per terra la maglietta, poi ha preso un calzino per fermare il sangue.

Eravamo seduti sul letto insieme.

«Dobbiamo andarcene da qui», ha detto Gert rigirando il calzino per usare l'interno pulito per asciugarsi di nuovo il naso. «Con ogni mezzo necessario, cazzo.»

7

La mattina dopo, cioè la mattina dell'esame di metà semestre, volevo svegliare Gert e preparargli una colazione bomba pre-esame, anche se ero incazzata con lui perché aveva bevuto e fatto sesso tutta la notte con qualcuno che non era AK47.

Ma lui non c'era più e nemmeno la ragazza. La sua porta era chiusa a chiave, le sue scarpe non c'erano e la casa era silenziosa. Fuori la giornata stava diventando sempre più rumorosa per via delle macchine e della gente che andava a lavorare.

«Merda», ho detto.

La Parola del giorno era *incompatibilità* che è quando le cose non stanno bene insieme. Secondo il Dizionario è una parola molto antica e può anche significare «disaccordo.»

La sera prima io e Gert avevamo avuto un'incompatibilità su chi poteva entrare nell'appartamento.

«Dobbiamo smetterla con questa incompatibilità», volevo dire a Gert quando tornava, così capiva che non mi piace avere estranei per casa.

Dopo essermi esercitata con la Parola del giorno e averla inserita in tre frasi per ricordarla meglio, mi sono ricordata che volevo aiutare Gert per il suo esame. Ho controllato l'orologio per essere sicura di avere abbastanza tempo per fare un sacrificio in suo onore prima di prendere l'autobus delle 11.15 per andare a leggere in biblioteca.

Kepple dice che si possono sacrificare degli animali e degli esseri umani e anche degli oggetti, per dimostrare agli dèi che li si rispetta e per chiedere delle cose. Per il mio sacrificio volevo che Gert passava l'esame e dimostrava a tutti che non è un delinquente o un idiota.

Perché il sacrificio funzioni, l'oggetto dev'essere importante. La parola significa proprio questo: rinunciare a qualcosa che ti piace. Ho fatto il giro dell'appartamento per cercare qualcosa di importante da sacrificare nel contenitore del caffè.

Per me gli oggetti più importanti erano:

- La foto di me, Gert e la mamma quand'ero piccola.
- Il video della mamma.
- La lettera di Marxy dove dice che mi ama.
- La *Guida Kepple ai vichinghi* che Gert mi ha regalato per Natale.

Ho fatto un respiro profondo. Non volevo sacrificare nessuna di queste cose. Quella che amavo di più era la nostra fotografia. Era l'oggetto più potente, anche se era molto piccola e potevo infilarmela in tasca.

«Okay», ho detto tirandola fuori dalla plastica. «Questo è il mio sacrificio per Gert.»

Ero orgogliosa che andava al college, perché nessuno ci credeva che c'era riuscito. Quasi nessuno. Secondo me e AK47, lui era in grado di fare qualsiasi cosa. Non aveva il diploma delle superiori. Con un diploma delle superiori poteva andare a quel college che gli aveva promesso di pagare tutto se giocava nella loro squadra di football.

Era stata AK47 a convincerlo ad andare al college. Durante l'ultimo anno di liceo si era spaccato il ginocchio, cioè se l'era ferito in una maniera che gli rendeva difficile camminare. Aveva cominciato a lavorare in un distributore di benzina e gli era venuto un grosso rotolo intorno alla pancia. Ormai non gli vedevi più le vene delle braccia.

Certi giorni io e AK47 andavamo a trovarlo. Per poterlo vedere lei prendeva la macchina e gli chiedeva di farle il pieno. Trovava divertente fargli fare questa cosa, ma dopo si lamentava sempre che dove lavorava lui la benzina costava troppo. Non approvava quel lavoro al distributore. Diceva che erano stronzate, che stava sprecando il suo talento e che secondo lei poteva ridiventare un eroe, anche se non aveva usato proprio queste parole.

Gert è il leader della nostra tribù, e quando la gente pensa che è un delinquente poco intelligente come sentire parlare male di tutti noi. Al liceo Gert mi aveva protetto dalle persone che mi davano della ritardata e adesso le persone pensavano che era stupido e non sarebbe mai diventato un eroe.

Un giorno AK47 gli ha portato un foglio che aveva visto al centro diurno. Serviva a fare domanda per una borsa di studio al college per persone come lui, che avevano problemi finanziari e avevano vissuto quella cosa che si chiama «difficoltà.»

«Se ce la fai entro la scadenza, io ti faccio quella cosa che ti piace tanto», gli ha detto sbattendo il foglio sul tavolo della cucina.

«Cos'è quella cosa che gli piace?» le ho chiesto, ma loro si stavano guardando e non mi ascoltavano e alla fine Gert ha detto: «Per una settimana», e AK47 ha sorriso e ha detto affare fatto.

Ogni sera quando tornava a casa dal distributore lavorava alla domanda.

AK47 non voleva dirmi di cosa parlava. Non voleva neanche farmela leggere. «Dev'essere lui a decidere.»

«E allora perché tu la puoi leggere?»

«Perché sono un'ipocrita e ti ci dovrai abituare. Okay?»

Ipocrita è una delle dieci parole sulla lista delle mie Parole preferite insieme a *sbocciare* e *pedigree* e *corsivo*. Io non uso nessuna di queste parole e intorno a me nessuno le usa mai, così quando le sento mi entusiasmo. Un ipocrita praticamente è una persona che dice una cosa e poi ne fa un'altra, mentre si aspetta che tutti gli altri facciano la prima. Quindi, se io ti dico di non correre sul bordo della piscina e dopo lo faccio, sono un'ipocrita.

Alla fine Gert è riuscito ad avere la borsa di studio e ha lasciato il lavoro al distributore.

Per potersi tenere la borsa di studio doveva prendere dei voti alti, ecco perché studiava macroeconomia con tanta energia. La borsa di studio ci dava i soldi per mangiare e per la macchina e per cose come il dottor Laird.

La domanda che ha scritto per avere la borsa di studio era forte, però non mi ha permesso di leggerla.

«Perché no?» gli ho chiesto.

«Quando sarai più grande», ha risposto, ma anche quando sono stata più grande ha detto di no, perché dentro c'erano delle cose private che potevano non piacermi.

«Proviamo», ho detto.

Ma lui non ha voluto.

Quando sono andata in cucina a cercare la scodella di plastica e i fiammiferi, ho visto che Gert aveva dimenticato la sua speciale calcolatrice grafica che gli è costata quasi cento dollari. Era sul tavolo della cucina. Era un'arma fondamentale per sconfiggere gli esami per cui aveva studiato.

«Porca miseria», ho detto.

Senza quella calcolatrice speciale gli esami rischiavano di finire in maniera disastrosa.

Quando ho chiamato per dirgli che l'aveva dimenticata, non ha risposto al telefono. Ho guardato l'orologio. Poi sono andata al calendario sul frigo e ho cercato il quadratino dove c'era scritto MACROECONOMIA.

Stava arrivando il momento dell'esame e non sapevo se aveva il tempo di tornare a prendere la calcolatrice.

Il cuore ha cominciato a battermi forte.

Mi sono seduta e ho fatto dieci respiri. AK47 non rispondeva al telefono. La fotografia di me, Gert e la mamma mi guardava e nella foto tutti sorridevano. Mi sembrava quasi che volevano dirmi qualcosa, anche la me piccola.

C'era una regola che diceva che potevo prendere l'autobus da sola soltanto per andare in posti dove io e Gert eravamo già stati almeno una volta, così conoscevo la strada e non mi perdevo, e per essere sicuri che non erano posti pericolosi. Non ero mai stata al college di Gert tranne quella volta che io, lui e AK47 eravamo andati a vederlo prima della sua decisione di iscriversi. Secondo la definizione di Kepple, quel college poteva essere un territorio straniero che non avevo ancora conquistato. Ho trovato l'indirizzo sul calendario, poi sono andata su Google Maps e ho visto quale autobus ci arrivava.

Non mi ha fatto piacere non rispettare la regola dell'autobus, ma senza quella calcolatrice Gert rischiava di essere sconfitto, di non superare l'esame e di perdere la borsa di studio, e questo poteva far diminuire i tesori nel nascondiglio della tribù. E poi a volte gli eroi delle leggende devono andare contro le regole per salvare le persone a cui vogliono bene.

Ho preso la borsa e ci ho messo dentro la calcolatrice speciale. Poi ho sussurrato una preghiera a Odino chiedendogli una benedizione per la mia impresa.

La fermata dell'autobus vicino al nostro appartamento è coperta di graffiti e di solito puzza di pipì. Sono stata bene attenta a non sedermi sulla panca perché di notte ci dorme un barbone, con il cibo che le persone gli lasciano per terra.

Qualcuno deve avergli lasciato della roba del Burger King, perché c'erano un sacco di carte di hamburger e patatine.

Mi ero portata la cartina da far vedere al conducente. «Devo andare qui. Ci va anche lei?» ho chiesto.

Lui ha annuito. Ho pagato il biglietto, che erano tre dollari, e mi sono seduta vicino a lui, come faccio con AK47 quando guida.

Il conducente aveva una grossa barba. All'inizio non voleva parlare e stava zitto guardando avanti con dei grossi occhiali da sole su cui si vedeva tutto quello che vedeva lui, come su uno schermo.

Quando ho iniziato a parlargli ha abbassato la radio per potermi sentire. Gli ho detto che dovevo andare al campus per salvare mio fratello.

Gli ho raccontato che Gert ci aveva salvato dal vivere con lo zio Richard che era uno stronzo gargantuesco. La casa dello zio Richard era sempre piena di gente cattiva che si arrabbiava con Gert e a volte ci litigava. Gert aveva preso la borsa di studio così ci eravamo trasferiti nell'appartamento in cui abitiamo, molto lontano dalla gente ricca, ma anche non troppo vicino a gente molto cattiva come lo zio Richard.

«Mi sa che tuo fratello ha bisogno di salvarsi da solo», ha detto il conducente.

«Io ho un figlio così», ha detto la donna seduta davanti a me. «Non ascolta mai nessuno.»

«Anche tuo fratello è un furfante?» ha domandato un'altra donna con un impermeabile giallo.

Ho scosso la testa. «È molto intelligente, ma anche le persone molto intelligenti e forti hanno bisogno d'aiuto», le ho risposto.

«Parole sante», ha detto la prima donna.

«La mia mamma era alcolizzata», ho detto. «Quand'ero

nella sua pancia beveva ed è per questo che sono diventata non normale. Un sacco di gente dice che sono ritardata, ma non è una cosa bella da dire.»

«Ah», ha fatto il conducente. Poi si è grattato il collo con le unghie facendo un rumore come quando si pulisce il water.

«Se voglio, io posso usare la parola *ritardata*», ho aggiunto. «Non è un problema. Tolgo la forza di quella parola e la uso in maniera positiva, come quando i neri usano la parola che inizia per N.»

Una volta avevo sentito AK47 usare la parola che inizia per N, che non permetteva mai a Gert di usare, ed era stata lei a dirmelo: a volte si può prendere una brutta parola che la gente usa per parlare di te, come *ritardata*, e lasciare che l'aria esca come da un palloncino. Mi ha anche detto che soltanto una persona che è stata ferita dalla parola che inizia per N la può usare a quel modo.

«Altrimenti è una parola che fa male», aveva detto, e io non ho capito finché ho pensato alla parola *ritardata* e a come veniva usata per ferire le persone e a come io riuscivo a evitare di farmi ferire.

L'altra cosa è che un sacco di gente si comporta in maniera strana quando parlo della mamma e di come mi ha involontariamente avvelenato.

Il dottor Laird ha un sacco di dépliant ed esistono anche dei siti che spiegano cos'è successo quando la mamma beveva la birra e altre cose mentre io ero piccolissima dentro di lei.

Per esempio, le persone come me possono avere una faccia «anormale», cosa che io non ho, e la testa più piccola. Sono basse come me e possono avere dei problemi a stare ferme e a pensare, che è una cosa in cui il dottor Laird mi ha aiutato. Possono avere anche ossa fragili e avere bisogno di un sacco di calcio, che va nelle ossa e le rende forti.

«Al mio leggiadra fanciulla gli danno spesso del ritardato», ho detto. «Per lui è un problema, quindi ogni volta che sento qualcuno che lo chiama così gli dico di chiedere scusa.»

«Il tuo cosa?» ha chiesto la donna di fronte a me.

«Il mio leggiadra fanciulla. Si chiama Marxy.»

«Le fanciulle possono essere soltanto femmine», ha detto la donna. «La parola vuol dire proprio questo.»

«Be', a me non importa cosa vuol dire, perché questa è la mia leggenda.»

La donna mi ha fissato a lungo. «Be', comunque», ha aggiunto, «a volte le persone hanno bisogno di aiuto. Per mio figlio ci siamo messi tutti insieme e gli abbiamo spiegato che gli vogliamo bene. Che ha dei figli a cui pensare. Forse potreste farlo anche voi con tuo fratello.»

Mi è sembrata una buona idea. Ho pensato alle persone che potevano aiutarmi. C'era AK47 che aveva detto di odiare Gert anche se lo amava. Poi potevo chiederlo al dottor Laird. Erano gli unici amici di Gert che conoscevo e che mi piacevano.

L'autobus ha fatto una curva molto brusca e il conducente mi ha detto che mancava poco al campus.

«Andrà tutto bene», mi ha detto.

Gli ho risposto di sì. Lui ha fermato l'autobus e io gli ho fatto vedere la speciale stretta di mano dei vichinghi, in cui ci si prende per i polsi. Poi alla fine ci siamo salutati pugno-a-pugno.

«Buona fortuna», mi ha detto.

«Anche a lei», ho detto io. «*Happ.*»

Happ significa «buona fortuna» in vichingo, insieme a *gipta*, che ho detto dopo perché non so la differenza tra questi due tipi di fortuna.

Quando le persone hanno cominciato a salire sull'autobus formando un'onda gargantuesca, il conducente ha alzato la mano e a voce altissima ha detto: «ASPETTATE IL VOSTRO TURNO, MALEDIZIONE».

E la gente, soprattutto giovani e studenti con libri e zaini, ha smesso di cercare di salire sull'autobus. Mi sono sentita come un'eroina che aveva appena sconfitto orde di guerrieri cattivi. La gente si è spostata e mi ha lasciato scendere.

«Il palazzo di mezzo», mi ha detto il conducente prima di lasciare salire la gente. «Quello alto con le campane.»

Il campus del college è gargantuesco e mi ricorda le foto delle città vichinghe con un sacco di gente che cammina. Però qui nessuno ha spade o asce o cappelli da cui spuntano ossa di animali. Gli studenti non assomigliano per niente ai vichinghi. Non hanno un sacco di muscoli, o almeno non tutti. Ho visto alcuni studenti grossi che forse potevano fare bella figura sul campo di battaglia. Ma il loro campo di battaglia è il cervello.

Quando Gert è entrato al college io, lui e AK47 siamo andati tutti insieme a vederlo. AK47 ha lanciato un fischio e ha detto: «Non male per un college statale», e Gert si è stretto nelle spalle e si è grattato un gomito. Si era messo i suoi vestiti troppo grandi e certe persone che venivano verso di noi stavano bene attente a starci alla larga mentre passavamo sul marciapiede.

Con Gert questo succede spesso. Quando cammina è anche più grosso di quello che è in realtà.

AK47 gli ha accarezzato una spalla e gli ha detto di non preoccuparsi. «Quello che conta è il tuo cervello. Lascia perdere questi idioti bifolchi.»

Mentre camminavo per il college stringendo la calcolatrice di Gert e una stampata del suo orario, ho iniziato a essere nervosa perché in giro c'era un sacco di gente e io non ero con nessuno che conoscevo. Sentivo il mio cuore come un uccello che andava a sbattere contro la gabbia che ho dentro. Il mio cervello diceva all'uccello di smetterla di impazzire, che era il momento di essere un uccello vichingo e non un vigliacco.

Mi sono strofinata i lati della testa e ho chiuso gli occhi e ho contato fino a dieci.

«Tutto bene?»

Ho aperto gli occhi e davanti a me c'era una ragazza. Aveva in mano un grosso libro e portava gli occhiali da sole, che non erano lucidi come quelli del conducente dell'autobus e le stavano sulla punta del naso.

«Benissimo», ho risposto.

«Ti sei persa?»

Ho annuito. Lei mi ha chiesto dove volevo andare. Le ho fatto vedere l'orario del frigo con sopra le lezioni di Gert. La gente ci passava vicino e qualcuno per sbaglio mi ha urtato con la borsa.

La ragazza ha dato uno spintone a quella persona e ha detto: «Coglione, stai attento a dove metti i piedi».

Ha letto le informazioni sul pezzo di carta e mi ha detto che dove volevo andare non era molto lontano. Le ho detto che il conducente dell'autobus mi aveva detto che era il palazzo con la torre.

«No. Vieni con me. Forza», ha detto e ha cominciato a camminare.

Io l'ho seguita. Mentre camminavamo mi ha chiesto cosa ci facevo nel campus e chi ero e io le ho detto che dovevo salvare mio fratello.

«Ha bisogno della sua calcolatrice speciale per poter fare l'esame.»

«Gli esami di metà semestre sono una palla», ha detto la ragazza.

«Si chiama Gert. Lo conosci?»

Lei ha risposto di no, ma che era un campus molto grande. Siamo salite in cima alla collina.

«Qui c'è un sacco di gente. Però è un nome piuttosto strano.»

In cima alla collina mi ha indicato un palazzo con una bandiera piantata sopra. Era grande e metallico e pieno di finestre.

«Lì c'è la facoltà di economia. L'aula di tuo fratello dovrebbe essere lì.» Mi ha restituito il foglio. «Secondo piano.»

L'ho ringraziata e le ho detto di stare bene, ci siamo strette la mano e lei ha aggiunto una mossa: dopo che i nostri pugni si sono toccati ha tirato via la mano e ha fatto il rumore di un'esplosione.

Ho salito di corsa le scale dell'edificio fino al secondo piano, ho fatto tutto il corridoio e ho letto i numeri sulle porte, che erano molto piccoli. Dentro le aule gli studenti avevano tutti la matita in mano e la usavano per combattere contro i fogli che avevano davanti. Molti avevano la calcolatrice che usava anche Gert.

Questo mi ha fatto capire che ero nel palazzo giusto.

La porta dell'aula segnata sul foglio aveva una finestrella. Non riuscivo a vedere Gert e la finestrella non era abbastanza grande per farmi vedere tutta l'aula, che sembrava un cinema, con gli studenti seduti sulle sedie e la professoressa in piedi sul fondo. Davanti c'era uno schermo su cui un computer proiettava delle immagini.

Sullo schermo c'erano dei numeri e delle cose che non capivo.

Ho appoggiato l'orecchio al vetro della porta per sentire la professoressa che stava davanti agli studenti e parlava a voce molto forte.

«L'immagine proiettata corrisponde alla domanda 17», stava dicendo.

Il proiettore ha cambiato immagine e ne ha fatta vedere un'altra ancora più complicata.

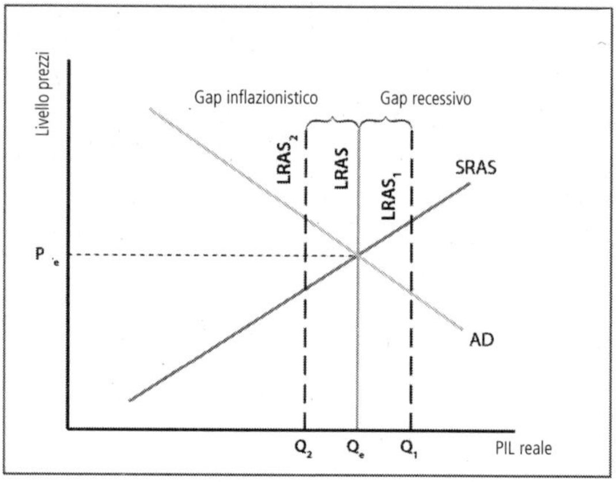

È il momento giusto, mi sono detta. Ho chiuso gli occhi e ho spinto la porta, che aprendosi ha fatto un rumore molto forte di metallo.

La professoressa ha smesso di parlare. Gli studenti seduti sulle sedie si sono girati a guardarmi. Erano tutti zitti come se, invece di lasciare cadere una bomba che poi era esplosa, io ne avevo fatta cadere una che aveva risucchiato tutti i suoni.

«Cosa posso fare per lei?» ha chiesto la professoressa.

Ho tirato fuori l'orario di Gert e ho letto il nome sotto la scritta MACROECONOMIA. Il nome della professoressa che insegnava nel corso di Gert era professoressa Gillroy.

«Lei è la professoressa Gillroy?» ho chiesto.

Gli studenti hanno cominciato a sussurrare e a ridere.

Era una donna anziana con i capelli grigi tutti crespi e spettinati. Quando le ho chiesto per la seconda volta come si chiamava, gli studenti l'hanno guardata per vedere cosa diceva. La gente mi puntava addosso il telefono.

«Sono io, e lei sta interrompendo il mio esame.» E ha incrociato le braccia sul petto.

«Sto cercando mio fratello. È in quest'aula. Devo dargli questa.» Ho aperto la borsa e ho tirato fuori la calcolatrice speciale di Gert. «Per il suo esame.»

Lei ha spalancato le braccia e ha detto agli studenti: «Qualcuno conosce questa ragazza?»

Ho fatto scorrere gli occhi su tutta la classe cercando Gert. Ho detto il suo nome ad alta voce. Nessuno ha alzato la mano per dire sono io.

«Qualcuno conosce un certo Gert?» ha chiesto lei.

A quel punto qualcuno ha alzato la mano. Ma non era mio fratello: era una ragazza seduta in ultima fila con i capelli biondi raccolti in una coda di cavallo. Aveva gli occhiali e le braccia magre.

Ha detto: «Credo di sapere di chi sta parlando».

«E quindi?» ha domandato la professoressa.

«Posso alzarmi?» ha chiesto la ragazza alla professoressa che guardava l'orologio.

«Siamo già in ritardo per l'inizio dell'esame.»

La studentessa ha chiesto di avvicinarsi per parlare con la professoressa. Ha sceso le scale ed è arrivata davanti a tutti. La ragazza e la professoressa Gillroy hanno parlato piano e poi la ragazza ha salito le scale verso di me e mi ha detto che conosceva Gert e probabilmente facevamo meglio a parlare fuori dalla classe perché stavamo disturbando tutti.

Siamo andate al bar. Lei mi ha detto di chiamarsi Jenny e che conosceva Gert, però me l'ha detto in maniera strana e poi mi ha chiesto come stava.

«Bene», ho risposto. «Dobbiamo cercarlo, se non è a fare l'esame. Forse si è perso.»

«Non credo proprio», ha detto Jenny con un sorriso. «Voi due siete identici. Vedo la somiglianza.»

«Dovrei farmi degli altri tatuaggi.»

Jenny ha riso e ha detto che era vero. Si tormentava le unghie. «Quindi lo stai cercando e lui ti ha detto che era in questa classe.»

«E che aveva un esame.»

«Noi due ci conosciamo», ha detto Jenny. «Cioè, non eravamo grandi amici o roba del genere, ma fuori dalle lezioni ci frequentavamo.» Si è di nuovo rosicchiata un'unghia.

Ho chiesto se questo significava che avevano fatto sesso e lei è diventata rossa in faccia. Quasi tutte le ragazze che conoscevano Gert avevano fatto sesso con lui.

«Non importa», ho detto. «Gert fa sesso con un sacco di persone.»

«Sì, l'avevo capito.»

Mi ha detto che facevano parte dello stesso gruppo di studio per il corso di economia, quello con l'esame importante. Io le ho detto che la sera prima lui era stato al gruppo di studio.

«Ieri sera», ha detto lei.

«È tornato a casa molto tardi ed era ubriaco. A volte gli piace uscire a bere una birra dopo avere studiato, anche se sa che non mi piace quando si ubriaca.»

Non so perché, ma lei non voleva guardarmi negli occhi. Di solito la gente lo fa quando sa qualcosa e non vuole dirtelo.

Così le ho lanciato L'OCCHIATACCIA che mi ha insegnato AK47, cioè l'ho fissata dritto in faccia e negli occhi.

Jenny ha sospirato. «Okay, probabilmente non sono affari miei, ma non credo sia molto bravo nello studio.»

Io ho fatto una faccia. «Non mi ha detto niente.»

Lei mi ha detto che era un bel po' che Gert non andava a lezione e non era la prima volta che mancava a un esame. «Ha perso anche quelli di statistica e non lo vedo in aula da settimane.»

Le ho detto che era impossibile. Gert studiava e andava a

lezione. «Non è una persona che dice bugie. Non si comporta in modo disonorevole. E noi non diciamo bugie alle persone della nostra tribù. È una regola molto importante.»

Jenny ha visto qualcuno che passava di lì con un vassoio di roba da mangiare e l'ha chiamato. «Karl, per favore, puoi venire qui un minuto?»

Karl era piccolo e a forma di palla e aveva una grande pancia. Aveva anche i capelli rossi proprio come Carota del centro diurno. Si è seduto sulla sedia vuota e ha messo giù il vassoio. Sopra c'era della minestra e un tramezzino con il tonno.

«Cosa c'è?» ha chiesto, poi mi ha guardato e poi ha guardato di nuovo Jenny.

«Lei è la sorella di Gert, Zelda», ha detto Jenny.

«Ciao», ha detto lui e ci siamo stretti la mano in maniera strana. «Fantastico. Ma dove si è cacciato? Ho quasi finito il fumo.» Karl ha tolto tutta la plastica del tramezzino al tonno. «Ormai nel campus siamo quasi a secco.»

Jenny ha fatto un rumore con la gola.

«Eh?» ha fatto Karl, e io ho visto quello che aveva in bocca. Poi mi ha guardato, si è messo le mani sulla bocca e si è scusato.

«Cosa c'entra Gert con il fatto che non c'è più fumo?» ho chiesto. «E di che fumo parli?»

Carl ha guardato Jenny. «Oh. Be', lui è una specie...»

Si è interrotto e ha mangiato un altro pezzo di tramezzino.

Jenny ha detto: «Zelda è venuta fin qui per portare a Gert la sua calcolatrice grafica per economia».

Il resto del tramezzino di Karl è scomparso dentro la sua bocca. «Ho sentito che lo bocceranno, praticamente è matematico», ha detto. «E forse gli daranno anche una sanzione accademica. Vero?»

«Io non ne so niente», ha risposto Jenny.

Ho messo le mani sul tavolo e ho allargato le dita. «Okay. Cosa vuol dire?» ho chiesto.

«Vuol dire che non sta frequentando le lezioni o che non sta superando gli esami, oppure tutte e due le cose. Non credo che l'abbiano beccato per spaccio, quindi probabilmente non è quello. Comunque se lo senti puoi dirgli di chiamarmi? Io sono Karl, il mio numero ce l'ha.»

Quando sono arrivata a casa ero molto arrabbiata e ho deciso di agire. Ero andata fino al college a portargli la calcolatrice. Se Karl aveva ragione, Gert era in guai grossi.

Non vuole assolutamente che vada in camera sua quando lui non c'è e io ho sempre rispettato il suo desiderio. Ma dovevo scoprire chi stava dicendo la verità e chi stava dicendo una bugia. Se Gert quando aveva detto che andava a fare l'esame aveva detto una bugia, era solo una bugia. Ma se aveva smesso di frequentare le lezioni e non superava gli esami, doveva dirmelo.

Sapevo che sulla sua scrivania c'erano delle carte e dei libri che secondo lui venivano dal college. Ho messo la borsa in camera mia e sono andata in camera sua. Ho bussato alla porta e ho detto che ero io e gli ho chiesto di aprirmi.

Se non era al college doveva essere a casa.

Nessuna risposta.

La porta di Gert ha un lucchetto, ma io sapevo che se smonti una biro puoi ficcare il tubetto di plastica nel buco del lucchetto e se armeggi un po' a volte il lucchetto si apre.

Era stata AK47 a farmi vedere come si fa.

Così ho trovato una biro e ho aperto la porta.

Gert non era nascosto là dentro per non fare gli esami.

La stanza non era molto pulita e si sentiva l'odore del suo deodorante e anche di acqua di Colonia, di biancheria sporca e ascelle. Il poster di Al Pacino in *Scarface* mi guardava e diceva SALUTATEMI IL MIO AMICO SOSA.

A Gert piace tenere tutto pulito e in ordine. Era strano quel casino. Non sapevo dove guardare, così ho iniziato dalla scrivania e ho guardato le carte che c'erano sopra. Sembravano compiti e cose del college. Non mi servivano a molto.

Ho controllato sotto il letto e anche nella scrivania e nel tavolino vicino al letto dove tiene i preservativi per fare sesso e anche un sacco di calzini.

Nella sua camera c'è un armadio più grande del mio. L'ho aperto e ho spostato tutte le camicie appese. Era come essere in una giungla ed essere aggredita dalle piante. A casa dello zio Richard, nel nostro armadio ci teneva tutte le sue cose importanti, dietro un mucchio di vestiti.

Ho visto il borsone da palestra che gli aveva dato Toucan.

L'ho messo sul letto e ho aperto la cerniera. Dentro c'erano due buste, una vuota e l'altra con dei soldi. Erano tutte banconote da venti, le ho contate due volte ed erano dodici. Nella busta c'era anche un pezzo di carta ripiegato, strappato da un blocchetto. Gert ci aveva scritto dei nomi e c'era un numero vicino a ogni nome. Certi nomi erano stati cancellati.

Ho rimesso il foglietto e i soldi dentro la busta. Poi ho rimesso il borsone nell'armadio. Nascosta dietro il borsone, c'era un'altra scatola che prima non avevo visto. Era di metallo e aveva un lucchetto con la chiave dentro.

Ho girato la chiave e la scatola si è aperta.

Dentro c'era una pistola.

8

«MERDA!» ho urlato alla pistola, anche se era fatta di metallo e non poteva sentirmi. Ho anche urlato «*Níðingr!*» una parola della *Guida Kepple* che significa «canaglia o persona di cui non ti puoi fidare».

Il problema delle pistole è che puoi farle sparare per sbaglio, e alla televisione c'è sempre della gente che si è beccata una pallottola ed è morta. A volte perfino bambini e neonati.

Non mi piaceva l'idea di un neonato che si beccava una pallottola e ho smesso di toccare la pistola.

«Merda», ho ripetuto perché, se Gert aveva una pistola, quella poteva sparare per sbaglio e uccidere un neonato. «Merda, *níðingr*, merda, *níðingr*!»

I vichinghi non usavano le pistole. Hanno smesso di essere forti e sono scomparsi nel 1050 d.C. Il primo cannone usato in battaglia risale al 1250 d.C. Quindi non sono stati loro a inventare le pistole.

Durante il liceo, quando Gert giocava ancora a football, uno dei suoi amici della squadra si è beccato una pallottola per strada. A scuola tutti sono dovuti andare a una riunione in palestra per parlare di come era morto il ragazzo e del fatto che le pistole sono molto pericolose.

Sul muro c'era una sua foto presa dall'annuario e la gente

piangeva. Piangevo anch'io, anche se non conoscevo il giocatore di football morto. Piangere è come sbadigliare. Quando una persona piange, tutti iniziano a piangere. In palestra Gert non ha pianto, ma ha pianto quando siamo tornati a casa dello zio Richard. Dopo la sparatoria, a scuola hanno messo dei metal detector e dei poliziotti, e tutti sono diventati arrabbiati e nervosi.

Ho pensato alla lista delle COSE CHE SERVONO PER LE LEGGENDE. Una spada ha bisogno di essere usata con abilità ed è un'arma potente nelle mani di un maestro. Molti codardi e cattivi usano le pistole. Visto che è un eroe, Gert non dovrebbe avere una pistola.

Mentre ero nella sua stanza a insultare la pistola, ho sentito aprirsi la porta dell'appartamento.

«Zelda?» ha chiamato Gert, e io mi sono fatta prendere dal panico.

Prima di capire quello che stavo facendo, mi sono trovata la pistola in mano, anche se non volevo. Volevo lasciarla in camera sua e non pensarci mai più. Invece ce l'avevo in mano anche se non la volevo.

Gert mi ha chiamato di nuovo.

Dentro di me sentivo ancora il panico e ho rimesso la pistola nella scatola e l'ho chiusa a chiave, e più in fretta che ho potuto l'ho messa dietro il borsone da palestra nell'armadio. Ero appena uscita dalla sua camera che lui è entrato in corridoio.

«Cosa ci facevi in camera mia?»

«Perché mi hai raccontato delle bugie?» ho domandato io.

Lui mi è passato davanti a grandi passi e ha guardato in camera sua e mi ha chiesto perché c'erano i vestiti dappertutto se io non c'ero entrata. Ha guardato nell'armadio dove avevo trovato la scatola con la pistola. Ci ha frugato dentro, poi è uscito e ha detto: «Qual è la regola delle regole?»

«Qual è la regola che dice che mi devi raccontare delle bugie sui tuoi esami di metà semestre?» ho chiesto.

«Di cosa stai parlando?»

Sono andata in camera mia, ho preso la calcolatrice, gliel'ho fatta vedere e ho detto: «Ti sei dimenticato la calcolatrice».

«Oh.» Gert l'ha presa. «Per questo esame non ne avevo bisogno. La calcolatrice mi serve per statistica, non per macro. Comunque la cercavo.»

«Ma la usi per studiare», ho detto.

«Stavolta erano tutti problemi di parole e non c'era bisogno di calcolatrice, no?»

«No», ho risposto.

«E possiamo decidere una volta per tutte che tu stai fuori dalla mia camera e io sto fuori dalla tua? Non è una questione di rispetto?»

Ho annuito. Era una REGOLA DELLA CASA che ci eravamo inventati insieme.

Gli ho chiesto se aveva fame. Lui è andato in cucina, ha aperto il frigo e ha tirato fuori gli ingredienti per farsi un tramezzino.

Ha cominciato a tagliare dei pomodori. «Cosa c'è? Mi stai guardando in maniera strana.»

«Oggi non hai fatto l'esame», ho detto.

Il coltello che stringeva è entrato nel pomodoro tante volte e sul tagliere faceva uno strano rumore, *toc toc*. «Ah sì? E allora dove sono stato nelle ultime due ore?»

«Mi hai raccontato una bugia.»

Lui ha sospirato e ha messo giù il coltello. «Va bene. Spara.» Quando gli ho chiesto in che senso, ha detto: «Quello che stai cercando di dirmi. Dimmelo e basta».

Gli ho detto che sapevo che aveva saltato l'esame, perché ero andata nella classe indicata sull'orario del frigo. Si era dimenticato la calcolatrice e senza non poteva passare l'esame. Poi avevo incontrato Jenny e Karl: loro mi avevano detto che aveva preso una sanzione accademica, il che era una notizia pessima e significava che, se non si dava una regolata, lo sbattevano fuori dal college.

«E poi Karl ha finito il fumo», ho aggiunto.

Lui ha cominciato a spalmare la maionese su due fette di pane appena saltate su dal tostapane. Nel vasetto non ce n'era molta e il coltello continuava a urtare il vetro.

«Anche noi abbiamo finito qualcosa», ha detto lui facendomi vedere il vasetto. «Ma cosa te ne fai di questa roba, la bevi?»

«Non sono dell'umore per fare battute», ho risposto. «Non stai frequentando le lezioni.»

Lui ha messo giù il vasetto. «Okay. Vuoi la verità?»

«Sì. Noi siamo coloro che dicono la verità e facciamo parte della stessa tribù.»

«Ho smesso di frequentare macroeconomia. Le lezioni. Tutto qui. Non ho idea del perché pensano che mi sia preso quella cosa accademica.»

«Una sanzione. Significa che sei nei guai e se fai qualche altra cazzata ti sbattono fuori.» Avevo googlato il significato e l'avevo messo vicino a «incompatibilità», nella mia lista delle Parole del giorno.

«So cosa significa.»

Gli ho chiesto perché faceva finta di studiare per l'esame se non c'era nessun esame. Lui ha risposto che sapeva che ci tenevo che frequentasse il college e non voleva che mi arrabbiassi. «Non volevo che ti preoccupassi», ha detto.

Sono diventata un po' meno arrabbiata.

«Allora non sei stato sbattuto fuori e dovrai ricominciare di nuovo a lavorare al distributore?»

«No. Non ho intenzione di fare niente del genere.»

Si è avvicinato con un piatto con sopra un tramezzino con la mortadella tagliato in due triangoli. Ne ho preso uno, era molto buono. Abbiamo mangiato i tramezzini per un po', poi lui si è ricordato di una cosa e ha rimesso il tramezzino sul piatto.

«Quasi dimenticavo.» Ha infilato una mano nello zaino e ha tirato fuori una busta. «C'è posta per te.»

Me l'ha data. Davanti c'era il mio nome e sul francobollo un elmo vichingo.

«Io non ricevo posta», ho detto. «Tranne quelle cose noiose del governo.»

Gert ha dato un morso al tramezzino. «Forza, aprila.»

Ho strappato la busta e dentro c'era un biglietto di Marxy. Diceva:

CARA ZELDA,

TU E GERT SIETE CORDIALMENTE INVITATI A CENA A CASA MIA VENERDÌ ALLE 17. PER FAVORE RSVP SE POTETE VENIRE.

SIG. MARXY

Gli ho chiesto cosa voleva dire RSVP. «Significa rispondi il prima possibile per dire a quella persona se puoi andarci», ha risposto Gert. «Perché?»

Non ho potuto fare a meno di sorridere. «Siamo stati invitati a cena.»

«Davvero?»

«Da Marxy e sua madre.»

«Che cosa orrenda. Non possiamo dire di no?»

«NO», ho urlato.

«Lo so, ti stavo prendendo in giro.» Ha finito di mangiare uno dei suoi triangoli di tramezzino e si è leccato le dita. «Quand'è questa cena elegante?»

«Venerdì.»

«Venerdì. Credo di avere un altro impegno.»

Gli ho lanciato L'OCCHIATACCIA.

«Scherzavo. Va bene, ci andiamo.»

«E tu devi comportarti bene, essere un perfetto gentiluomo e metterti dei vestiti carini. Devi rappresentare bene la tua tribù.»

«Quante pretese. C'è altro, capitano?» Mi ha sorriso. «Non riesco a credere che sei andata da sola fino al college. Davvero notevole: sono orgoglioso di te.»

Ho preso il mio tramezzino e gli ho dato un bel morso e a un tratto la calcolatrice grafica e la sanzione accademica e tutto il resto non hanno più avuto importanza.

9

Era tutta la settimana che pensavo alla cena di Marxy. Ci eravamo mandati almeno un milione di messaggi. Lui non veniva al centro diurno perché suo padre e Pearl litigavano per lui e non riuscivano a decidere con chi doveva stare.

Di giorno suo padre voleva farlo andare a una scuola speciale dove degli esperti come il dottor Laird potevano prestargli più attenzione.

Quella scuola fa schifo, mi ha scritto. *Mi mancate tu e Yoda e Hamsa e Sarah-Beth e Big Todd e Annie.*

Gli ho risposto che mancava anche a noi.

Il giovedì, AK47 mi ha aiutato a decidere cosa mettermi. C'era un vestito che lo zio Richard mi aveva comprato per la cerimonia di diploma di Gert e che non avevo mai messo. Era bianco e azzurro con dei fiori. Era senza maniche e si vedeva che sotto avevo le tette schiacciate nel reggiseno.

Avevo anche un paio di belle scarpe che mi facevano male ai piedi. AK47 mi ha detto che è così che si capisce se una cosa è elegante: quando ce l'hai addosso è scomoda.

Il venerdì alle 16.30 mi sono messa il vestito e le scarpe e ho aspettato Gert che doveva venire a prendermi davanti al nostro palazzo. Alle 16.31 gli ho mandato un messaggio per dirgli che era in ritardo.

Lui ha risposto: *Due minuti.*

Ho ricevuto un messaggio di Marxy che diceva: *Sono tanto felice di vederti!*

Gert è arrivato con la macchina che brillava tutta perché era stata all'autolavaggio, e lui era elegantissimo.

«Stai bene», gli ho detto e ho fatto il rumore della padella rovente che faceva sempre AK47 quando voleva dire a Gert che lo trovava sexy.

Lui ha alzato le spalle e si è sistemato la cintura di sicurezza. «Mi prude da matti.» Si è sistemato il nodo della cravatta. «Sei nervosa?»

«Un pochino.»

«Non devi: andrà tutto benissimo.» Mi ha messo un braccio sulle spalle e mi ha stretto forte.

Fuori del finestrino c'era la città da cui sbucavano tutti quei palazzi alti. Non capivo qual era il nostro. Molto lontani, non solo all'orizzonte. Lontanissimi, anche perché l'aria sembrava diversa. Erano come denti grigi in una bocca azzurra e gigantesca.

«Peccato che non possiamo farlo sempre», ho detto.

«Cosa?»

«Vestirci bene e uscire a cena.»

Gert è stato zitto per un po'. «Sai che con quel vestito assomigli tantissimo alla mamma? Si metteva sempre dei vestiti così.»

«Davvero?»

Lui ha annuito. «Non proprio sempre, ma quando andavamo in chiesa. Tu eri ancora nel passeggino.»

Gli ho chiesto di raccontarmi delle altre cose. Lui si è grattato quella parte del collo che sbuca dal nodo della cravatta. Mi ha detto che detestava andare in chiesa perché non gli piaceva stare seduto immobile, ma che gli piaceva andarci con la mamma. «Era così bella», ha aggiunto. «Si fermavano tutti per parlare con noi.»

Poi mi ha raccontato che una volta hanno cercato di rubarmi mentre ero nel passeggino.

«Davvero?»

Gert è scoppiato a ridere. «Sì, ci siamo distratti due secondi e qualcuno si è messo a spingere il tuo passeggino. Era una vecchia. Credo che abbia pensato di essere ancora giovane e che tu fossi figlia sua.»

«Porca miseria.»

«Già. Sono felice che non ti abbia rubato, però. Anche se certe volte sei una testa di rapa.» Mi ha fatto un sorriso e ho detto che anch'io ero contenta di non essere stata rubata.

La casa di Marxy era in un quartiere residenziale. Quando siamo arrivati alla porta, Gert aveva una bottiglia di vino ma io non sapevo che l'aveva comprata. Era dentro un sacchetto di carta marrone che ha tirato fuori dal bagagliaio.

«È così che fa la gente quando va fuori a cena, giusto?» ha detto facendomi vedere la bottiglia. «Credo che per le cene ci voglia il rosso, ma non sono sicuro.»

«Non lo so. Non sono mai stata a una cena.»

Nella mia testa l'ho aggiunta alla lista delle regole: alle cene bisogna portare del vino, meglio se rosso. «Berremo vino?» ho domandato.

«Non dobbiamo farlo per forza», ha risposto Gert. «So che hai una regola per questa roba.»

Per via di quello che era successo alla mamma e per il fatto che beveva troppo, avevo deciso che io non volevo bere, mai. Era una regola per me stessa. Ma i vichinghi bevono, specialmente quando sono felici e partecipano a un banchetto gargantuesco, e io ero felice e stavo andando a un banchetto. Forse ci sono delle regole diverse, quando si banchetta a una cena.

I vichinghi bevono sempre idromele e vino, ai banchetti più importanti. Ma negli altri momenti non bevono né idromele né vino. Non si può combattere se si è bevuto troppo. Ho chiesto a Gert se c'era una regola che diceva che alle cene si beve idromele.

«Non idromele: ormai quella roba non la beve più nessuno.»

«Allora possiamo bere vino. Ma soltanto mentre mangiamo.»

Abbiamo camminato sulle pietre piantate nella terra davanti alla casa di Marxy, abbiamo oltrepassato il cancello di ferro e siamo passati davanti ai fiori e a un grande albero.

Gert ha suonato il campanello ed è venuto ad aprire Marxy. Aveva una bella camicia blu scuro e dei bei pantaloni marroni, di quelli che hanno in mezzo una riga che si chiama piega.

«Ciao», ha detto. «Benvenuti a casa mia.»

Da dietro di lui è arrivata Pearl. Aveva un vestito giallo e sopra un cardigan grigio. «Siete puntualissimi. Quello cos'è?»

Gert le ha dato il vino. «Non sapevo bene cosa portare così ho preso questo, è merlot.»

«Gert non se ne intende tanto di vino. A lui piace la birra», ho detto.

Pearl ha sorriso e si è spostata di lato. «È stato gentile da parte vostra. Entrate pure. Toglietevi le scarpe.»

«Anche noi abbiamo questa regola», ho detto chiudendo la porta.

Ero stata a casa di Marxy solo una volta, quando i suoi genitori non potevano accompagnarlo al centro diurno ed era dovuta passare a prenderlo AK47. Quella volta però io ero rimasta sull'autobus. Quando sono entrata ho visto appese al muro delle fotografie di Marxy da bambino con un completino da marinaio e anche quelle della sua famiglia. C'era anche un quadro di una nave in mare e la casa aveva un odore buonissimo e morbido, come la biancheria quando esce dalla lavatrice.

La tavola era già apparecchiata. Pearl stava servendo pollo e patate schiacciate. Poi si è seduta a un capo del tavolo e Gert all'altro. Io e Marxy ci siamo seduti di fronte. Pearl mi ha chiesto se volevo del vino. Ha aperto la bottiglia con un cavatappi e se n'è versata un po'.

«Sì, grazie», ho risposto.

«Anche per me», ha detto Marxy e Pearl gli ha detto che poteva berne un sorso, ma non più di un bicchiere. «Una volta ha trovato degli aperitivi che avevo in frigo e non potete immaginare», ha detto. «È stato un bel problema.»

«Ho vomitato tutta la notte», ha detto Marxy.

«E ha imparato la lezione», ha aggiunto Pearl. «C'è qualcuno di religioso qui? Noi siamo atei, ma mi fa piacere esprimere un ringraziamento se lo fate anche voi.»

«A noi va bene così», ha detto Gert.

Marxy si è girato verso di me. «Zelda può dire quella cosa vichinga.»

Mi sono schiarita la voce e ho chiuso gli occhi per cercare di ricordare la benedizione vichinga che avevo letto nella *Guida Kepple ai vichinghi.* «Odino e gli altri dèi, di questo bottino che abbiamo davanti prendetene un po' anche voi e godetevelo.»

Pearl ha sorriso. «Odino, eh?»

«Una volta andavo alla scuola cattolica», ha detto Marxy giocherellando con la forchetta. «Ma mi faceva schifo.»

«Gli insegnanti erano puritani. Ecco, tesoro. Usa questo.» Ha dato a Marxy un coltello più affilato con la lama a zig zag, di quelli che si usano per tagliare le carni belle grosse come le bistecche.

Dopo aver tagliato il pollo, Marxy si è rivolto a Gert. «Ti hanno fatto male quando ti hanno scritto sulle braccia?»

Prima di cena Gert si era arrotolato le maniche e si potevano vedere un po' di muscoli e tatuaggi. «I miei tatuaggi?»

Marxy ha annuito. «È come disegnare con una penna?»

«No, assomiglia più a un ago.»

«Per favore, vorrei un tatuaggio», ha detto Marxy.

«Ah.» Pearl ha quasi rovesciato il vino. «Scordatelo. Però il padre di Marxy ne ha uno.»

«Il papà ha un nome proprio qui», ha detto Marxy accarezzandosi il braccio tra la spalla e il gomito.

«E non è il mio», ha sospirato Pearl. «Un amore di gioventù.»

Gert si è pulito le labbra con il tovagliolo e ha iniziato a tagliare il pollo che aveva nel piatto facendo molto rumore.

«Marxy mi ha detto che hai cominciato a chiamarlo in un modo strano», mi ha detto lei. «Come ti chiama, Marxy?»

«Leggiadra fanciulla», ha risposto Marxy.

Ho annuito. «Tutti gli eroi vichinghi hanno delle leggiadre fanciulle. E prima che qualcuno dica che soltanto le femmine possono essere leggiadre fanciulle, secondo me queste sono regole antiche e noi abbiamo bisogno di regole nuove in cui chiunque può essere una leggiadra fanciulla.»

Gert è scoppiato a ridere.

«A me piace», ha detto Marxy. «Perché ridete di me?»

Pearl gli ha accarezzato il braccio. «Tesoro, va tutto bene. Nessuno sta ridendo di te. Vero, Gert?» E gli ha lanciato L'OCCHIATACCIA.

«Sono stufo marcio di vedere la gente ridere di me», ha detto Marxy.

Sotto il tavolo ho dato un calcio a Gert e lui ha alzato le mani. «Okay, senti, io non stavo ridendo di te. È solo che non capita tutti i giorni di sentire chiamare così un maschio.»

«Be', Zelda può chiamarmi come vuole», ha detto Marxy prendendo un pezzetto di pollo con la forchetta.

Nessuno ha detto niente per un po'. Allora io ho deciso di riempire il silenzio con il mio annuncio.

«E un'altra cosa è che voglio fare sesso con Marxy, perché il dottor Laird dice che è normale per due persone della nostra età esprimere fisicamente il nostro amore», ho detto. «Mi sono anche venute le mestruazioni.»

«Cazzo», ha detto Gert mettendo giù la forchetta. «Possiamo evitare di parlare di mestruazioni?»

«Io conosco tutte le regole del sesso», ha detto Marxy.

Pearl si è versata dell'altro vino e ha riso. «Be', direi che abbiamo degli argomenti di conversazione abbastanza imbarazzanti per una cena.» Si è girata verso Gert. «Ma sono contenta che sia venuto fuori, Gert, perché questa è la realtà: non sono più dei bambini. Hanno un sistema riproduttivo funzionante e degli impulsi sessuali.»

«State di nuovo parlando di me come se io non ero qui», ha detto Marxy.

«E anche di me», ho aggiunto.

Pearl ha sorriso e si è premuta il tovagliolo sulle labbra. «Scusatemi. Tutti e due. Sentitevi liberi di aggiungere quello che volete.»

«Siamo innamorati», ho detto, e ho preso la mano di Marxy al di là del tavolo rischiando di rovesciare la ciotola delle patate schiacciate.

Pearl ha annuito. «Marxy sa cos'è il sesso. Si masturba.»

«Mamma!»

Pearl si è stretta nelle spalle. «Non c'è niente di cui vergognarsi. Tutti ci masturbiamo.»

«Anch'io», ho detto. «E il dottor Laird dice la stessa cosa. E lo fa anche Gert. Una volta l'ho beccato.»

«Merda», ha detto Gert diventando tutto rosso. «Mi sa che mi viene da vomitare.»

Io mi sono chiesta se tutte le cene finiscono con la gente che parla di cose importanti. A Gert non piace parlare apertamente delle cose come fa Pearl.

Pearl ha continuato: «Immagino che tu non sia d'accordo se loro due esplorano la loro sessualità nel vostro appartamento».

«No», ha risposto Gert. «Neanche per sogno.»

«Capisco. Probabilmente non è la situazione ideale.»

«Perché no?» ho chiesto.

Pearl ha stretto le labbra e ha fatto la faccia di una che pensa. «Vogliamo essere sicuri che per la vostra prima volta abbiate meno difficoltà possibili.»

«Questa faccenda è tutta una difficoltà», ha detto Gert. «Lui quasi non riesce ad allacciarsi le scarpe. È impossibile che faccia sesso con qualcuno, soprattutto con una persona come Zelda.»

«Io so allacciarmi le scarpe», ha detto Marxy.

«Cosa vorresti dire con 'una persona come Zelda'?» ho domandato.

Pearl ha messo i gomiti sul tavolo e ha appoggiato il mento sulle mani. «Sì, cosa vuoi dire con 'una persona come Zelda', Gert?» ha chiesto senza alzare la voce.

A quel punto il telefono di Gert ha squillato.

Lui ha preso il tovagliolo che aveva sulle ginocchia e ha fatto una palla, poi l'ha messo sul tavolo vicino al suo piatto che era ancora pieno. «Devo rispondere», ha detto stringendo il telefono.

Ha spinto indietro la sedia ed è uscito dalla sala da pranzo. L'ho guardato allontanarsi e quando ho rimesso gli occhi sul piatto ho visto che Pearl mi stava guardando.

«Mamma», ha detto Marxy, «stai facendo quella cosa e hai di nuovo quel problema di fissare.»

«Non sto fissando, sono solo curiosa. Posso farti una domanda, Zelda?»

Ho annuito. «Puoi farmi una domanda.»

Ma non ho sentito quello che stava per chiedermi perché Gert è rientrato nella stanza e ha detto che dovevamo andare.

«Adesso?»

Gert ha detto che il tempo era scaduto.

«Mi piace questa cena», ho detto io. «A casa non mangiamo mai queste cose.»

Pearl ha sorriso. «Lo prendo come un complimento, Zelda.» Poi si è rivolta a Gert. «Se questi discorsi ti mettono a disagio, forse è ora che tu cresca. Marxy e Zelda non hanno problemi a parlare di sesso.»

«Mi metto il giaccone e ce ne andiamo», mi ha detto Gert e prima di uscire ha rivolto un cenno a Pearl.

«A me piace un sacco parlare di sesso», ha detto Marxy.

Anche se Gert fa parte della mia tribù e ci sosteniamo sempre e siamo leali, non volevo andarmene con lui. Volevo continuare a mangiare la cena.

«Si è parecchio agitato, eh?» ha detto Pearl.

Ho annuito. «Parecchio.»

Pearl ha chiesto a Marxy di andare in cucina a prendere dei contenitori ermetici e cominciare a sparecchiare.

«Di già?» ha domandato lui.

«E mettici tutto il tempo che vuoi», ha detto Pearl. «Vorrei parlare con Zelda un minuto.»

Con un sospiro Marxy si è infilato la camicia nei pantaloni e ha preso un piatto.

Pearl gli ha toccato il braccio. «Per favore comincia dal pollo. Ti ricordi come si fa a mettere la pellicola?»

Lui ha riposto di sì ed è andato in cucina. Dall'altra stanza Gert mi ha chiamato e mi ha detto che mi aspettava in macchina. Ho sospirato.

«Posso farti una domanda, Zelda?» ha detto Pearl.

«Spara.»

«Com'era prima che tu e Gert andaste a vivere da soli?

Da quello che mi ha raccontato Marxy, ho capito che tua madre se n'è andata.»

«Ha combattuto contro il cancro», ho risposto. «È stata molto coraggiosa.»

«Anch'io ho avuto il cancro. Al seno. A proposito, dovresti fare regolarmente degli esami.»

Io ho battuto le palpebre e ho chiesto cosa voleva dire.

«Vuol dire chiedere a un dottore di controllare. Sai come controllarti da sola?»

Ho fatto di no con la testa.

«Se senti che hai un nodulo qui», e si è toccata il petto, «devi andare da un dottore.»

Marxy è uscito per mettere via dell'altra roba da mangiare e ci ha chiesto perché ci stavamo toccando le tette.

«Niente. Roba da donne», ha risposto Pearl.

«Mia mamma ha bevuto degli alcolici quand'ero dentro di lei e poi le è venuto il cancro e noi siamo andati ad abitare con lo zio Richard.»

«Lo zio Richard.»

Ho annuito. «Lui e Gert non erano amici. Litigavano tantissimo.»

«E tu e lo zio Richard?»

«Non mi piaceva quando faceva male a Gert.»

Marxy ha portato i contenitori ermetici e ha iniziato a metterci dentro la roba. Lei ha chiesto a Marxy di prendere un sacchetto di plastica e quando è tornato ha messo tutti i contenitori nel sacchetto, poi gli ha fatto fare un giro e ha legato le due estremità.

«Come sai fare queste cose?»

Pearl ha riso. «Mia madre era molto severa, quand'ero piccola. Ho imparato tutti i trucchi domestici possibili e immaginabili.» Si è fermata un secondo. «Domestici significa...»

«Della casa e della famiglia. Era una delle mie Parole del giorno.»

«Esatto.»

Ho abbracciato Marxy e gli ho ripetuto che mi dispiaceva per Gert. Lui mi ha dato un bacio sulla bocca, ma non alla francese.

«Buonanotte, Zelda», ha detto Pearl dandomi il sacchetto di plastica. «E di' a Gert che dovremmo parlare ancora. Seriamente.»

Gert era seduto in macchina con il finestrino abbassato e fumava una sigaretta. Mi ha visto arrivare e l'ha buttata per terra.

«Grazie per essere stato una merdaccia», gli ho detto salendo in macchina e sbattendo lo sportello.

«Vabbè.» E ha messo in moto. Io ho allungato la mano e ho spento il motore. Lui mi ha guardato e ha allargato le braccia. «Senti, mi dispiace. È solo che non me l'aspettavo. Avresti dovuto dirmelo. Dov'è finita la regola che dice che dobbiamo raccontarci le cose importanti?»

«E allora perché tu non mi hai detto del college? Sei stato il primo a non rispettarla. E poi non sapevo che veniva fuori che io e Marxy vogliamo fare sesso.»

«Puoi smetterla di dire quella parola?»

«Sesso?»

Gert ha detto che la conversazione finiva lì. «Non so che razza di stronzate perverse ti abbia detto il dottor Laird, ma andrò a farci una chiacchierata.»

«Io farò sesso.»

«Questo lo vedremo.» E ha acceso il motore.

«È la mia leggenda.»

«Non sotto la mia custodia. Non se ne parla nemmeno.»

Siamo partiti. Nella via di Marxy faceva molto buio

e anche quando siamo usciti dal quartiere era difficile vedere la città. Non mi piaceva come si comportava Gert. Guardava fuori dal parabrezza, anche se sembrava uno specchio e per vedere le altre macchine dovevi guardare oltre la tua faccia. Dalla sua ho capito che non voleva stare con me. Non era una delle nostre regole, non rivolgere la parola all'altro. Anche se non mi vedeva ho cercato di fargli L'OCCHIATACCIA.

«Mi prenderò un appartamento tutto mio», ho detto. «Insieme a Marxy.»

«E i soldi dove li trovi?»

«Cercherò un lavoro.»

«E cioè?»

Ho incrociato le braccia. «Posso fare tutto quello che voglio.»

«Non hai un lavoro e non hai referenze. Sai quanto costa avere una casa? Sai come si fa a pagare le bollette?»

«Posso imparare.»

Gert ha sbuffato.

«Perché l'hai fatto?» ho detto.

«Cosa?»

«Quel rumore. Tu non credi che io posso imparare.»

Mentre andavamo, il suo cellulare ha iniziato a vibrare e prima che potesse prenderlo l'ho preso io.

«Questo è il telefono di Gert», ho risposto.

«Non fare la stronza», ha detto Gert cercando di strapparmelo. Ci siamo fermati a un semaforo, ma poi è venuto verde e lui ha dovuto ripartire.

«Cinque dieci», ha detto la voce al telefono.

«Gert è un coglione», ho detto alla persona al telefono. «Lo sapevi?»

«Zelda, parlo sul serio. Dammelo.» Ed è riuscito a prendermi il telefono.

«Mi sa che quella persona ha messo giù», ho detto.

«Cosa ti ha detto?»

«Dei numeri.»

Gert ha parcheggiato nel parcheggio di un Dunkin' Donuts. Ha fatto un numero sul telefono e se l'è messo vicino all'orecchio aspettando una risposta. Niente. Ha detto che dovevo dirgli che numeri erano.

«Non lo so», ho risposto. «Cinque qualcosa.»

«Cinque cosa?»

«Te lo dico se fai inversione e torniamo da Marxy.»

«Cinque cosa, Zelda? È importante. Cinque otto? Sei? Cosa?»

Il telefono ha vibrato di nuovo. Gert ha risposto e ha ascoltato. Ha aperto il portaoggetti e ha tirato fuori una penna. Poi ha indicato i miei piedi, dove c'erano delle carte del McDonald's appallottolate.

Non capivo cosa voleva.

«Tovagliolino», ha detto coprendo il telefono con la mano. Ha scritto dei numeri sul tovagliolino e ha messo giù.

Poi ha allargato il tovagliolino sul cruscotto con una mano e ha guidato con l'altra. Ha fatto un numero leggendo quello che c'era sul tovagliolino. Ha avvicinato il telefono all'orecchio e ha detto alla persona che ha risposto: «Cinque minuti». Poi le ha detto di stare pronta.

Siamo ripartiti.

«Hai sentito cos'ha detto Pearl», ha detto. «Tu hai dei limiti. È una realtà, mi dispiace, ma è vero. Vorrei che le cose fossero diverse? Sì. Cazzo, Zelda. Se rimani incinta cosa fai?»

«Faccio il bambino», ho risposto a voce bassa. «Ecco cosa faccio.»

Gert ha parcheggiato sulla strada dietro a una scuola chiusa con delle assi inchiodate alle finestre. Non mi ha voluto dire perché eravamo là o chi stavamo aspettando. Ha solo detto che dovevo restare in macchina, poi è sceso.

Prima ha premuto il pulsante per bloccare gli sportelli così non potevo uscire. Si chiamano chiusure di sicurezza per bambini ma, visto che io non sono una bambina, so che esiste un modo segreto per uscire se ne ho bisogno, cioè il pulsante sullo sportello del guidatore, vicino a dove Gert appoggia il ginocchio quando guida.

Lui è andato verso un parco giochi. Ho visto Toucan e il Ciccione.

Quando è tornato aveva uno di quei borsoni da palestra. Ha aperto il bagagliaio e l'ha buttato dentro. È salito in macchina e ha acceso il motore.

«Perché devi continuare a fare quello che ti dice Toucan?» ho chiesto. «Secondo me è un cattivo.»

Siamo andati verso casa.

Quando Gert si arrabbia guida sempre veloce e ho capito che era arrabbiato perché passava dagli stop quasi senza fermarsi. Non aveva nessun diritto di essere arrabbiato. Ero io quella a cui aveva rovinato la cena.

A quel punto dietro di noi è arrivata una macchina della polizia con la sirena accesa. Gert ha guardato nello specchietto. La macchina della polizia si è messa dietro di noi e la lampadina sul tetto continuava a girare. Gert ha accostato.

«Cazzo», ha detto, ha dato un colpo al volante con la mano e ha spento il motore. «Vaffanculo.»

La macchina della polizia ha parcheggiato dietro di noi. Mi sono girata per vedere meglio e Gert mi ha detto di non girarmi. Ha chiuso gli occhi e ha fatto un respiro profondo. Poi ha colpito di nuovo il volante con le mani. Il poliziotto non è sceso subito dalla macchina.

«Se restavamo a cena a casa di Marxy invece di fare le merdacce con Toucan, questo non succedeva.»

Il poliziotto è sceso e ha iniziato a camminare verso la nostra macchina.

«Tu», ha detto Gert abbassando il finestrino, «non aprire bocca. Okay? Zitta.»

Il poliziotto era alto e magro e mentre camminava si è tirato un po' su la cintura.

«Parlo sul serio», ha detto Gert per l'ultima volta mentre il poliziotto veniva verso di noi. «Non dire niente.»

Il poliziotto si è appoggiato alla macchina. La luce della sirena mi faceva male agli occhi. Ha domandato a Gert se sapeva perché l'aveva fermato. Gert ha risposto che non lo sapeva.

«Ha bruciato almeno due stop», ha detto il poliziotto.

Ho anticipato Gert e ho detto: «Mio fratello è un bifolco a cui non piace parlare di sesso».

Il poliziotto mi ha fissato e poi ha chiesto a Gert di scendere dalla macchina. Gert ha allungato una mano e ha tirato fuori delle carte dal portaoggetti.

Ero così arrabbiata per come si era comportato durante la cena che, quando è sceso dalla macchina, sono scesa anch'io.

«Signorina...» ha detto il poliziotto.

«Crede di essere il re di tutto, ma non è vero.»

Gert si è rivolto al poliziotto e gli ha detto: «Ha dei problemi cognitivi».

Il poliziotto ha continuato a masticare la gomma e ha detto: «Davvero?»

Ha preso le carte e le ha sfogliate. Ci ha ordinato di tornare in macchina e noi abbiamo obbedito mentre lui tornava alla sua con le carte. Gert si è arrabbiato e mi ha chiesto cosa cazzo avevo per la testa.

«Te l'avevo detto di non dire niente.»

«E io te l'avevo detto che era una cena importante e tu l'hai rovinata.»

Abbiamo smesso di urlare quando il poliziotto è tornato

e ha restituito a Gert le sue carte. Ha detto che ci lasciava andare con una segnalazione. Quando se n'è andato, Gert non ha messo subito in moto. Ha aperto lo sportello ed è sceso.

Gli ho chiesto perché non stavamo andando a casa.

Gert ha fatto tre passi verso il bordo della strada e si è fermato. Poi si è piegato e ha vomitato.

10

Non ho voluto parlare con lui per il resto della serata. Era una protesta muta come quella che ha fatto Gandhi con gli inglesi. Per sconfiggere i nemici, i vichinghi possono usare le spade, ma ci sono anche altri modi.

Prima di andare a letto, Gert ha bussato alla porta della mia camera. Gli ho detto che non poteva entrare, ma lui ha aperto comunque, giusto un poco. Io avevo passato la serata a mandare delle scuse a Marxy, che non mi rispondeva.

«Possiamo parlare un secondo?»

«No.»

«Peccato.»

È entrato e si è seduto sulla sedia che gira, alla mia scrivania. «Ti chiedo scusa. Te l'ho già detto dieci volte.»

«Puoi dirmelo anche un milione di volte, per quello che me ne frega.»

Mi sono voltata verso il muro bianco. C'era appiccicato un pezzetto di scotch vecchio e ho cominciato a grattarlo. Gert non se ne andava. Ho continuato a grattare anche se lo scotch era venuto via subito.

«Puoi smetterla per favore?»

«No.»

Si è seduto sul letto. Le molle che vivono dentro il materasso hanno cigolato. «Sai, io passo quasi tutto il mio tempo a fare in modo che tu abbia tutto quello di cui hai bisogno.» Sentivo l'odore delle sue ascelle. Il suo deodorante aveva smesso di funzionare. Ha detto: «Tu credi che queste cose abbiano un manuale delle istruzioni? Cazzo, per metà del tempo non ho la minima idea di quello che sto facendo. Per una volta non potresti essere un pochino meno severa con me?»

Mi ha toccato la schiena tra le spalle e io ho sentito una specie di scossa elettrica e mi ha fatto arrabbiare ancora di più per come aveva rovinato la cena con Marxy.

«Puzzi e sei cattivo e mi hai detto una bugia e ti sei comportato in maniera disonorevole», ho detto, e senza guardarlo ho preso dal tavolino vicino al letto una cosa e gliel'ho lanciata. Ho scoperto che quella cosa era la mia sveglia. Lui non stava attento o forse la camera era così buia che non è riuscito a vedere, perciò gli è arrivata dritta in faccia ed è rimbalzata sul letto e sul pavimento.

Lui si è portato una mano alla guancia e si è girato.

«Vaffanculo», ho detto.

«Cazzo», ha detto lui con una mano sulla faccia. Ce la teneva lì, ed era come se aveva addosso una maschera fatta di dita. Poi ha tolto la mano e sulle dita c'era sangue, e anche sul naso.

Io non volevo farlo sanguinare e ho cercato di spiegarglielo.

Non sono riuscita a tirare fuori tutte le parole e lui se n'è andato e ha sbattuto la porta.

Ho acceso la mia musica dei «Suoni dell'oceano». Quella che ti sembra di essere al mare. Nella musica ci sono delfini balene uccelli e il rumore delle onde, quindi è facile immaginare di essere su una barca con dei vichinghi e remare sotto il sole. Se mi concentro bene, sento l'odore dell'oceano.

Non volevo lanciare la sveglia in faccia a Gert. Volevo solo lanciarla da qualche parte.

Dopo un po' ho aperto molto piano e mi sono affacciata

per vedere cosa stava succedendo. La porta di Gert non era chiusa bene. Sono andata in corridoio e mi sono fermata fuori dalla sua camera.

La lampada del comodino era accesa e Gert era seduto sul bordo del letto con la schiena piegata. Era così sudato che sembrava uno che ha ficcato la testa in un secchio d'acqua. Con quella luce i tatuaggi erano di un verde molto strano, come se aveva le braccia e il petto sporchi. Non vedevo il mio preferito, un'aquila, un uccello molto potente che si è fatto tatuare sul petto. Anche se stava ingrassando, aveva ancora i muscoli sulle spalle e sulle braccia, e i muscoli con le vene che sembravano dei vermi sotto la pelle abbronzata.

Ho pensato che forse stava pensando che era arrabbiato con me perché gli avevo lanciato la sveglia e gli avevo fatto male alla faccia. Poi l'ho sentito: stava piangendo. Non era un pianto normale. Piangeva in maniera molto seria. Il corpo gli tremava tutto. I tatuaggi verdi si riempivano di rughe mentre, sotto, i muscoli diventavano grossi e poi piccoli.

Ha alzato la testa e ho visto che aveva una benda sul naso, tenuta ferma con lo scotch. L'aria era pesante e sembrava come quando sta per mettersi a piovere.

«*Góðan dag?*» ho chiesto piano aprendo un pochino di più la porta.

Gert ha fatto un suono roco e ha detto: «Chiudi».

Ho aperto la bocca e ho iniziato a dire delle parole che non sapevo di volere buttar fuori, parole come scusami e altre. Lui si è alzato e ha detto «CHIUDI LA PORTA», con la voce molto forte che usa solo quando è molto serio, così ho chiuso e sono corsa in camera mia e mi sono messa il cuscino sulla testa.

La mattina dopo la nostra litigata, mi sono svegliata e mi sono ricordata che ero stata una bifolca. Una delle regole che io e Gert avevamo era che lui non poteva mai ferirmi in combattimento e io non potevo ferire lui. Potevamo dirci delle parole cattive, ma combattere con le mani o altre armi non era permesso. Facendogli male con la sveglia io non avevo rispettato una regola molto importante.

La Parola del giorno che ho scelto era molto potente perché l'avevo cercata apposta e non avevo usato il calendario speciale che dice qual è.

Doveva essere *collaterale* e andava bene, ma non era quella giusta. Volevo trovare una parola speciale per dire scusami, quindi la Parola del giorno è diventata *contrizione*, che significa sentirsi male per qualcosa che si è fatto e sentirsi «contrito».

Sono contrita per averti ferito in faccia, ho detto tra me e me. Provo contrizione per averti ferito in faccia. Le persone che feriscono dei membri della loro tribù a cui vogliono bene dovrebbero provare contrizione.

Sono andata in cucina e Gert stava preparando la colazione. Aveva un cerotto sulla faccia.

«'giorno», ha detto. Nella padella c'erano delle uova.

«Buongiorno», ho risposto. «Provo contrizione per averti ferito in faccia con la sveglia.»

«Provi cosa?»

«Contrizione. È una Parola del giorno speciale. Significa...»

«So cosa significa.» Ha rotto un altro uovo nella padella e ha messo il primo su un piatto.

«Mi dispiace di averti ferito con la sveglia», ho detto.

«Lo so. E a me dispiace per quello che è successo e di averti rovinato la cena.»

«Tu non hai rovinato la *nostra* cena», l'ho corretto. «Io e Pearl abbiamo fatto una bella chiacchierata.»

Lui mi ha messo davanti il piatto delle uova con anche un po' di pane tostato.

Gli ho fatto una domanda a cui pensavo dalla sera prima: «Perché sei amico di Toucan? È un cattivo ed è un bifolco».

Gert si è pulito le mani con un pezzo di carta da cucina e si è seduto davanti a me. «Hai ragione. Non direi che siamo amici.»

«Non fa parte della nostra tribù.»

«Direi proprio di no.»

«E allora perché devi andare da lui?»

Gert ha messo giù il coltello e la forchetta. «Quando siamo venuti via dalla casa dello zio Richard, lui ci ha aiutato con dei soldi. È la verità. Okay?»

«Non mi piace», ho detto tagliando le uova e guardando uscire il tuorlo. «È un delinquente.»

«È quello che dice la gente di me.» Ha tuffato il pane tostato nel tuorlo. «Come sono le uova?»

«Buone», ho risposto. «Gialle. E tu non sei un delinquente. Sei un eroe.»

«Bene.» Poi ha sospirato. «Okay. Toucan ci ha aiutato in un momento difficile.»

Mi ha detto che forse non me n'ero accorta, ma che con lo zio Richard le cose non andavano bene. Ha detto che certe volte lo zio Richard si comportava bene e a volte si arrabbiava per niente. E poi era viscido.

«Ti ricordi quella volta che è entrato quando eri nella doccia?» ha chiesto.

«Sì», ho risposto. «Diceva che si era sbagliato.»

«Stronzate.» Gert ha bevuto un sorso d'acqua. «Ti ricordi quando ho cominciato a fare io il tuo bucato?»

«Non lo facevi per gentilezza?»

«Sì, ma non volevo che lui toccasse la tua biancheria.»

Ho pensato a quando ero sul divano con lo zio Richard la sera della grossa litigata con Gert, a quando mi aveva toccato.

«È per questo che non ti piaceva parlare di sesso a casa di Marxy?»

«Non mi piace parlare di sesso perché sei mia sorella ed è una cosa schifosa, ecco perché. Comunque quello che sto cercando di spiegarti è che dovevamo andarcene e che un prestito di Toucan è stato l'unico modo che ci ha permesso di farlo in fretta.»

Si è alzato e ha detto che i piatti li lavava lui.

«Accetto la tua contrizione», ha detto stringendomi la mano.

Mi sono preparata e intanto pensavo al fatto che doveva dei soldi a Toucan, cosa che non mi piaceva. Ho tirato fuori da sotto il letto il vasetto dove tengo i risparmi e li ho contati.

Avevo trentasette dollari e cinquanta centesimi.

Prima di scendere a prendere l'autobus ho chiesto a Gert quanti soldi doveva a Toucan.

«Perché?»

Gli ho dato quelli che avevo risparmiato. Erano un sacco di banconote e qualche moneta. Lui li ha guardati. «Ti ho già detto di tenerli.»

«No», ho risposto. «Con questi vorrei pagare una parte del debito con Toucan. Vorrei metterli sul nostro conto in banca. Stavolta non puoi dire di no.»

«Non è il nostro conto in banca, è il mio, e quello che hai qui non serve a niente. È il tuo tesoro.» L'ha rimesso nel vasetto e l'ha agitato. «Tu non hai bisogno di un conto in banca, Zee. Se hai bisogno di soldi, basta che me li chiedi.»

11

Anche quando lavorava al distributore prima della borsa di studio e prima di quei soldi che ci hanno aiutato a trovare una casa lontano dallo zio Richard, Gert è riuscito a farmi andare in biblioteca e al centro diurno. Non avevamo molti soldi, ma lui è bravissimo a sopravvivere alle battaglie della vita.

Io sapevo che le persone fanno cose che non vogliono fare per contribuire al tesoro nascosto. È come un sacrificio, ma invece di bruciare delle cose o uccidere degli animali per fare felici Odino e gli altri dèi, sacrifichi te stesso e invece di fare le cose che vorresti fare, fai delle cose per altre persone.

Secondo la mia lista di COSE CHE SERVONO PER LE LEGGENDE dovevo trovare dei soldi per rendere la tribù più potente e proteggere Gert da Toucan.

Gert aveva sempre sacrificato tanto. Adesso io volevo fare un sacrificio per il bene della nostra tribù, che in quel momento era composta da me e Gert e AK47, anche se lei e Gert non erano più una coppia. E poi Gert non credeva che io potevo contribuire al tesoro della tribù e volevo dimostrargli che si sbagliava.

Il lunedì sull'autobus del centro diurno sono andata a sedermi vicino a Hamsa e ho messo per terra lo zainetto.

Era il giorno libero di AK47, quindi l'autobus lo guidava un altro tipo che, quando sono salita, non mi ha dato la mano. Ha detto solo «buongiorno», poi non ha detto altro.

«Di solito lì si siede Yoda», ha detto Hamsa. «Quando arriviamo a casa sua ti devi spostare.»

Gli ho detto che conoscevo la loro regola e che dopo mi spostavo. Volevo solo fargli delle domande sul suo lavoro e cioè lavare piatti in un ristorante.

«Oh», ha fatto Hamsa. «Mi fa diventare le dita come prugne secche.» E ha alzato le mani per farmi vedere che la pelle era tutta rugosa.

«Come prugne secche», ho ripetuto, e Hamsa ha annuito e ha ricominciato a guardare fuori dal finestrino. «Ho un'altra domanda», gli ho detto.

«Siamo quasi arrivati da Yoda», ha detto lui picchiando con il dito sul vetro.

Gli ho promesso che facevo in fretta e gli ho chiesto come aveva trovato quel lavoro, visto che è difficile per gente come noi trovare lavoro, e con questa economia, lo dice anche Google, è difficile per tutti.

«Il ristorante è di mio zio», ha risposto Hamsa. Poi ha visto Yoda sul marciapiede e l'ha salutato con la mano. «Ecco Yoda. Ti devi spostare.»

L'autobus si è fermato, io ho preso lo zainetto e mi sono alzata. «Posso lavorare lì anch'io?»

«Devi chiederlo a Big Todd», ha risposto il conducente mentre mi alzavo. «Credo che ci sia un programma per questo genere di cose.»

«Tu non sei musulmana», ha detto Hamsa. «Bisogna essere musulmani per lavorare al ristorante.»

Yoda è salito sull'autobus e io mi sono spostata su un altro sedile. Hamsa aveva ragione: io sono un vichingo e non una musulmana.

* * *

Al centro diurno Big Todd si è strofinato la faccia. Il suo ufficio era piccolo e conteneva una scrivania, una sedia e dei libri su una libreria. In palestra stavano giocando a basket, ma trovare un lavoro per aiutare Gert era più importante e ho detto a Big Todd che avevo bisogno del suo aiuto.

«Hamsa ha un lavoro, quindi perché non posso averne uno anch'io?»

«Pensavo che non ti interessasse», ha risposto Big Todd.

«Adesso sì. Tutti i vichinghi hanno un lavoro, anche se il loro lavoro è fare la guerra.»

«Be', sicuramente non posso trovarti un posto da guerriera.»

Da un cassetto della scrivania ha tirato fuori un quadernone ad anelli gargantuesco, pieno di fogli di carta e di plastica che uscivano. Il quadernone si è aperto come una fisarmonica sulla scrivania.

«Okay. Siamo un po' avanti nella stagione. Che interessi hai? Voglio dire, a parte i vichinghi. Abbiamo degli accordi con alcuni posti.»

Ho pensato a come potevo rispondere. «Mi piacciono i film», ho detto. «E leggere la *Guida Kepple ai vichinghi*. Mi piace correre e giocare a basket.» Stavo per dire «e pensare a Marxy», ma quello non era mica un lavoro.

Big Todd ha scritto delle cose su un blocco, poi ha iniziato a sfogliare il quaderno. «Okay. Faccio qualche telefonata. Gert lo sa?»

«Gert non fa parte di questa impresa», ho risposto.

Big Todd ha annuito. Ha smesso di sfogliare le pagine e con le dita ha fatto una specie di tendina. Poi ha sbuffato.

Mi ha dato da leggere dei fogli con delle domande a cui dovevo rispondere mentre lui cercava di capire dove potevo lavorare. Il foglio era intitolato «Dieci cose da sapere prima del tuo primo colloquio di lavoro». Le cose da sapere erano:

- Non dire bugie sul tuo CV (che vuol dire curriculum).
- Trovati un lavoro che ti interessa (io non ero interessata a lavorare nel ristorante dello zio di Hamsa, ma per la loro tribù i vichinghi devono fare anche delle cose che non vogliono).
- Informati sull'azienda (prima di un colloquio dovevo prendere appunti su un pezzo di carta).
- Vestiti in maniera vincente (l'articolo diceva di vestirsi come un professionista che l'azienda vuole sicuramente assumere).

C'era anche una lista di domande che un datore di lavoro può farti durante un colloquio. L'articolo diceva che prima di cercare di avere il lavoro dovevo imparare a rispondere alle domande. Mi sono esercitata a dire le cose giuste, che era proprio quello che l'articolo «Dieci cose da sapere prima del tuo primo colloquio di lavoro» ti chiedeva di fare.

Domanda numero 1: Perché vuoi questo lavoro?
Ho scritto che per me era arrivato il momento di contribuire al benessere della mia tribù e che avere un lavoro doveva aiutarmi a pagare i debiti della tribù.

Domanda numero 2: Quali sono le tue qualità come lavoratore?
Essendo un vichingo io sono forte e sconfiggo i nemici. Durante le battaglie non mi arrendo. So lavorare sodo.

Domanda numero 3: Quali sono alcune delle tue debolezze come lavoratore?
Non sapevo bene cosa rispondere. Non sono una persona molto grande, ma Gert dice che sono una guerriera.

Poi è entrato Big Todd e mi ha detto che mi aveva trovato un colloquio di lavoro in biblioteca, che in effetti era un posto perfetto per me.

«Dicono che *forse* stanno cercando qualcuno.»

«Davvero?»

Big Todd ha detto che probabilmente per il colloquio dovevo vestirmi bene. Ce l'avevo dopo due giorni.

«Un colloquio vero? Non un'esercitazione?» ho chiesto.

«Sissignora. E per quanto riguarda come vestirti, non devi essere troppo elegante», ha detto. «Ma non puoi nemmeno presentarti con quello che ti metti di solito. È importante vestirsi in maniera vincente.» Quando gli ho chiesto cosa voleva dire, ha risposto: «Pensa ai guerrieri quando vanno a combattere. Devono indossare l'armatura, che è quello che si mettono le persone che combattono, giusto? Be', la gente che fa i colloqui di lavoro si mette la gonna e una bella camicetta. Ce le hai?»

Una gonna ce l'avevo, ma una camicetta no. Una camicetta sarebbe una maglietta elegante. «Allora vai a parlare con Annie», ha detto Big Todd. «Forse può darti una mano.»

Quando sono arrivata a casa, ho chiamato AK47 e mi sono quasi dimenticata di togliermi le scarpe.

«Ehi, tesoro. Come va?» mi ha chiesto.

Mi sembrava quasi di esplodere così ho urlato nel telefono: «HO UN COLLOQUIO DI LAVORO IN BIBLIOTECA».

«Piano, bella», ha detto lei. «Lo so. Mi ha chiamato Big Todd. Hai un giorno e rotti prima del colloquio, no?»

Ho contato. «Quarantatré ore e quarantasette minuti», ho risposto, perché il colloquio era la mattina presto. Lei ha detto che quel pomeriggio si era già presa qualche ora per andare a fare spese con me, visto che era il suo giorno libero.

Prima però ho scritto un biglietto a Gert per dirgli che andavo al centro commerciale con AK47 e l'ho attaccato al tavolo dove di solito attacchiamo i nostri biglietti. Ho chiuso la porta e ho guardato la Parola del giorno che era *consultazione*, che vuol dire incontrare e discutere e «consultarsi» con qualcuno su un argomento. Mi sono consultata con me stessa riguardo al mio armadio. Non avevo mai avuto un colloquio di lavoro o un lavoro, prima. Il vestito più carino che avevo era una gonna che mi aveva prestato AK47 e poi se n'era dimenticata, ma ormai non andava più bene a nessuna delle due.

AK47 è venuta a prendermi con la sua macchina e siamo andate al centro commerciale. Il negozio dove volevamo andare era The Gap.

Siamo entrate e AK47 mi ha fatto vedere tre gonne da provare. Due erano nere e grandi e non mi stavano bene. La terza era carina e mi stava bene.

«Okay», ha detto. «Vediamo come ti muovi.»

Sono uscita dal camerino ed era difficile camminare. La bella gonna era molto stretta. Ho detto ad AK47 che decisamente non era adatta a combattere.

«Hai ragione.» Si è avvicinata e mi ha fatto girare. «Però ti sta bene. Ti fa un bel culo, ma non da sgualdrina.»

«E noi non vogliamo vestirci da sgualdrine», ho detto.

«No. Soprattutto per un colloquio di lavoro in biblioteca.»

Mi ha fatto anche provare un sacco di camicette, di quelle con i bottoni davanti. A me piaceva quella rosa shocking. Lei ha detto che probabilmente il blu era più professionale.

«I colori vivaci tienili per le occasioni speciali. Per gli spogliarelli, i funerali, cose di questo genere. Ecco, provati questa.»

Ho iniziato a chiederle perché dovevo andare a uno spogliarello e poi ho capito che era uno scherzo e ho riso. Dopo che abbiamo scelto una gonna e una camicetta, lei mi ha comprato anche un paio di collant, che sono come delle calze solo che ti coprono tutte le gambe e ci puoi vedere attraverso. Con i collant ti sembra di avere le gambe perfette.

«Che è quello che vogliamo. Non vogliamo doverci radere continuamente le gambe.»

«Io le gambe non me le rado mai», ho detto.

«Nemmeno io. Ma se fai un lavoro a contatto con il pubblico, a volte lo devi fare. È molto fastidioso e i collant, che ti piaccia o no, sono la cosa che i datori di lavoro professionali come quelli che incontrerai tu vogliono vedere.»

Mi ha mostrato come metterli. Mi ha mostrato come infilarmi dentro la camicetta in modo da non lasciare grinze e come il gancetto argentato sopra la cerniera dietro fa stare a posto la gonna. Quando abbiamo finito ha fatto un passo indietro e mi ha guardato.

Poi ha fatto un fischio.

«Niente male, niente male», ha detto. «Che ne pensi?»

Avevo la gonna stretta intorno alla vita e con quei collant mi sembrava che qualcuno mi stava stritolando. AK47 ha detto che andava bene e che era così che dovevo sentirmi.

«È il fardello del nostro sesso», ha detto.

Ha pagato lei i vestiti e, quando ho cercato di dirle che avevo un tesoro nascosto, ha detto che era un prestito. «Ma se proprio non ti va, potrai restituirmeli quando prendi il primo stipendio.»

«Affare fatto. I vichinghi pagano sempre i loro debiti.»

Siamo uscite con i sacchetti e, invece di andare via dal centro commerciale, AK47 mi ha portato in un altro negozio. Mi ha detto che era un posto speciale. Avevano solo biancheria intima, il che mi ha un po' confuso perché non capivo com'è possibile che esiste un negozio intero per una cosa che nessuno vede mai.

«Be'», ha detto AK47, «questo non è del tutto vero. A parte te, qualcuno la biancheria la vede.» Ha detto che dovevo fidarmi di lei. «Vieni», ha detto facendomi passare davanti a dei manichini con addosso soltanto mutandine e reggiseni coloratissimi. «Adesso ci scateniamo.»

Non ero mai stata in un negozio di biancheria elegante. I vestiti formavano delle piccole pile. Ai muri c'erano fotografie e poster di donne bellissime con addosso della biancheria. Era strano, perché la gente che comprava si comportava come se non era neanche lì. Perché facevano finta di essere nel negozio sbagliato? Se volevano comprare della bella biancheria, perché facevano finta che non era così?

«Perché la gente ha paura del sesso», ha risposto AK47.

«Io no.»

«No, ma non sei nemmeno una puritana totale.»

«La mamma di Marxy a cena ha detto che loro non sono puritani.»

«Vuol dire moralisti. Cioè che si sentono a disagio con il sesso.»

«Come Gert.»

«Ah. Gert non è moralista su nessun pianeta conosciuto», ha detto AK47. Poi mi ha fatto vedere delle mutandine. Erano rosso vivo e di pizzo, cioè ci potevi vedere attraverso. «Che ne pensi di queste?»

Me le ha date. Io le ho tirate e sotto vedevo le mie dita.

«Perché qualcuno deve voler vedere sotto la tua biancheria?»

«Perché è sexy», ha risposto.

«Ti metti della biancheria sexy per Gert?» ho domandato, e lei è scoppiata a ridere.

«Zee, tuo fratello preferiva che io la biancheria non me la mettessi proprio.»

«Oh.»

Ha ripiegato le mutandine e le ha rimesse sul tavolo. C'erano tantissimi mucchietti di mutandine e reggiseni e altre cose che non capivo come si mettevano. Era come uno zoo di mutandine e cose sexy.

La commessa si è avvicinata e ci ha chiesto se andava tutto bene. «Avete trovato quello che vi serve?»

«Non siamo puritane», ho detto io. «Ma non vogliamo mutandine dove si vede tutto.»

La commessa ha guardato AK47, che si è stretta nelle spalle. «Cerchiamo qualcosa non troppo da sgualdrina, ma abbastanza provocante.»

Lei mi ha fatto vedere un sacco di mutandine diverse. Mi ha stupito vedere quanti tipi ce n'erano. A casa Gert ha i boxer e io delle mutandine bianche o azzurre o verdi. Non ho niente di pizzo o di rosso o di sexy. Non riuscivo a immaginare Gert che trovava delle mutandine sexy mentre faceva il nostro bucato. La cosa l'avrebbe molto confuso.

Ho preso le mutandine e le ho portate in camerino.

Mi sono guardata allo specchio. Sopra di me la luce era molto forte e brillava come il sole. Mi sono accarezzata lo stomaco. Era molto duro per via di tutti quegli allenamenti vichinghi. Le donne nelle pubblicità del negozio di biancheria erano alte e avevano grosse tette. Ho cercato di mettere le labbra come loro, di spingerle all'infuori. Poi mi sono messa le mutandine che mi aveva dato la donna del negozio e il reggiseno dello stesso rosso. Mi sono girata e rigirata. Con le mani ho cercato di appiattire i capelli e mi sono voltata per fare allo specchio la mia posa sexy.

«Come va?» La commessa ha bussato alla porta. «Hai bisogno di un'occhiata?»

Voleva dire se avevo bisogno di qualcuno che mi guardava. Ho aperto la porta e mi sono messa di fronte a lei e le ho detto che mi sentivo favolosa.

«Stai benissimo», ha detto lei.

Vicino c'era anche AK47, che ha annuito. «Ti invecchia un po'», ha detto, «ma quello che sto vedendo mi piace.»

Quando siamo uscite dal negozio abbiamo deciso di andare a vedere un film per festeggiare le spese che avevamo fatto. Il film parlava di un soldato che non era più in guerra e sapeva un sacco di segreti ma all'esercito questo non andava bene. L'esercito uccideva la famiglia del soldato e lui si vendicava. C'erano un sacco di azione e sparatorie che non mi piacevano e sono dovuta uscire.

AK47 mi ha raggiunto nel parcheggio fuori dal cinema. Si è seduta vicino a me sul marciapiede, dove c'era silenzio.

«Credevo che ti piacessero i film d'azione», ha detto.

Mi sono stretta nelle spalle. Infatti. «Perché la gente compra delle pistole se non vuole combattere?»

«Per sentirsi forte, sai?» Mi ha messo un braccio sulle spalle. «Ehi. Cosa c'è?»

«Niente», ho risposto. Ma lei mi ha lanciato L'OCCHIATACCIA e ho cominciato a piangere perché mi sono venuti in mente Toucan e Gert e la pistola e l'esame di metà semestre e tutto il resto.

«Sta succedendo qualcosa. Stai facendo quella cosa che fai quando sei sotto stress.» Mi ha toccato la mano. «Forza. Di me ti puoi fidare.»

AK47 mi ha stretto di nuovo la mano e ho sentito che se non glielo dicevo esplodevo.

12

Ho buttato fuori tutto. Ma non volevo. Le ho detto che Gert aveva una pistola e che non frequentava le lezioni e che era un bugiardo. AK47 ha perso la calma e si è molto arrabbiata, che per lei significa diventare silenziosa. In un certo senso è una cosa che fa più paura di quando si arrabbia facendo tanto rumore. Perché non sai mai quello che può fare una persona silenziosa e arrabbiata.

Quando siamo risalite in macchina, AK47 ha cominciato a tamburellare con le dita sul volante e non ha messo in moto.

Poi mi ha lanciato L'OCCHIATACCIA.

AK47 non ha paura di niente. Nel mondo dei vichinghi, è la persona che più assomiglia alle valchirie. Questo è uno dei motivi per cui Gert si è innamorato di lei. Lei era in grado di stargli vicino. L'altra gente ha paura di lui, ma lui ha paura di AK47, soprattutto quando lei gli lancia L'OCCHIATACCIA.

«Mi ha lanciato L'OCCHIATACCIA, Zee», diceva. Oppure: «Conosco quell'occhiata».

L'OCCHIATACCIA è come un missile, una cosa che in effetti al tempo dei vichinghi non esisteva. Un missile va da un posto a un altro e fa esplodere i cattivi. AK47 lancia L'OCCHIATACCIA che come un missile fa esplodere la persona a cui l'ha lanciata. Gert non è un cattivo, ma certe volte fa delle cose da cattivo e lei deve farlo esplodere per farlo tornare normale.

Io ho cercato di imparare a fare L'OCCHIATACCIA. È un buon modo di diventare forte in battaglia, quando sei costretto a usare tutte le armi che hai.

Mi piace esercitarmi nella mia OCCHIATACCIA allo specchio. Una delle cose che rende AK47 brava nel lanciare L'OCCHIATACCIA come un missile sono le sue sopracciglia, che sono molto nere e sembrano dei millepiedi. Quando è arrabbiata si piegano al centro, e quando è tanto arrabbiata e vuole distruggere la persona che sta guardando si piegano in un sacco di punti. Lei ha gli occhi marroni e a volte ho l'impressione che quando lancia L'OCCHIATACCIA diventano neri.

Anche quando ha messo in moto la macchina ha continuato a fare L'OCCHIATACCIA per tutto il viaggio, alla strada, alle altre macchine, al volante.

Mentre guidava avevo paura di avere fatto la cosa sbagliata e di avere tradito Gert. Ma AK47 era una persona di cui potevo fidarmi e sapevo che voleva bene a Gert e che Gert voleva bene a lei.

Ha parcheggiato di fronte al nostro palazzo in un posto in cui non si può restare per tanto tempo. Non ha nemmeno messo le quattro frecce per far vedere alla gente che non si fermava tanto.

Ha spento il motore ma non ha mollato il volante, che stringeva come una che è appesa sull'orlo di un burrone e il volante è l'unica cosa a cui può tenersi per evitare di cadere.

Siamo rimaste lì sedute un secondo.

«Sono incazzata come una bestia, Zelda», ha detto. «Una pistola in casa, cazzo. Ce l'hai un'idea di quanto sia pericoloso?»

«Lo so, ecco perché te l'ho detto.»

«Giusto. Sì. Hai fatto la cosa giusta.» E mi ha accarezzato

la gamba. «Brava. E queste stronzate del college? Deve frequentare le lezioni, per tenersi la borsa di studio. Non può saltarle così. Specialmente le lezioni delle fondamentali.»

Le fondamentali sono le cose che devi fare prima di fare tutte le altre.

Siamo salite di sopra con i nostri sacchetti e siamo arrivate alla porta dell'appartamento. Io ho tirato fuori la chiave, ma AK47 la stava già aprendo con la sua, non sapevo che ce l'aveva ancora.

Gert era in casa, guardava la tele e mangiava cereali con la scodella sulle ginocchia.

«Ehi, com'era il film?» mi ha chiesto. Poi ha visto AK47. «Cosa ci fa lei qui?»

«Chiudi il becco», gli ha detto AK47.

Lui l'ha ignorata. «Zelda, perché in casa c'è questa persona che ti avevo detto di non voler rivedere mai più qui dentro?»

Quando lei ha iniziato a dirgliene quattro, lui le ha detto di badare ai fatti suoi e a quel punto io ho detto: «Sono affari suoi perché sono anche affari miei. Le sto passando tutti i miei affari».

«Una pistola, Gert. Ma stai scherzando?» AK47 ha scosso la testa. «E quei gangster che stai frequentando?»

«Smettila con questi melodrammi», ha detto Gert.

«Credi che non venga a sapere le cose?» ha detto AK47. «Lo sanno tutti che spacci.»

Non sapevo cosa significava e ho chiesto se qualcuno poteva spiegarmi cosa stava succedendo.

«Non sono uno dei tuoi casi disperati», ha detto Gert. Ha messo giù la scodella dei cereali, si è alzato, è andato alla porta passandoci davanti e l'ha aperta. Poi ha detto ad AK47 di andare al diavolo.

AK47 ha risposto che non se ne andava finché lui non le dava la pistola. Gert ha detto che non aveva nessuna pistola. AK47 mi ha indicato e ha detto: «Lei ha detto di avere trovato una pistola. In una scatola di metallo. Stai dicendo che ha mentito?»

«Mi sa che è una delle sue fantasie vichinghe», ha risposto Gert.

«Chiudi il becco!» ho detto io. «Avevi una pistola dentro una scatola di metallo e duecentoquaranta dollari nella busta dentro il borsone e hai detto una bugia sul gruppo di studio!»

AK47 gli si è piazzata davanti e gli ha dato uno spintone. «Figlio di puttana. Vuoi che si becchi una pallottola?»

Poi si è messa a urlare e a spingerlo e lui cercava di impedirle di colpirlo in faccia. Le ha detto di smetterla di fare l'isterica e AK47 ha detto: «Ah, vuoi vedere come sono quando sono isterica sul serio?» E ha iniziato a tentare di dargli un pugno. Lui l'ha costretta a voltarsi e l'ha stretta in un abbraccione. Allora lei gli ha morsicato la mano e lui ha detto: «Vaffanculo», e poi gli è uscito sangue dalla mano.

L'ha spinta via e ha alzato la mano mentre lei finiva contro il muro con un tonfo.

Non vedevo i Grendel, ma li sentivo; facevano i soliti rumori e grattavano il muro da dentro.

Ho capito che stavo piangendo perché a un tratto le loro facce sono diventate sfocate e dal naso mi è uscito un fiume di moccio.

«Basta basta basta», ripetevo.

Tutto si muoveva molto in fretta e non mi piaceva guardarli.

Sono andata nell'ingresso, dove c'era silenzio e dove due persone a cui volevo bene e che facevano parte della stessa tribù non si stavano picchiando. Ho chiuso la porta e mi sono seduta contro il muro. Sono rimasta lì con la testa tra le mani.

Alf era uscito dal suo appartamento e mi ha chiesto cosa stava succedendo. «Lì dentro sembra che ci sia la guerra in Iraq, maledizione», ha detto.

Gli ho spiegato che Gert e AK47 stavano litigando e poi

si è sentito un botto gigantesco e, prima che potessi dirgli di non entrare, Alf ha aperto la porta.

Mi sono alzata e l'ho seguito. Lui ha battuto le mani per attirare la loro attenzione e per farli tacere.

«Ragazzi, dovete darvi una calmata, cazzo, altrimenti chiamo la polizia. Specialmente tu, grand'uomo.»

Grand'uomo era Gert.

«Come?» ha chiesto Gert.

«Datti una calmata, cazzo», ha detto Alf, poi si è messo tra Gert e AK47, che ora si trovavano ai due lati opposti dell'appartamento. AK47 era in cucina e Gert in soggiorno e Alf si è messo nello spazio tra di loro.

È stata una pessima idea. A Gert non piace quando ha delle persone tra i piedi e stava già per diventare un *berserker*.

I *berserker* sono vichinghi speciali molto feroci, cioè sono come dei robot il cui unico compito è vincere in battaglia e uccidere i nemici. Si chiamano anche *Úlfhéðnar*, una parola che non sapevo pronunciare neanche con il programma di Google che ho sul computer. Il problema dei *berserker* è che sono così cattivi e arrabbiati che, quando combattono, tu non ci puoi parlare, e certe volte si arrabbiano al punto che diventano loro stessi dei cattivi.

Gert ha spinto via Alf, che è rimbalzato contro il muro ed è inciampato nel tavolino. Poi ha smesso di discutere con AK47. Era pronto a battersi con Alf, che stava camminando all'indietro con le mani alzate.

«Gert», ha detto AK47 e ha cercato di prenderlo.

Le cose hanno iniziato a muoversi molto rapidamente, come una palla da basket che ruota su un dito mentre la persona la prende a schiaffi per farla andare sempre più veloce, finché le linee disegnate sulla palla scompaiono.

Gert ha dato ad Alf un colpo duro e veloce e poi Alf è caduto. E in un secondo Gert gli si è seduto sopra mentre Alf con le sue braccine cercava di fermare i pugni.

In poco tempo la faccia di Alf è diventata rossa e lui ha iniziato a sanguinare dalla bocca e dal naso.

La testa mi scoppiava ancora di più perché mio fratello si stava comportando da grandissimo cattivo e stava per diventare un *berserker*.

Gert ha continuato a tenere fermo Alf per il collo, ma poi si è girato e ha visto AK47 che mi indicava e gli urlava di smetterla. Ha battuto le palpebre e poi non è stato più un *berserker*.

«Cazzo», ha detto.

Quando Gert l'ha lasciato, Alf ha tossito e si è toccato il collo. Faceva fatica a respirare.

Gert ha fatto un passo indietro. La sua pancia si gonfiava e si sgonfiava molto in fretta. «Cazzo», ha ripetuto.

AK47 si è chinata e ha toccato la spalla di Alf.

«Vattene», gli ha detto aiutandolo ad alzarsi. «Per favore, vai via.»

I Grendel facevano così tanto casino che non sentivo nient'altro e i rumori che facevano mi impedivano di vedere bene.

Una delle cose che mi danno dei problemi è quando Gert si comporta da cattivo. Però Alf doveva badare ai fatti suoi e non cercare di comportarsi come un guerriero per cercare di fare colpo su AK47; è anche un sacco più piccolo di Gert, è più vecchio e poi non è un bravo guerriero.

AK47 e Gert hanno fatto una tenda intorno a me con le braccia, così riuscivo a vedere soltanto le magliette. Con loro intorno, il mondo ha rallentato ed è diventato più silenzioso.

«Va tutto bene», mi ha sussurrato Gert all'orecchio. «Va tutto bene Zelda. È tutto a posto.»

AK47 era inginocchiata vicino a noi e aiutava Gert a

rimettermi in piedi. I Grendel ringhiavano ancora, ma non così forte. Ho aperto gli occhi.

«Brava», ha detto Gert.

«Dovrei...» AK47 ha indicato la porta. «Dovrei andare.»

Gert ha allungato una mano verso di lei. «Puoi fermarti un minuto? Ti prego.»

Mi sono portata le ginocchia al petto e ho fatto finta di essere una pietra gargantuesca e che dentro di me era tutto calmo. Più riuscivo a rendere come pietra le braccia e le gambe e la testa e il corpo, più le mie parti interne diventavano calme.

«Okay», ha detto Gert. «Stai bene?» Stava camminando in cerchio e non riusciva a stare fermo. Dentro aveva ancora un pochino di *berserker*.

«No.»

AK47 ha detto a Gert di sedersi e di smetterla di stressare tutti.

«Siediti», gli ha detto, e Gert si è avvicinato ma si comportava come se non sapeva dove stare. «Non devi per forza metterti vicino a me», gli ha detto AK47.

Io ero seduta nella poltrona di pelle, quella con il poggiapiedi che si alza, anche se non ci riuscivamo perché era rotta e le gambe si erano incastrate.

«Non avremmo dovuto litigare così», ha detto AK47. «Mettiamolo subito in chiaro. Va bene?»

L'ha detto anche a Gert, che camminava in tondo scuotendo la testa. «Va bene?»

«Va bene», ha detto lui.

«E Gert non avrebbe dovuto picchiare a sangue quel vecchio. Quindi ti devi scusare anche per questo.»

Gert si è girato verso di me e mi ha chiesto scusa. «Ma non doveva entrare nel nostro appartamento.»

Gli ho spiegato che Alf era più debole e che gli eroi proteggono i deboli, non li combattono. Gert ha risposto che lo sapeva.

«Tu dovresti essere al college. Perché non ci sei andato?» ho chiesto. «E la pistola?»

«Domande da un milione di dollari», ha detto AK47.

Gert ha scosso la testa. Non gli piace sentirsi fare delle domande. Quello che fa le domande è lui. Si è grattato la testa che non era rasata come al solito. C'erano dei capelli che cercavano di spuntare fuori e gli erano cresciuti un poco su tutta la testa.

«Senti», ha detto, «la pistola non è carica. Okay? Era per finta. Per protezione.»

AK47 ha incrociato le braccia sul petto. «Allora è vero che hai una pistola.»

«Visto?» ho detto.

«La tengo chiusa a chiave nella scatola di metallo.»

«E allora come ha fatto Zelda a trovarla?»

Gert si è girato verso di me. «La mia camera era chiusa a chiave. Cosa ci facevi là dentro?»

La mia faccia è diventata calda, fino a quando AK47 mi ha detto che andava tutto bene e nessuno si era arrabbiato. Ho risposto che al college tutti dicevano che era stato sbattuto fuori ma lui mi raccontava che andava a lezione, quindi ero entrata per cercare delle prove.

Sentivo che non stavamo parlando della cosa più importante, cioè che Gert non stava andando al college. «Tu dovresti essere a lezione», ho detto. «Perché sei intelligente e vuoi trovarti un buon lavoro e avere delle belle macchine e andare in vacanza sulla spiaggia.»

AK47 ha sbuffato. «Okay, Scarface», ha detto. *Scarface* è il film preferito di Gert. Anche se alla fine muore dopo essersi beccato cento pallottole, Al Pacino ha una bella macchina e fa delle belle vacanze.

«Però ha ragione. Quante lezioni hai perso?» ha domandato AK47.

Gert si è seduto sulla poltrona davanti a lei e si è guardato la mano che era viola per tutti quei pugni. «Solo un paio.»

«Cazzate», ha detto AK47. «Scusami, Zelda, ma questo è decisamente il momento delle parolacce.»

«Lo penso anch'io», ho detto. «È una gran cazzata non andare a lezione.»

«Ci puoi tornare?» ha chiesto AK47.

Gert si è alzato e ha detto che doveva bere. È andato in cucina e anche AK47 si è scusata. Le ho chiesto di cosa e lei ha risposto: «Per essere entrata qui come Rambo», che è un altro dei film preferiti di Gert. Quando è tornato con un bicchiere d'acqua, Gert ha detto che aveva fatto male a non dirmelo, che non stava sconfiggendo il college.

«Potevo aiutarti», ho detto.

«Senza offesa, Zee, ma è al di sopra delle tue possibilità», ha detto lui.

«Credevo che andassi bene», ha detto AK47. «E anche se non ci parliamo più possiamo sempre studiare insieme. Non mi dispiace darti una mano. E chi diavolo è Toucan?»

Gert mi ha fissato. «Nessuno.»

«Gert.»

Lui ha allungato le dita e ha cominciato a muoverle. «Ci ha aiutato a traslocare.»

«Cioè vi ha noleggiato un furgone?»

«Cioè mi ha prestato dei soldi. È un amico. Un vecchio amico di quando giocavo a football.»

Non ha sorriso come credevo. Sembrava uno che ha appena subìto una grossa sconfitta in battaglia. AK47 è andata al frigorifero e ha tirato fuori un sacchetto di verdure surgelate. Lo ha dato a Gert, che se l'è messo sulla mano.

«Adesso occupiamoci di questa stronzata della pistola.»

Siamo andate in camera di Gert e lui ha aperto l'armadio, ha tirato fuori la scatola di metallo e l'ha aperta.

AK47 gli ha detto che voleva sbarazzarsi della pistola. Gert ha cercato di discutere e poi la mano ha cominciato a fargli male e non ha più avuto l'energia di farlo.

«Va bene, prenditela.»

Anche se non si è sentito nessun rumore, era come se fosse esplosa una bomba. AK47 faceva L'OCCHIATACCIA e quando ha smesso ha fatto la faccia di quand'erano insieme. Anche Gert aveva quella faccia.

Non mi piaceva quell'aria silenziosa e arrabbiata. «Qualcuno può dire qualcosa?»

AK47 ha messo giù la borsa e si è tolta le scarpe.

«Sono ancora incazzata con te», ha detto a Gert.

«Anch'io», ho detto io.

Gert ha detto che lo sapeva. Si è alzato ed è andato da AK47 e si sono guardati per parecchio tempo. Poi AK47 ha detto: «Zelda, per favore, puoi uscire e andare a giocare per un po'?»

«State per fare sesso, vero?» ho chiesto.

AK47 ha preso la mano non ferita di Gert e ha detto: «Pare proprio di sì».

«Mi metto le cuffie», ho detto.

Siamo usciti in corridoio, Gert e AK47 andavano avanti tenendosi per mano e io li seguivo. Quando siamo arrivati in camera mia ho chiuso la porta. Per una parte della mia leggenda avevo vinto: Gert e AK47 erano innamorati e facevano sesso, anche se Gert non aveva ricominciato ad andare al college come volevo io.

Ho tirato fuori una penna e ho messo una crocetta vicino a FAR TORNARE INSIEME AK47 E GERT nella mia lista di cose da fare per diventare leggendaria.

È stato un momento molto importante e ho deciso di condividerlo con il dottor Kepple, così sono andata al computer e ho cliccato sul suo sito, che avevo messo tra i preferiti.

Caro dottor Kepple,

sono ancora Zelda. Lei non ha risposto alla mia ultima e-mail, ma non è un problema visto che probabilmente sarà impegnato a studiare i vichinghi. Sto diventando molto brava con la spada e direi che forse posso sconfiggere quasi tutti i cattivi di cui ho letto nel suo libro. Se si ricorda, le ho già parlato della mia spada vichinga. E sono riuscita a far rimettere insieme Gert e AK47, che sono una parte importante della mia leggenda.

Ho delle domande sui tesori vichinghi e non ho trovato la risposta sulla Guida Kepple ai vichinghi. *A pagina 174 lei dice che le tribù vichinghe facevano la guerra con altre tribù e le saccheggiavano, cioè prendevano i tesori di altri posti che avevano sconfitto. Ci sono altri modi in cui i vichinghi mettevano insieme i loro tesori, a parte i saccheggi? Devo anche fare un colloquio per un lavoro in biblioteca. (Non so se i vichinghi hanno le biblioteche, quindi questa è un'altra domanda a cui lei potrebbe rispondere.)*

Grazie per avermi letto e buona giornata.

Skál,
Zelda

13

QUELLA sera, dopo che Gert e AK47 sono andati a letto e avevo mandato la lettera al dottor Kepple, ho puntato la sveglia per svegliarmi presto, prima di loro due, e preparare una colazione gigantesca per festeggiare il fatto che lei era tornata nella tribù. Avevano fatto sesso per un bel po', li avevo sentiti, e avevo cominciato a chiedermi come sarebbe stato farlo con Marxy e poi mi sono addormentata e avrei voluto sognarlo, invece non è successo.

Quando è suonata la sveglia, la porta di Gert era aperta e lui era ancora addormentato dentro il letto a faccia in giù. AK47 era davanti alla porta che si infilava le scarpe, pronta ad andarsene.

«Dove vai?» le ho chiesto.

Lei mi ha messo un dito sulla bocca per farmi tacere. «Lascialo dormire», ha detto.

Io ho abbassato la voce e le ho chiesto dove andava. AK47 si è alzata e ha sussurrato: «Senza offesa, Zee, ma questo non è un lieto fine».

«Ma tu e Gert avete fatto sesso.»

Lei si è messa il dito sulla bocca e ha indicato l'ingresso, così siamo andate a parlare là.

«Sì, abbiamo fatto sesso», ha detto chiudendo la porta alle nostre spalle. «E allora?»

«E allora vi amate.»

«Lo so che tu pensi che tutte le storie devono finire in maniera perfetta», ha detto lei. «La vita è complicata. Puoi amare una persona che non è buona per te o non è giusta. Non sono sicura.»

«Ma potete essere sempre perfetti l'uno per l'altra e aiutarvi a diventare forti.»

Lei ha sospirato. «Zelda, lui non facilita le cose. Okay?»

Sono corsa di fronte a lei, ho alzato le braccia e ho detto: «Tu non puoi passare!» Lei ha cercato di superarmi ma io continuavo a starle davanti.

Poi ha smesso di cercare di girarmi intorno. «Hai fame?» mi ha chiesto.

«Un po'.»

«Prima di andare al lavoro passo da McDonald's. Se vuoi, puoi venire con me e difendere la tua posizione. Ma sono troppo affamata per essere umana a stomaco vuoto.»

Mentre facevamo la coda da McDonald's, lei mi ha spiegato perché non credeva a quello che Gert stava dicendo, sul fatto che voleva rimettersi in riga e cambiare.

«Mi piacerebbe pensare che è cambiato, dopo l'ultima volta che ci siamo lasciati, ma non posso tuffarmi a pesce in questa situazione di merda. Non posso.»

«Ha detto che non vedrà più Toucan.»

«Io non conosco questo stronzo di Toucan, ma conosco persone come lui. E se tuo fratello gli deve dei soldi è un bel problema.»

«Ma è per questo che devi rimanere! Puoi essere la sua leggiadra fanciulla!»

«Tesoro, io non sono la leggiadra fanciulla di nessuno. Gert deve imparare a cavarsela da solo.»

Siamo arrivate davanti alla cassa e abbiamo ordinato. AK47 ha preso i McMuffin e io i pancake.

«Senti, non so perché, ma ho un debole per quello stronzo. Forse perché mentre crescevo non ho avuto dei modelli validi e sento di dover salvare gli uccellini con l'ala spezzata.»

«E se lo costringiamo a ricominciare a studiare?»

«Costringerlo? Il punto è che deve iniziare a fare delle cose da solo. Gli stiamo togliendo la facoltà di farlo.»

«Se non passa gli esami può assistere di nuovo alle lezioni», ho detto. «Bisogna dare agli eroi la possibilità di affrontare la sconfitta e poi di superarla.»

Lei ha messo giù il suo McMuffin. «Zelda.»

«Parli sempre del fatto che devo cavarmela da sola e costruire la leggenda di me stessa e mi hai aiutato a scegliere i vestiti per il lavoro così posso essere il vichingo migliore che posso.»

«Non è la stessa cosa.» AK47 non ha detto niente per qualche secondo. Ha guardato fuori dalla vetrina verso un furgone che cercava di parcheggiare in uno spazio troppo piccolo. «È solo che lo amo davvero. E vorrei che le cose funzionassero. Ma non è così semplice.»

Io ho pensato alle cose che mi avevano aiutata nella mia leggenda e mi sono resa conto di cosa ha veramente bisogno Gert. «Dovremmo fare delle regole che Gert può seguire. Abbiamo bisogno di REGOLE PER GERT.»

Lei ha riso.

«È un uomo fatto e, non so se l'hai notato, ma tuo fratello è molto contrario alle regole.»

«Io sono una donna fatta e le regole mi aiutano», ho detto. «E queste saranno regole per la tribù. Se ci vuole bene accetterà di seguirle. Ti fidi di me?»

AK47 ha bevuto un sorso del suo succo. «Non è questione di fiducia, è questione di...»

«Ti fidi di me?»

«Sì, certo», ha risposto.

«Allora ti chiedo di fidarti di Gert e di dargli la possibilità di ridiventare un eroe.»

AK47 ha messo giù il succo e si è asciugata la bocca. Si capiva che stava pensando. Le sue sopracciglia si agitavano.

«Okay, ma se manda tutto in malora è finita.»

«Gli daremo delle regole e se non le rispetta è finita.»

Lei ha sorriso. «Sei una brava sorella, sai? È fortunato ad avere te.»

«Noi», ho detto. «È fortunato ad avere noi, perché lo teniamo in riga.»

Ho tuffato il pancake nel contenitore dello sciroppo d'acero fino a coprirlo quasi completamente, poi me lo sono ficcato in bocca. Se c'era anche Gert probabilmente mi diceva di usare meno sciroppo e sporcare meno, anche se ero io quella che mangiava il pancake e non lui. Volevo farlo smettere di fare cose del genere. Ero stanca di seguire delle regole inventate da altre persone. Volevo essere io a inventare le mie regole.

«Quando certe cose sono affari miei», ho detto, «voglio che siano affari miei. Voglio avere degli affari tutti miei. Come il sesso.»

Abbiamo parlato del fatto che Gert si era tanto arrabbiato all'idea che io e Marxy potevamo fare sesso. Secondo AK47, Gert non aveva torto, anche se non era completamente d'accordo con lui.

«Quando dico che non ha torto, voglio dire che probabilmente è normale che questa cosa lo faccia sentire strano. D'altro canto, anche la madre di Marxy ha ragione. Dovete parlarne. E lui non si deve agitare tanto quando qualcuno dice la parola 'mestruazioni'.»

«Forse dev'essere una delle cose da mettere nelle nostre

regole per Gert. Non arrabbiarsi quando si parla di sesso e mestruazioni.»

Lei ha annuito. «È un ottimo inizio.» Si è ficcata in bocca il resto del McMuffin e ha usato un dito per togliersi il formaggio dalle labbra. Ha masticato due volte e poi ha mandato giù tutto. Ha tirato fuori dalla borsa una penna e ha premuto il pulsante.

Ha appiattito sul tavolo lo scontrino e l'ha fissato. Poi ha cominciato a darsi dei colpetti sul mento con la penna.

«Be', non vogliamo essere troppo dure», ha detto.

«Io voglio che tornate insieme», ho detto. «Perché dovrei renderlo più difficile?»

«Ma adesso io lo tengo per le palle e con tuo fratello questo non succede quasi mai. Dobbiamo discutere delle nostre idee e cercare di ottenere il massimo mentre lui è disposto a fare delle concessioni.»

Una concessione sarebbe una bancarella dove vendono hot-dog e bibite alle partite di basket, oppure quando dai a qualcuno qualcosa che non vuoi, in modo da avere in cambio qualcosa che vuoi.

Io e AK47 abbiamo cercato di immaginare che concessioni ci avrebbe fatto Gert in modo da ottenere quello che vuole, cioè tornare con AK47. In realtà anche lei voleva tornare con lui, ma per lei era il contrario. La sua concessione era rimettersi insieme con Gert, dal momento che stare con mio fratello significa anche avere un sacco di problemi.

«Deve smetterla con quelle stronzate», ho detto. «Giusto?»

AK47 ha iniziato a scrivere sullo scontrino.

«Bene. Dobbiamo essere sicure di essere abbastanza precise, okay? In modo che se si incazza abbiamo delle armi con cui combatterlo. Dobbiamo pretendere delle cose. Gli ho già confiscato la pistola, quindi quella possiamo toglierla dalla lista.»

«Cosa vuol dire *confiscato*?»

«Gliel'ho portata via e me ne sbarazzerò, così possiamo toglierla dalla nostra lista di richieste.»

Le richieste sono il contrario delle concessioni. Quando due tribù in guerra si incontrano per decidere cosa succederà dopo, se non vogliono combattere con le spade combattono con le parole per decidere chi si prende cosa. Combattono con le richieste.

AK47 aveva quattro richieste per tornare insieme a Gert. Erano «condizioni fondamentali». Su queste non voleva fare alcuna concessione. Erano:

1. Gert doveva ricominciare ad andare da solo dal dottor Laird, cosa che aveva smesso di fare.
2. Non doveva più vendere erba e avere amici come Toucan, che è quasi sicuramente un cattivo, ha detto AK47, perché si era informata e un sacco di gente diceva che era un losco figlio di puttana. I loschi figli di puttana sono peggiori delle merdacce e dei bifolchi messi insieme, secondo AK47.
3. Doveva frequentare le lezioni di recupero estive per guadagnare i crediti che ha perso quando ha smesso di frequentare i corsi.
4. Doveva buttare via la pistola.

Abbiamo messo una crocetta vicino al numero 4 perché AK47 si era portata via la pistola.

Ho chiesto perché non metteva un'altra condizione che riguardava Gert e il sesso con altre ragazze.

«Sarebbe implicito», ha risposto. «Ma a dire la verità non è così scontato. Buona idea.»

E sullo scontrino ha scritto: «Non fare sesso con altre persone».

Le mie richieste erano che doveva smettere di dirmi sempre cosa fare. Per esempio, quando si tratta di fare sesso con Marxy, lui non può impedirmelo. Ho anche deciso che voglio trovarmi un lavoro.

«E voglio il suo sostegno», ho detto. «E aprire un conto in banca tutto mio e contribuire alla tribù.»

AK47 ha sorriso e ha detto che potevamo farlo senza di lui. «Possiamo andare in banca e aprire un conto. Anche se probabilmente dovresti farti accompagnare da qualcuno, quando c'è da firmare.»

Abbiamo continuato a scrivere le nostre regole per Gert.

Mentre tornavamo a casa, ho pensato a una richiesta diversa. Non era solo per Gert. Era anche per AK47. E non era una regola, era una cosa che volevo.

AK47 aveva acceso la radio e ha abbassato il volume. «Okay, dimmi tutto.»

«Voglio vedere la domanda. Quella per cui ha avuto la borsa di studio.»

Lei non ha detto niente. Le ho chiesto a cosa stava pensando. Lei ha risposto che non era sicura che volessi leggerla.

«Cioè, so che pensi di volerlo fare, ma è stata scritta per un pubblico particolare. Non è stata scritta perché la legga tu.»

«L'ha scritta Gert e parla di me. Voglio leggerla.»

Ha iniziato a piovere. Il sole era quasi completamente scomparso dietro le nuvole e la pioggia schizzava sul parabrezza. AK47 ha acceso i tergicristalli. Per un po' li ho guardati andare avanti e indietro. Le avevo fatto una richiesta e mi sono resa conto che non potevo costringerla a farmi vedere quella domanda. Nemmeno Gert voleva farmela vedere.

«Come ti ho già detto», ha detto AK47 svoltando verso il nostro palazzo, «sono affari suoi.»

Quando abbiamo portato a Gert la nostra lista di REGOLE PER GERT è, stata una cosa molto ufficiale. Ci siamo seduti intorno al tavolo della cucina, ciascuno a un angolo diverso. Era come una riunione di lavoro. AK47 aveva ricopiato le nostre richieste su un pezzo di carta con due colonne: una per le sue e una per le mie. Volevamo qualcosa di più ufficiale dello scontrino e del tovagliolino.

«State scherzando», ha detto lui alzando il foglio. «Cos'è questa, la Seconda guerra mondiale? Chi di voi due è la Polonia?»

«Condizioni fondamentali», ho detto. «Ecco cosa sono.»

«E perché mi metti delle condizioni anche tu?» mi ha chiesto.

«Sono autorizzata a negoziare per lei», ha detto AK47.

Gert ha scosso la testa. «Due contro uno. Non è giusto.»

Poi ha letto la lista e ha detto che gli andava bene tutto, anche tornare dal dottor Laird.

«Non puoi diventare *berserker.*»

«Benissimo.»

«Però c'è la questione del sesso», ha detto Gert.

«Il corpo è suo», ha detto AK47. «La vita è la sua.»

«Il corpo e la vita sono miei», ho detto io. «E quando ami qualcuno gli dimostri il tuo amore toccandolo in maniera carina. Io amo Marxy.»

Gert si è accigliato ma non ha detto di no, non ha detto niente. Ha continuato a fissare la lista.

Poi, per dimostrarci che era pronto a rispettare le regole, è andato a bussare alla porta di Alf e gli ha chiesto scusa. Alf aveva dei lividi sulla faccia e ha aperto la porta con in mano un coltello da bistecca. Ha detto che se Gert provava a fare qualcosa lo accoltellava.

«È qui per scusarsi», ho annunciato io.

Alf aveva gli occhi gonfi e socchiusi e non ha messo giù il coltello. «Davvero?»

Ho dato una spintarella a Gert e lui ha guardato me e poi AK47, che aveva incrociato le braccia.

«Non ho fatto una bella cosa», ha detto alla fine Gert.
«Ci puoi giurare», ha detto Alf.
«Cos'altro?» ha detto AK47 a Gert.
«Ho anche sbagliato a mettere le mani addosso a lei», ha detto. «E a spaventare mia sorella. Dev'essere stata proprio una brutta scena.»
«Se metti le mani addosso a una donna in quel modo, io non posso stare a guardare», ha detto Alf.
«E io lo apprezzo», ha aggiunto AK47. «Vero, Gert?»
Lui non ha detto niente. AK47 gli ha lanciato L'OCCHIATACCIA. «Ho sbagliato», ha detto alla fine Gert.
Alf ha messo giù il coltello. «Be', comunque vaffanculo», ha detto e ha chiuso la porta.
«Dai, è andata bene», ha detto AK47.

14

Era il giorno del colloquio in biblioteca. I mercoledì sono perfetti, perché sono il mio giorno di lettura in biblioteca. Ma Big Todd mi aveva detto che il colloquio non era alla biblioteca vicina al centro diurno dove andavo io.

«È un po' fuori mano», mi ha detto, un'espressione che vuol dire un posto dove la gente non ci va.

«Oh», ho fatto io e Big Todd mi ha lanciato una strana occhiata.

«Ti va bene? Se vuoi possiamo annullare.»

«No. La leggenda di un eroe significa anche fare cose fuori mano.»

Big Todd ha sorriso. «Così mi piaci.»

Mi ha accompagnato alla biblioteca in macchina e mi ha dato gli orari degli autobus e le indicazioni, poi ha fatto la stessa strada che fanno gli autobus. Io la seguivo con il dito sulla cartina mentre leggevo a voce alta le indicazioni.

«A proposito, sei molto elegante», ha detto Big Todd. «Molto professionale.»

«Grazie. AK47 mi ha aiutato a scegliere. E abbiamo anche preso delle belle mutandine per Marxy.»

«Oddio», ha detto Big Todd. «Questo preferivo non saperlo.»

Poi ha riso e io gli ho chiesto se voleva sentire un segreto.
«Se parla di te e Marxy che fate le cose sporche, per favore no, grazie.»

«No. Gert e AK47 sono tornati insieme.»

Big Todd mi ha guardato. «Davvero? Ufficialmente?»

Mi sono stretta nelle spalle. «Le ultime due sere si è fermata a dormire da noi. E hanno fatto sesso.»

Poi abbiamo detto insieme: «Preferivo non saperlo», e ci siamo messi a ridere. «Bene», ha detto Big Todd, «l'importante è che siano felici tutti e due e, se lui la tratta bene e tratta bene te, allora va bene anche a me.» Poi mi ha indicato un piccolo palazzo che sembrava una casetta di mattoni che aveva mangiato metallo e finestre di vetro. «Eccola. Lassù.»

Anche se non avevo precedenti esperienze di lavoro, Big Todd mi aveva aiutato a costruire un curriculum da cui si poteva pensare che potevo diventare una buona bibliotecaria. La donna della biblioteca si chiamava Carol e rosicchiava il fondo della matita. Big Todd aveva accavallato le gambe. Era nervoso e non riusciva a tenerle ferme.

Eravamo seduti in un ufficio con le finestre di vetro. Intorno c'erano scaffali pieni di libri e gente che leggeva a dei grandi tavoli. E sopra a tutto c'era una gigantesca palma finta, molto alta. Big Todd mi aveva detto che veniva con me per darmi sostegno morale, ma anche per rispondere alle domande della donna della biblioteca. Di solito non accompagna le persone che fanno dei colloqui di lavoro. Mi ha detto che ero un caso speciale, ma non mi ha spiegato cosa mi rendeva speciale.

Siamo rimasti seduti in silenzio mentre Carol leggeva il curriculum. Ha girato la pagina per vedere se dall'altra parte c'era qualcosa. Poi l'ha appoggiato sul tavolo.

«Non abbiamo posizioni aperte», ha detto. «E abbiamo

una lista d'attesa per studenti che si specializzano in biblioteconomia. Di solito fanno domanda per uno stage.»

Big Todd si è alzato. «Al telefono mi avevano detto...»

«Non so cosa le abbiano detto», lo ha interrotto Carol. Si è tolta gli occhiali e se li è rimessi. Big Todd non riusciva a stare fermo sulla sedia.

«Io lavoro tantissimo», ho detto a Carol.

«Non ho dubbi. Ma non abbiamo un lavoro da offrirle. Essere un utente è diverso che lavorare qui. Ci sono molte regole.»

La parola *utente* significa le persone che vanno in biblioteca. Era una cosa che avevo scritto nella lettera di accompagnamento: che ero una «affezionata utente delle biblioteche», e sapevo come funzionavano e dov'erano tutti i libri.

«Non potrebbe fare un po' di volontariato e poi cominciare a fare qualche turno pagato?» ha chiesto Big Todd.

Carol ha risposto che secondo lei nel prossimo futuro non si liberavano dei posti. Le ho chiesto come faceva a conoscere il futuro e invece di arrabbiarsi si è messa a ridere.

«Mi dica perché vuole lavorare qui.»

«C'è tutto nella lettera di accompagnamento», ha detto Big Todd. Prima del colloquio avevamo lavorato per due ore cambiando le parole, finché era sembrata molto intelligente.

«Non l'ho chiesto a lei. Lo chiedevo a Zelda.»

Era una domanda a cui Big Todd mi aveva fatto rispondere cento volte prima del colloquio. Era una domanda che le persone ti fanno sempre durante i colloqui di lavoro. Big Todd mi aveva fatto un elenco di motivi per cui io ero perfetta per la biblioteca. Me li aveva scritti tutti mentre gli raccontavo perché mi piaceva stare lì a leggere. L'avevo dimenticato a casa.

Carol aspettava. Mi stava trattando molto seriamente, il che mi rendeva nervosa ma mi faceva anche sentire adulta e non una persona che ha bisogno di qualcun altro che le fa tutto. Big Todd si è schiarito la voce e mi ha chiesto se andava tutto bene.

Ho chiuso gli occhi e ho contato fino a dieci ma non a voce alta, nella mia testa.

Big Todd mi ha dato un colpetto con il piede sotto il tavolo.

«Ho dimenticato il foglio con le risposte per quando mi chiedono perché sono la persona giusta per lavorare in biblioteca», ho detto.

«Ha bisogno di leggere le risposte?» mi ha chiesto Carol.

«È solo che diventa nervosa», ha detto Big Todd.

«Mi dica soltanto la verità», ha detto Carol. «È la verità che voglio sentire.»

Le ho raccontato che io e mio fratello avevamo lasciato un brutto posto per andare a vivere insieme. «È molto intelligente ma a scuola non andava bene. Ha avuto una borsa di studio per il college.»

Le ho raccontato che Gert ce la metteva tutta per farmi stare bene e che volevo aiutarlo perché adesso aveva un debito da ripagare. Che andavo alla biblioteca vicino a casa e che leggere è molto importante e che volevo aiutare gli altri a trovare i libri che cercavano.

Carol ha messo giù il curriculum. «Una o due volte alla settimana», ha detto. «Non posso fare di più. E probabilmente non sarà a tempo indeterminato.»

«Vuol dire che mi dà il lavoro?» ho domandato.

Carol ha detto che dovevo fare un periodo di prova. Se ero brava, poi potevo continuare a lavorare. «Ora le diamo i moduli e cerchiamo di capire il suo orario per quando verrà la prossima volta. Che ne pensa?»

Ci siamo alzate e ci siamo strette la mano. Big Todd mi aveva detto di non farle il pugno-a-pugno perché i datori di lavoro vogliono che gli impiegati si comportino in modo professionale e quel saluto non è professionale.

Fuori Big Todd mi ha fatto un pugno-a-pugno. Ma io non

volevo un pugno-a-pugno. Volevo un abbraccio. Big Todd aveva dimostrato di essere un membro importante della tribù.

«Va bene, va bene», mi ha detto. Quando abbiamo smesso di abbracciarci, mi ha toccato la spalla e ha fatto una faccia molto seria. «Ehi, cosa volevi dire con quella cosa del debito che hai raccontato?»

Gli ho ripetuto la definizione di debito che mi aveva insegnato lui: quando qualcuno deve qualcosa a qualcun altro, o a un'azienda.

«Con le banche e le aziende in epoca moderna di solito significa soldi», ha detto Big Todd.

Siamo andati alla sua macchina.

«Non sono affari miei, ma con me puoi parlare. Okay?»

Gli ho risposto che lo sapevo, che se anche non faceva parte della mia tribù faceva parte di una tribù vicina molto legata alla mia, di cui la mia tribù aveva molto rispetto.

Quando Big Todd mi ha riaccompagnato a casa, Gert è uscito per venirmi incontro. AK47 mi ha dato un cinque e mi ha detto che era orgogliosa di me. Poi Gert ha fatto una cosa che non aveva mai fatto prima: ha fatto un gesto a Big Todd, che era vicino alla sua macchina parcheggiata davanti al palazzo.

«Ehi», gli ha detto. «Cosa fai stasera?»

«Ehm...» ha fatto Big Todd.

«Noi usciamo a cena. Per festeggiare. Perché tu e il tuo ragazzo non venite con noi?»

Io e AK47 abbiamo guardato Gert.

«Davvero?» ha detto Big Todd.

«Certo.»

Quando Big Todd se n'è andato, abbiamo chiesto a Gert che diavolo stava succedendo.

«Perché?» ha detto Gert. «Smettetela di guardarmi così.»

«I gay non ti piacciono», ho detto io.

Gert ha risposto che non era vero. AK47 ha detto che un po' era vero. Gert si è stretto nelle spalle e ha detto che quello era il vecchio Gert. Io e AK47 ci siamo guardate di nuovo mentre Gert rientrava in casa. Poi ci ha chiesto se venivamo anche noi.

«Ma che cazzo», ha detto AK47. «E scusate la finezza.»

Siamo andati in un ristorante elegante e Gert era vestito bene e anch'io e AK47. Non avevo mai visto Gert così felice. Mi faceva sentire che come tribù stavamo diventando sempre più vicini. Mi hanno chiesto di raccontare del colloquio e, quando l'ho fatto, Big Todd ha detto che avevo molto colpito la bibliotecaria, anche se all'inizio mi aveva detto che non avevano posti disponibili.

«È stata una bomba», ha detto Big Todd.

Noah, il ragazzo di Big Todd, era strano e non parlava molto e io avevo paura che Gert li chiamava froci oppure che li prendeva in giro perché sono gay. Invece ha detto a Noah che lo trovava in forma e gli ha chiesto se aveva mai giocato a football e il ragazzo di Big Todd ha risposto di sì.

«In che ruolo?»

«Difensore», ha risposto lui. «E tu?»

«Ricevitore.»

«Hai il fisico giusto. Cosa ti è successo?»

«Si è fatto male a un ginocchio», ho detto io.

«Crociato anteriore?»

Gert ha messo giù il bicchiere di acqua al limone. «Sì. Me lo sono strappato di brutto.»

Hanno parlato un po' di football mentre Big Todd e AK47 parlavano del governo, che non aveva promesso al centro diurno gli stessi soldi di prima per aiutarli a fare dei programmi per le persone che loro chiamano svantaggiate.

Durante la cena il telefono di Gert ha vibrato, Gert l'ha guardato e l'ha spento e poi l'ha girato, così non vedeva più lo schermo. AK47 lo guardava ma faceva finta di no. Poi ha guardato me e ha sorriso perché, anche se nelle REGOLE PER GERT non c'era essere carini con Noah e Big Todd e parlare di football e del governo, era come se lui aveva aggiunto una regola, e quella regola diceva che doveva essere carino con persone come Big Todd e Noah e non dire cose da merdaccia sulle persone gay.

15

Abbiamo dovuto cambiare gli appuntamenti con il dottor Laird perché adesso il giovedì allo stesso orario devo lavorare. All'inizio la segretaria del dottor Laird, Hanna, non è stata molto contenta, perché dovevamo dare più di un giorno di preavviso prima di annullare l'appuntamento, e per il mese dopo lei si era segnata che io e Gert dovevamo andarci di giovedì. Ma poi al telefono è venuto il dottore e ci ha detto che per lui andava bene.

«Ma è fantastico», ha detto quando gli ho spiegato perché non potevo andare. «E in una biblioteca. Magnifico.»

«Sì, è davvero forte», ho detto io.

Di solito cambiare abitudini mi rende nervosa, ma per poter vivere nel mondo, come dice il dottor Laird, ho dovuto imparare ad accettare i cambiamenti di abitudine, e che non tutto funziona in base agli stessi orari.

Gert, AK47 e Big Todd mi hanno avvertito che la biblioteca può chiedermi di lavorare un giorno diverso alla settimana e che questo può voler dire cambiare abitudini molto spesso. Ma io ho risposto che accettavo la sfida e che volevo vincerla contando fino a dieci ogni volta che mi sento nervosa perché non so cosa sta per succedere.

Il giovedì mattina del primo giorno di lavoro ho detto a Gert che ci andavo da sola in autobus.

«Ma che differenza fa? Io ho le mattine libere», ha detto lui. «E le nostre regole? Dobbiamo essere sicuri che sai dove stai andando.»

«Prendo l'autobus qui e poi prendo lo stesso al ritorno.» E gli ho fatto vedere gli orari. «Ci vorrà meno di un'ora.»

«Una corsa sono quindici minuti», ha detto Gert.

«Idiota, vuole andarci da sola. È il suo primo giorno di lavoro.» AK47 gli ha dato una gomitata. «Non ci arrivi?»

«E le regole?» ha chiesto Gert.

«Ho fatto delle regole nuove», ho risposto io.

Mi sono anche preparata il pranzo: un tramezzino al tonno con la senape, la maionese e fette di pomodoro. Sono stata bene attenta a mettere le fette di pomodoro tra il tonno e la maionese così non fanno diventare molle il pane. Ho messo in borsa anche una bottiglia d'acqua che al lavoro posso riempire. AK47 ha controllato che mi vestivo bene. È stato l'unico aiuto che ho accettato.

Mi ha abbracciato e mi ha detto che sicuramente andava tutto benissimo. «Ascolta le istruzioni e non avere paura di scrivertele.»

«Va bene.»

«Se hai bisogno di qualcosa, chiama», ha detto Gert. «E quando hai finito di lavorare e stai per tornare a casa, chiama.»

«Andrà tutto bene», ha detto AK47.

«Andrà tutto bene», ho ripetuto io. «Ma vi chiamo.»

La biblioteca è un posto molto eroico in cui lavorare, perché i bibliotecari aiutano la gente ad avere un cervello più forte. Aiutano anche le persone senza casa distribuendo dei barattoli di roba da mangiare che altra gente mette nello scatolone vicino alla porta.

Essere un bibliotecario significa soprattutto sapere dove vanno i libri in modo da poter rispondere alle domande delle persone che li cercano. Poi c'è la gente che lascia i libri sui tavoli. Se sai dove mettere i libri, non hai bisogno di andare al computer, che è la cosa più difficile dell'essere un bibliotecario e che io non ho imparato subito.

La prima cosa che ho imparato è stata andare in giro a raccogliere i libri e metterli su un carrello. Se la gente lasciava dei rifiuti, io prendevo anche quelli. Carol era la persona più importante che lavorava in biblioteca. C'erano anche altre quattro donne e due uomini, ma Carol era il capotribù.

Anche se durante il colloquio si era un po' comportata da merdaccia, in realtà quando non c'era nessuno e c'eravamo solo io e lei era molto gentile. Sapevo che durante il colloquio aveva dovuto comportarsi da merdaccia perché per diventare bibliotecario devi dimostrare di esserne degno.

Non si può diventare bibliotecari senza superare degli ostacoli.

La persona che lavorava in biblioteca prima di me era uno studente universitario di nome Teddy che aveva fatto un ottimo lavoro. Questo me l'aveva raccontato Carol.

«Quindi dovrai essere all'altezza», mi ha detto.

Mi ha fatto vedere come usare il sistema decimale Dewey e come capire dove vanno i libri in base ai numeri e alle lettere sulle etichette e come usare il computer.

Ci andavo due volte alla settimana, il giovedì per quattro ore e la domenica per due ore, ma certe volte anche di più se qualcuno era in malattia. All'ora di pranzo potevo mettermi a leggere in qualsiasi punto della biblioteca, bastava che non davo fastidio a nessuno. Potevo anche mangiare in una stanza che nessun altro poteva vedere, sul retro.

Una delle regole più importanti della biblioteca è che non si può mangiare vicino ai libri e nemmeno bere una bibita, tranne dalle bottiglie con il tappo. Tutte le bibite devono avere il tappo.

C'erano delle persone che erano sempre in biblioteca. La mattina c'erano due signori anziani che si chiamavano Tyrone e Mac che giocavano a scacchi. Una donna che puzzava, con le gambe rosse e la pelle tutta screpolata, dormiva sulla sedia vicino alla finestra.

Una volta alla settimana veniva un gruppo della scuola elementare per leggere dei libri, e la domenica i genitori portavano i piccolini all'Ora di lettura del Coniglietto. Venivano anche degli scrittori famosi a leggere i loro libri davanti a tantissima gente.

La cosa migliore della biblioteca era essere pagata e poter mettere i soldi sul mio conto in banca, che avevo aperto presso la Bank of America. Con il bancomat puoi prendere i tuoi soldi e rimetterli in banca tutte le volte che vuoi.

Marxy è venuto a trovarmi in biblioteca il secondo giorno di lavoro, che era una domenica. Mi ha abbracciato e ha cercato di baciarmi sulla bocca.

«Non mentre sto lavorando», gli ho detto.

«Oh», ha fatto lui. «Scusami.»

«Ma sono molto felice di vederti.»

È contro le regole baciarsi in biblioteca. Carol mi ha raccontato che una volta ha beccato due ragazzi del liceo, un maschio e una femmina, che limonavano nel reparto Cucina, 641.5, cioè dove ci sono i libri di cucina internazionale.

Limonare è una parola che vuol dire baciare.

Mi ha spiegato che certe volte i ragazzi del liceo in fondo alla strada vanno nei bagni a fumare erba oppure a limonare e che queste due cose non sono permesse.

«Sono tutti molto orgogliosi di te», ha detto Marxy. «Che

hai un lavoro e dei soldi tuoi.» Si è tirato un dito alla volta facendo *skioc skioc skioc*. «Mi manca baciarti.»

Marxy mi ha chiesto se ero ancora un vichingo.

«Perché non dovrei esserlo?» ho domandato.

Lui si è stretto nelle spalle. «Adesso sei una bibliotecaria ed è tanto tempo che non ti sento parlare dei vichinghi.»

«Sono un vichingo che fa la bibliotecaria», ho risposto. «Chiedimi dove puoi trovare un certo tipo di libri.»

Marxy ci ha pensato su e mi ha chiesto: «Dove sono i fumetti?»

Molti bibliotecari li cercherebbero sotto il nome fumetti, ma in realtà nelle biblioteche i fumetti si chiamano graphic novel e quindi io sapevo come trovarli. L'ho portato al 741.5 e gli ho fatto vedere quanti fumetti diversi avevamo.

«Ce ne sono anche là.» In fondo alla biblioteca c'erano mucchi di riviste e giornali e su degli scaffali rotanti c'erano anche i fumetti, quelli più nuovi che ancora non erano diventati libri. Erano ricoperti di plastica così non si rovinavano.

È arrivata Carol e mi ha chiesto come andava.

«Bene. Sto aiutando questo utente a trovare i fumetti. Si chiama Marxy.»

«Sono il suo ragazzo», ha detto Marxy.

«Davvero?» ha chiesto Carol.

«Non limoniamo quando sto lavorando», ho detto a Carol.

Lei ha annuito. «Stavo proprio per controllare nel reparto Cucina.» Ha detto a Marxy che era stato un piacere conoscerlo e poi mi ha detto che c'erano dei libri da mettere via nel reparto Libri per bambini. «Sezione scuole medie», ha aggiunto.

«Sono molto orgoglioso di te», ha detto Marxy. Mi ha preso la mano e l'ha stretta. Anch'io ho stretto la sua e gli ho detto che dovevo ricominciare a lavorare.

Mezz'ora dopo è venuta a prenderlo Pearl. Ho cercato di dimostrarle che ero responsabile ed eroica e che potevo essere una buona fidanzata per Marxy. Lei ha detto che le faceva piacere vedermi e che pensava che lavorare in biblioteca era una cosa buona.

«Adesso anche Marxy vuole trovarsi un lavoro», mi ha detto mentre Marxy prendeva a prestito un libro con l'aiuto di Carol. L'abbiamo guardato.

«Secondo me ce la può fare», ho detto.

Pearl mi ha sorriso. «Mi devi restituire quei contenitori ermetici», mi ha detto mettendo un braccio sulle spalle di Marxy, che aveva preso a prestito i fumetti e uscendo mi ha salutato con la mano.

16

Per i vichinghi un *hólmganga* è un modo di risolvere problemi tra persone in conflitto. Le persone combattono seguendo delle regole precise e chi vince l'*hólmganga* vince. È venuto fuori che Gert ci aveva mentito e che in realtà l'avevano sbattuto fuori dal college. Visto che lui non poteva combattere contro la scuola, ha dovuto fare un *þing*, che è un gruppo di persone che decidono se devi essere punito per un crimine che hai commesso oppure no. La *Guida Kepple ai vichinghi* dice che bisogna raccontare la storia del crimine commesso a un gruppo di anziani che poi decideranno cosa deve succedere.

La persona anziana che doveva decidere il destino di Gert era la rettrice.

Esiste anche un rituale vichingo che si chiama *járn-burðr* o *jernbyrd*, che significa prova del fuoco. Devi attraversare una stanza o un campo fino in fondo, tenendo in mano qualcosa di bollente. In questo modo dimostri che sei coraggioso e degno di essere perdonato. Inga di Varteig l'ha fatto per dimostrare che suo figlio Haakon Haakonsson doveva diventare re della Norvegia.

Gert ha dovuto farlo per dimostrare che doveva essere riammesso al college.

Lui ha detto che probabilmente non lo riammettevano e

quindi era inutile. AK47 voleva fargli mettere giacca e cravatta per dimostrare che faceva sul serio. Lui detestava la giacca e la cravatta e non voleva mettersele, così AK47 gli ha detto di smetterla di comportarsi da bambino.

«Credi che Zelda non abbia avuto problemi quando è stata assunta in biblioteca?»

«È una cosa completamente diversa», ha detto Gert.

«Sì. Completamente diversa, nel senso che lei ha molte più palle di te. Quindi mettiti quella giacca e quella cravatta, maledizione.»

Gli ho detto che mettersi giacca e cravatta e chiedere scusa, anche se non gli piaceva per niente, era importante. «Questa è la tua prova del fuoco. Dove dimostri che sei degno.»

«Va bene, ma non aspettatevi che mi comporti come un Beowulf del cazzo, là dentro», ha detto Gert togliendosi un pelo dalla maglietta.

Siamo andati al college, non il palazzo con la torre, ma un palazzo brutto che sembrava una scatola da scarpe. L'aria condizionata era molto forte e troppo fredda e mi ha fatto diventare dritti i peli delle braccia.

Stavamo per combattere una guerra. Abbiamo salito le scale e preso un corridoio fino a una grande stanza che mi ricordava la banca e dove c'era un sacco di gente in coda che cercava di arrivare davanti.

«Porca miseria», ho detto.

«Dobbiamo davvero aspettare in coda?» ha chiesto AK47.

Gert ha annuito. «Potremmo anche non farlo.»

La donna che c'era davanti ha chiamato un numero e la coda si è spostata un pochino.

AK47 gli ha dato un pugno sul braccio. «Scordatelo.»

Dopo un po' AK47 è andata dall'altra parte della coda e ha detto a una persona dietro una delle scrivanie che avevamo un appuntamento. Hanno parlato per un po' e poi lei ci ha fatto segno di raggiungerla.

Mentre passavamo, le persone in coda ci lanciavano delle brutte occhiate. Gert ha abbassato la testa e sembrava imbarazzato e io gli ho accarezzato la schiena e gli ho detto di essere forte.

La donna che ci ha portato sul retro ha detto che io e AK47 dovevamo aspettare fuori, su delle sedie che non sembravano molto comode. Gert è entrato insieme alla rettrice, una donna alta con dei capelli corti e ricci. Io ho alzato la mano per fare pugno-a-pugno, ma AK47 me l'ha fatta tirare giù.

«Non adesso», ha sussurrato.

Prima di entrare, Gert si è girato un secondo. Poi la porta si è chiusa.

Ai due lati della porta dell'ufficio della rettrice c'era un vetro, non del tipo trasparente, piuttosto del tipo opaco. Dall'altra parte riuscivo soltanto a intravedere la camicia di Gert. Era un po' come quando apri gli occhi sott'acqua. Mi sembrava anche di sentirli parlare, non tanto Gert ma la rettrice.

Lei aveva una voce molto forte e potente.

«Ma perché Gert ha tutta questa paura?» ho chiesto ad AK47. «È intelligente.»

«Lo so benissimo. Tuo fratello ha una specie di complesso del fallimento. Ha così tanta paura di fallire che preferisce non provarci nemmeno.»

«Mi sembra una di quelle cose che dice sempre il dottor Laird.»

«In effetti probabilmente l'ha detto lui. Quand'ero ragazzina la mia migliore amica era proprio così. Era molto carina e intelligentissima.»

«Cosa le è successo?»

«È rimasta incinta quando aveva circa quindici anni e poi ha cominciato a farsi.»

Le ho detto che non capivo. Perché qualcuno deve mandare tutto in malora apposta?

«Be', non posso parlare per lei, ma riguardo a Gert direi che ha sempre vissuto con persone che pensano che è fatto in un certo modo, che è uno stupido o un delinquente, e fa meno paura che la gente continui a pensarlo piuttosto che cercare di dimostrare che si sbaglia, fallire e dover ammettere che aveva ragione.»

Ma io ho detto che Gert era intelligente e che le persone che non credevano in lui erano dei bifolchi. AK47 ha detto che noi lo sapevamo, ma che il problema era che Gert non lo sapeva.

«Per lui è difficile. Ho capito», ho detto.

Però non ero sicura di avere capito. Per me, la mia leggenda voleva dire dimostrare alle persone che non ero un'idiota o una bifolca, che potevo aiutare la tribù e anche dimostrare al mondo che le persone come me e Marxy possono diventare forti. Il fatto che Gert non sapeva di essere forte e credeva alle persone che pensavano che era un idiota e un delinquente era praticamente il contrario di una leggenda.

Era come ricevere un'armatura e un'arma magica come la spada Lævateinn e lasciarla nel fodero anche quando è arrivato il momento di usarla in battaglia.

AK47 mi ha dato una pacca sulla gamba, si è alzata e ha detto che doveva andare in bagno. «Non ti muovere, okay?»

Appena se n'è andata, io mi sono mossa. Sono andata alla porta e ho avvicinato l'orecchio al vetro per vedere se riuscivo a capire quello che dicevano. Ma il vetro era troppo potente.

Dato che Gert non stava parlando molto, ho pensato che stava perdendo la battaglia. Forse lei l'aveva sconfitto e gli aveva detto che non poteva tornare al college. Poteva essere un disastro. Dovevo entrare e sostenerlo come i guerrieri sostengono altri guerrieri che stanno perdendo.

Dovevo fargli da rinforzo.

Ho girato la maniglia e ho aperto la porta cercando di stare diritta e sembrare il più alta possibile.

La rettrice era dietro la scrivania. Gert aveva le gambe incrociate ed era seduto su una sedia piccola, mentre quella della rettrice era gargantuesca come il trono di Odino nel Valhalla.

«Secondo me deve riammettere Gert al college», ho detto.

«E lei chi sarebbe?» ha chiesto la rettrice.

Gert si è alzato. «Mi scusi. Questa è mia sorella. Zelda, ti presento la rettrice Horowitz.»

«Ah», ha fatto la rettrice. «Quella di cui ha scritto nella sua domanda per la borsa di studio. Vuole sedersi?» E mi ha indicato la sedia vicino a quella di Gert.

«No. Voglio che lei gli dia il permesso di tornare. Lui è la persona più intelligente che frequenta questo college e, anche se è diverso da quasi tutti gli altri, è questo che lo rende uno studente fortissimo.»

Dietro di me è arrivata AK47. «Scusate. Sono dovuta andare in bagno e lei si è scatenata.» Ha fatto un cenno alla rettrice. «Salve. Mi scusi.» E ha cercato di farmi uscire dalla stanza.

«Non me ne vado se lei non accetta di riprendere Gert.»

La rettrice ha riso e ha alzato le mani. «Okay, okay. Gert, riempia questi moduli e me li faccia riavere. Se supera gli esami di recupero, si rimetterà in carreggiata. Che ne pensa?»

«Va bene», ha detto mio fratello.

Si sono stretti la mano e Gert ha preso i moduli.

Quando siamo usciti, Gert ha sospirato. «Aveva già deciso di riammettermi, cretina», ha detto. «E tu dov'eri?» ha chiesto ad AK47.

«Ho una vescica microscopica. Te lo ricordi?» Poi gli ha preso la mano. «Però, devi ammetterlo: era disposta a battersi per te.»

Siamo usciti dall'ufficio della rettrice, abbiamo preso il corridoio e abbiamo superato la gente in coda.

«È vero», ho detto. «Essere leggendari significa anche dimostrare che puoi impugnare la spada e batterti per quello che è buono e giusto.»

Gert ha sgranato gli occhi. «Non lo trovi un po' melodrammatico?»

Ho smesso di camminare. «Parlo del fatto che non sei stupido e non sei un delinquente e devi cominciare a credere in te stesso e nella tua leggenda, che prevede che diventi il più bravo del tuo corso.» Essere leggendari significa prendere tutti i poteri che gli dèi ti hanno dato e sfruttarli il più possibile, ho detto.

Mentre uscivamo da quel brutto palazzo con l'aria condizionata, Gert ci ha messo le sue grosse braccia intorno alle spalle. «La mia tribù», ha detto praticamente trascinandoci.

Io mi sono fermata e ho detto che dovevo andare in bagno. Poi ho detto ad AK47 e a Gert che ci vedevamo alla porta del palazzo.

Invece di andare in bagno, sono corsa nell'ufficio della rettrice e ho bussato alla porta. La rettrice mi ha aperto.

«Ha dimenticato qualcosa?» mi ha chiesto.

Ho detto di sì e lei mi ha invitato a entrare.

Sono rimasta in piedi davanti alla scrivania e mentre lei si sedeva ho fatto un respiro profondo. Poi lei mi ha guardato. «Come posso aiutarla?» mi ha chiesto.

Io ho allungato il pugno.

«Cosa vuol dire?» mi ha chiesto lei.

«Si chiama pugno-a-pugno. Nella mia tribù è un segno di rispetto.»

Lei ha aspettato un secondo, poi si è alzata e si è raddrizzata la gonna.

«Suo fratello aveva ragione», ha detto toccandomi il pugno con il suo. «Lei è una ragazza coraggiosa.»

«Ha detto questo?»

Lei ha risposto che nella lettera della domanda di borsa di studio di Gert io ero la sua parte preferita. Poi ha scosso la testa. «Cosa avete dovuto passare, mio Dio.»

«Posso leggerla?»

«Prego?»

«La lettera. Gert non vuole farmela leggere perché dice che non sono affari miei e...»

La rettrice ha alzato la mano. «Basta così. Deve discuterne con lui.» Mi ha accompagnato alla porta. «Lei è la prima persona con cui ho fatto pugno-a-pugno», ha detto aprendola. «Per me è un grande onore essermi guadagnata il suo rispetto.»

17

LE domeniche erano giornate molto serie in biblioteca, per via dell'Ora di lettura del Coniglietto. I genitori portavano i figli più piccoli ad ascoltare una donna con le orecchie da coniglio che suonava una chitarra piccola e leggeva dei libri. Quando ho scoperto che l'Ora di lettura del Coniglietto era il motivo per cui in biblioteca tutti odiavano lavorare di domenica, non sono riuscita a capire. Leggere fa diventare il cervello più forte, e le chitarre e la musica sono belle da ascoltare.

Per l'Ora di lettura del Coniglietto dovevamo mettere dei cuscini tutt'intorno alla sala Giochi, per i genitori che tenevano sulle ginocchia i bambini.

Ho imparato che i bambini vomitano un sacco e urlano e piangono e quando se ne vanno la biblioteca puzza di merda e pannolini sporchi. I bambini che venivano con i genitori in biblioteca per le nostre attività erano rumorosi e puzzavano, ma non so perché non mi davano nessun fastidio.

A Carol i bambini non piacevano per niente.

«Secondo te i vichinghi erano dei selvaggi? Aspetta di vedere questi bambini.»

«I vichinghi non erano dei selvaggi, è un mito», ho detto. «In realtà avevano un'agricoltura molto sviluppata.»

Carol si è tolta gli occhiali e se li è puliti con la manica della camicetta.

«Vabbè. Preparati.»

I genitori e i bambini non entravano in biblioteca come le altre persone. Non arrivavano come un ruscello, che si muove molto lentamente. Entravano tutti insieme, come un'inondazione. Non capivo da dove arrivavano.

«Hai visto?» ha detto Carol, che rivolgeva un gran sorriso fasullo a tutte le persone che entravano.

A volte i bambini erano grossi e sembravano arrivare dal futuro. Quasi tutti non erano molto carini. Questo perché le persone che venivano nella nostra biblioteca non avevano molti soldi. Carol diceva che l'altra biblioteca aveva una clientela di lusso, ma che di solito i genitori ricchi erano ancora più fastidiosi.

«Vogliono proteggere i figli da tutto. Questi genitori invece vogliono solo sopravvivere.»

Il mio lavoro era mostrare ai genitori dove andare durante l'Ora di lettura del Coniglietto e anche pulire dove sporcavano. Non era una cosa molto difficile. C'era un cartello, e poi ce n'era un altro dopo i metal detector, che suonavano se cercavi di rubare un libro senza averlo prima preso in prestito. Di solito i genitori erano molto rumorosi. Gli utenti fissi che venivano a fare il cruciverba e a giocare a scacchi o a leggere scuotevano la testa davanti a quei genitori rumorosi.

Dovevo anche controllare se entravano le persone giuste e non consentire l'ingresso alle persone sbagliate. Per l'Ora di lettura del Coniglietto bisognava iscriversi, ma arrivava sempre gente che non si era iscritta.

Certe volte dovevamo dirgli che non potevano entrare perché nella sala Giochi c'era troppa gente e, siccome era al secondo piano, poteva essere pericoloso in caso di incendio. Carol diceva che se entravano un paio di persone e i loro bambini allora non era un problema.

«Ma non di più.»

Io mi mettevo davanti alla sala Giochi e agitavo le mani e indicavo la porta. «Salve, ciao, buongiorno, buona giornata, *góðan dag*!»

Quasi tutti i genitori facevano finta di non vedermi. Mi passavano davanti tenendo in braccio dei bambini che piangevano. Sembravano tutti molto stanchi, ed erano tutte donne e ragazze che mi sembrava impossibile che erano mamme, perché erano molto giovani.

«Il portafortuna ambulante», ha detto una voce, ed era un uomo con un'altra persona che mi è sembrato di riconoscere. Reggeva un bambino su un braccio e sembrava che quel piccolo gli spuntava dalla spalla. «Sei la sorella di Gert, vero? Zelda? Ti ricordi di me?»

«Mi ricordo», ho risposto. «Abbiamo giocato a poker insieme.»

Il bambino ha sputato della roba gialla. Hendo ha visto che lo guardavo.

«Cazzo. Vacci piano, piccolo», ha detto e ha asciugato la saliva gialla con un tovagliolino.

Mi ha stupito ricordarmi il suo nome, perché con i nomi non sono molto brava. Ma non a livello di Marxy, che doveva scriverseli su dei cartoncini che si portava dietro e quando non si ricordava il nome di una persona importante tirava fuori il cartoncino, poi lo leggeva e si ricordava il nome. Tranne quando si tratta di situazioni speciali. Quando ci siamo conosciuti, si è ricordato il mio nome e io mi sono ricordata il suo. È stato così che abbiamo capito di essere innamorati.

Hendo ha alzato il bambino e ha detto che si chiamava Artem.

«Mio nonno era un russo vecchio stampo. Non trovi che Artem abbia una faccia vecchio stampo?»

Non capivo bene cosa voleva dire.

Io e Artem ci siamo guardati a lungo negli occhi. Poi lui

ha sorriso e ha sputato di nuovo. Aveva una magliettina da basket e pochi capelli, ma quelli che aveva erano di un marrone molto chiaro, quasi biondo, e aveva gli occhi azzurri.

«Ha quasi un anno», ha detto Hendo.

«È tuo?»

«Cioè, io sarei il padre, sì.»

Per un po' non abbiamo detto niente. Le persone con i passeggini ci passavano vicino. Artem mi ha guardato di nuovo e ha fatto un rumore da bambino e poi ha allungato la mano. Era una mano molto piccola.

Hendo ha riso. «Vuole il tuo dito, credo.»

«Perché?»

«Non lo so. È in quella fase in cui gli piace tenere in mano le cose. Guarda.» Hendo ha allungato il dito e l'ha messo davanti ad Artem, che ha stretto i suoi ditini intorno al dito di Hendo, che era gargantuesco.

«Visto?»

Ho allungato un dito e Artem l'ha preso. Era una sensazione stranissima. Il bambino non aveva una stretta forte, ma stringeva più forte che poteva.

«Caspita», ho detto.

«Vero?»

Artem mi ha tirato il dito e, visto che ero molto più forte di lui, non ho cercato di fermarlo, perché non sapevo come farlo con la forza giusta. Poi a un tratto si è infilato il mio dito in bocca.

La sua bocca era umida intorno al mio dito. La sentivo spingere.

«Caspita», ho ripetuto.

«Mi sa che gli piaci», ha detto Hendo.

Si è avvicinata una donna. «Ma tu lo sai dov'è stato quel dito?»

Era molto magra e aveva addosso un sacco di trucco. Puzzava di fumo e non sembrava contenta che giocavo con

Artem. Ha strappato il bambino a Hendo. Il mio dito è uscito dalla bocca del bambino.

Artem ha battuto le mani.

«Rilassati. Qui ci sono gel disinfettanti ovunque. Sembra di stare in ospedale.»

«Non voglio che una sconosciuta ficchi il dito nella bocca del mio bambino.» Poi si è girata e ha chiesto a Hendo chi ero.

«Zelda», ha detto Hendo. «Lavori qui, vero?»

Ho annuito. «Voglio dare un contributo alla tribù. Visto che Gert non va più al college.»

La sala Giochi era quasi piena. La donna con le orecchie da coniglietto che leggeva a voce alta e cantava durante l'Ora di lettura del Coniglietto aveva tirato fuori la sua piccola chitarra.

«Sta per cominciare», ho detto.

«Ottimo», ha detto Hendo. La donna e il bambino lo hanno preceduto dentro la sala Giochi. Hendo ha fatto un sospirone. «Andiamo», ha aggiunto.

Mentre i genitori e i bambini ascoltavano la signora Coniglietto che suonava la chitarra, io ho fatto un giro e ho cominciato a rimettere i libri negli scaffali. Era una cosa che potevo fare ogni volta che non avevo altro da fare.

Che strano che Hendo si era ricordato di me. Io mi ero quasi dimenticata di lui, ma adesso mi era tornato in mente che avevamo giocato a poker e lui mi aveva fatto sentire parte della sua tribù. Spingevo il carrello e pensavo alla donna che era la mamma di Artem e che mi sembrava una merdaccia, e al fatto che una persona figa come Hendo doveva avere una ragazza o una moglie figa come lui.

Lui e la donna e Artem erano nell'angolo della sala Giochi. Li vedevo dalla finestrella nella porta. Hendo faceva saltellare Artem sul ginocchio mentre la donna masticava la gomma e si comportava come una a cui quelle canzoni non interessavano.

Praticamente guardava solo il telefono. Ma Hendo cantava anche lui e tirava su Artem quando la donna Coniglietto alzava le braccia e lo facevano anche gli altri genitori.

Dopo un po' ha dato Artem alla donna ed è uscito. Io avevo parcheggiato il carrello davanti alla porta e ho dovuto spostarlo in fretta e certi libri mi sono caduti.

Hendo si è chinato ad aiutarmi. «Cazzo, scusami», ha detto. «Ecco.» Ha raccolto un po' di libri e li ha messi sul carrello, ma non li ha impilati nella maniera giusta, cioè con le costole in su così potevo leggere i numeri.

«Devi mettere i numeri all'insù, così», ho detto e ho iniziato a spostare i libri.

Hendo ha riso e li ha risistemati. «Così va bene?»

«Benissimo.»

Si è infilato le mani in tasca. «Riesco a sopportare questa merda solo fino a un certo punto. Ho un bisogno pazzesco di una sigaretta.» E mi ha chiesto se c'era un posto dove poteva fumare.

Gli ho risposto che poteva fumare solo fuori dal palazzo: «Ma devi allontanarti di cinque metri». Lui mi ha fatto il saluto militare e ha tirato fuori una sigaretta.

«Ne vuoi una?»

Era quasi ora della mia pausa. Ho annuito. Ho detto a Carol che mi prendevo una pausa e mentre uscivo con Hendo lei ha detto: «Non sapevo che fumassi», ma per farla stare zitta io le ho lanciato L'OCCHIATACCIA.

Hendo mi ha raccontato che Artem era figlio suo e che viveva con la Baby Mama, perché era così che lui chiamava la mamma del bambino. Non erano una coppia.

«Non lo siamo mai stati», ha detto.

«Non vuoi che il bambino abiti con te?»

«Io non ho proprio una casa mia. Mi piacerebbe guadagnare

più soldi, sai. E trovarmi un posticino carino. Mandarlo in una bella scuola.»

Eravamo seduti sul marciapiede a guardare le macchine. Ne è passata una rosso vivo e Hendo ha scrollato la cenere dalla sigaretta e ha puntato il dito. «Quella sì che è una bella macchina. L'hai vista?»

Ho annuito.

«Una Mustang. Cazzo.»

Visto che non avevo mai fumato, tranne una volta che AK47 aveva messo giù la sigaretta e si era dimenticata di spegnerla, ho cercato di copiare tutto quello che faceva Hendo. Lui ha di nuovo dato dei colpetti alla sigaretta con il dito e l'ho fatto anch'io, poi ho succhiato il fumo come una che mangia degli spaghetti. Quando ho tossito, lui ha riso.

«In realtà tu non fumi, vero?»

«Ho già fumato altre volte», ho risposto.

«Sembri una che ha un aneurisma, ma al rallentatore», ha detto Hendo.

«Cosa vuol dire?»

Lui ha spento la sigaretta sul cemento. «Non importa.» Si è alzato e si è spazzolato i pantaloni. «Mi sa che devo tornare dentro.»

«Sì. L'Ora di lettura del Coniglietto dura solo un'ora.»

Quando è finita l'Ora di lettura del Coniglietto, Hendo se n'è andato insieme alla sua Baby Mama e ad Artem. Stavano litigando a voce alta. Lui non mi ha salutato. La Baby Mama stava rompendo le scatole per via dei soldi.

«Secondo te posso tirarlo su ad hamburger?» stava dicendo.

Era così arrabbiata che non volevo guardarla negli occhi. Quando mi sono passati vicino, mi sono girata e ho fatto finta di guardare un libro.

La signora Coniglietto ha preso la chitarra e ha detto ci

vediamo la settimana prossima. In realtà si chiama Martine, e, quando non è un coniglietto, mi ha detto Carol che fa l'avvocato per una grossa azienda e che in realtà è cattiva.

Carol ha detto che questo significa essere ipocriti, e quando Martine le è passata vicino ha fatto un sorriso e a bassa voce ha detto: «Stronza».

Quando se ne sono andati tutti, io e Carol siamo entrate nella sala Giochi e abbiamo cominciato a pulire.

Abbiamo raccolto carte appallottolate, incarti di merendine e vasetti vuoti di pappe per bambini. Io tenevo aperto il sacco della spazzatura per Carol e lei lo riempiva.

«Vuoi avere dei figli?» mi ha chiesto.

«Penso di sì. Non so se va bene.»

«Perché non dovrebbe andare bene?»

Le ho raccontato degli articoli sulle persone come me che hanno dei bambini, e che nessuno sa se siamo autorizzati a farli, perché certe persone non sono abbastanza intelligenti o abbastanza forti per essere dei genitori.

Carol ha portato il sacco di pannolini e spazzatura alla porta sul retro, l'ha aperta e l'ha buttato nel grande cassonetto di metallo.

Io le tenevo aperta la porta così non si chiudeva fuori.

«Che stupidaggine», ha detto. «Tu sei dieci volte più responsabile del novanta per cento degli uomini con cui sono stata.»

Quella notte ho sognato Hendo. La biblioteca era vuota. Nel sogno stavamo parlando di libri e vichinghi. Poi lui si è avvicinato e mi ha baciato. Eravamo seduti vicini e mi ha messo una mano sulla guancia. Io gli ho messo le mani sulle braccia e ho sentito i muscoli.

A quel punto mi sono svegliata e mi sono sentita male. Mi sono guardata intorno nel buio. Nel sogno avevo baciato Hendo e non Marxy.

Sono rimasta distesa a letto con il cuore che mi batteva e la testa piena di Hendo. Ho cercato di rimettermi a dormire, ma non ci sono riuscita perché avevo paura di cosa poteva succedere se sognavo di tradire Marxy.

Ho deciso di spedire un'altra lettera al dottor Kepple.

Caro dottor Kepple,

sono Zelda.

Quando gli eroi vichinghi conquistano l'amore delle loro leggiadre fanciulle, finiscono per sposarle e avere dei figli. Io non so se voglio avere dei figli, ma voglio sicuramente fare sesso con Marxy, che è il mio ragazzo e la mia leggiadra fanciulla.

C'è una cosa nel suo libro che mi ha confuso.

Nella Friðþjófs saga hins Frœkna, *Frithiof e Ingeborg si sposano e il loro amore è eterno anche quando Ingeborg si sposa con un vecchio re perché Frithiof era stato mandato via da gente che era gelosa di lui.*

Come ha fatto Frithiof a sapere di essere innamorato di Ingeborg, e perché Ingeborg non si è rifiutata di sposare il vecchio re?

Come fanno i vichinghi a sapere la differenza tra i sogni seri e mandati dagli dèi e i draumskrök, *che sono sogni che non significano niente?*

Skál,

Zelda

18

La storia d'amore vichinga più famosa delle saghe vichinghe parla di Gudrun e Kjartan. Una bellissima donna di nome Gudrun si innamora di Kjartan, che è molto «carismatico»: significa che piace alle persone e non soltanto per il suo aspetto. Ma Gudrun porta sfortuna, perché uno dei suoi mariti è morto e l'altro ha divorziato da lei quando era giovane. Anche a Kjartan piace Gudrun, ma Kjartan non piace al papà di lei, che lo manda via. A questo punto Bolli, il cugino di Kjartan, cerca di convincere Gudrun a sposarlo. Kjartan rimane lontano per tanto tempo, così Gudrun accetta di sposare Bolli e poi, quando Kjartan ritorna, Gudrun si rende conto di avere fatto uno sbaglio.

È una storia molto complicata perché l'amore è molto complicato.

Ho riletto la mia lista di COSE CHE SERVONO PER LE LEGGENDE, e anche se Marxy era la mia leggiadra fanciulla dovevo conquistare il suo amore di fronte a un pericolo. Di solito le leggiadre fanciulle sono persone non forti che non possono proteggersi da sole e hanno bisogno di qualcuno di forte che le aiuti, e poi si innamorano dell'eroe che dimostra coraggio e forza. Ero sicura che una parte della mia leggenda significava dimostrare al mondo che le persone come me e Marxy possono essere forti insieme, proprio come sono forti Gert e AK47, e che un giorno potremo creare una tribù tutta nostra.

Fare una tribù significa fare sesso e a molte persone non piace l'idea di gente come me e Marxy che fa sesso. Io avevo detto a Marxy che non era un problema nostro se ci sono delle merdacce che non vogliono che facciamo sesso. Tocca a noi fare la nostra leggenda.

Il problema era che le leggende vichinghe non parlavano mai di vero sesso. Parlavano d'amore.

Anche se è una persona a cui piace fare sesso, Gert non voleva spiegarmi come funziona. Iniziava a parlare e poi si tormentava le unghie anche se non avevano niente che non andava, perché le tagliava sempre molto corte.

Quando alla televisione e nei film ci sono delle persone che parlano di sesso, dicono sempre «le api e i fiori». Quello è un modo di parlare di sesso senza parlare di sesso.

Una sera che io e AK47 eravamo sole, le ho chiesto se poteva parlarmi di sesso.

«A Gert non piace per niente parlarne», le ho detto.

Lei ha riso e ha detto che Gert era proprio un bel tipo. «Certe volte è più facile per una persona che non fa parte della famiglia spiegare come funzionano queste cose», ha detto. «Lo capisco.»

Mi ha chiesto se sapevo com'era avere un orgasmo, cioè quando dentro di te ti senti davvero bene. Io le ho risposto che sapevo com'era un orgasmo. Mi ha chiesto se avevo mai fatto sesso.

«Non dirò niente a Gert», mi ha detto abbassando la voce.

Ho scosso la testa. «Io e Marxy ci siamo dati solo baci.»

Ho chiesto ad AK47 come sapeva di essere innamorata di Gert e come sapeva che Gert era innamorato di lei. Lei si è messa le mani in tasca e ha detto che era più facile rispondere alla prima domanda che alla seconda.

«Tuo fratello non è la persona più ciarliera del mondo.»

Mi ha spiegato i segnali. Mi ha detto che quando gli uomini vogliono parlare un sacco, di solito questo significa qualcosa.

«Ma in genere non dicono mai quello che pensano.»

Ho annuito, anche se non avevo capito bene come funzionava. Lei voleva dire che parlano un sacco senza parlare di quello che per loro è importante, cioè essere innamorati di te. Ecco perché gli uomini non piangono.

«E invece sì. Ho visto piangere Marxy e anche Gert.»

«Sì, ma pensa a come si arrabbia Gert quando lo vedi piangere. Non è previsto che gli uomini piangano o dimostrino le loro emozioni in questo modo o siano troppo tristi. È una questione di genere.»

Io le ho chiesto cosa voleva dire con «questione di genere». Lei ha risposto che le persone si aspettano che uomini e donne si comportano in certi modi. I maschi devono essere seri tutto il tempo e non dimostrare emozioni e le donne devono essere più emotive e amare il rosa e i fiori.

«E le valchirie?» ho domandato.

«Sono una nota eccezione. Però nel mondo non ci sono molte valchirie, Zee.»

«Quindi se un uomo ti dimostra un sacco di attenzioni e uscite insieme tutto il tempo e ti racconta delle cose personali di solito significa che gli piaci.»

Ci siamo sedute vicino al computer di camera mia, AK47 sulla sedia che gira e io sul letto.

Si è aperta la finestra del browser internet. Lei ha cliccato un po' e ha abbassato il volume. «Nel caso che sia troppo alto», ha detto. «Sai bene anche tu che internet è un posto disgustoso e perverso. E in parte è questo che lo rende una cosa buona.»

Ha girato lo schermo, così non ci batteva sopra la luce della finestra.

È andata su una pagina con lo sfondo nero dove una donna in mutandine guardava lo schermo. La donna si succhiava il dito come se fosse un lecca-lecca. AK47 ha preso la freccetta del mouse e l'ha fatta andare sopra la scritta HO COMPIUTO 18 ANNI e prima di cliccare ha aspettato.

«Okay, per prima cosa diciamo che la pornografia non è come il sesso vero. Almeno non completamente.»

«Qual è la differenza?»

«Considerala come una fantasia o un sogno. Cose che immaginiamo con la mente e non siamo sicuri che vogliamo fare, o che non possiamo fare.»

«Fantasia», ho detto e lei mi ha dato il mio blocco e mi ha detto di scrivere quella parola per aggiungerla alla lista delle Parole del giorno, anche se ero molto sicura di averla già sentita prima.

«Le persone si eccitano, che vuol dire che si scaldano», ha cominciato.

Sapevo di cosa stava parlando. «Come delle lampadine», ho detto, «però da dentro.»

«Esatto. E per gli uomini questo vuol dire che il pene si riempie di sangue e diventa molto duro. Ecco.» Ha iniziato a cliccare sulla pagina del porno e poi si è girata verso di me. «Anzi, lascia perdere il porno. Trovami una carota o un cetriolo o qualcosa del genere», ha detto. «La prima lezione sarà su come si usano i preservativi.»

È andata in camera di Gert ed è tornata con un preservativo e io sono andata in cucina e ho preso una carota.

«Okay», ha detto. «Cominciamo.»

Ha cominciato a parlarmi dei bambini e del perché è importante essere protetti quando si fa sesso. Quando una persona non vuole avere un bambino, può fare un aborto, il che significa impedire al bambino di uscire.

«Però a quel punto non è ancora un bambino.» AK47 si è messa a masticare la gomma.

«Ma Gert non era d'accordo e si è arrabbiato quando tu hai abortito ed è anche per questo che vi siete lasciati», ho detto.

AK47 ha riso e ha scosso la testa. «Sei davvero brava con le parole, Zee.»

Le ho chiesto perché non voleva il bambino. «Io penso che voi potete essere dei genitori fortissimi.»

Ha di nuovo scosso la testa. «Perché dovrei volere un bambino? Riusciamo a malapena a cavarcela senza lo stress aggiuntivo di avere una famiglia. Nessuno dei due guadagna molto.»

«Allora devi metterti più preservativi», ho detto.

«Questo è verissimo.»

Una delle cose che mi ha detto AK47 è che certe volte succedono degli incidenti. Certe volte i preservativi si strappano per sbaglio e la donna rimane incinta.

Mi ha fatto vedere la carta del preservativo.

«Quindi la prima cosa da fare è essere sicuri che non sia scaduto. Guarda la data.» Abbiamo controllato la data sulla carta che era stampata su un lato. «Controlla che non sia scoppiato o sia stato aperto. Dagli una strizzatina. Adesso la cosa veramente importante è che quando apri un preservativo non devi mai, e ripeto mai, usare i denti. *Comprende?*»

«Perché?»

«Perché non bisogna strappare il preservativo che c'è dentro o romperlo con i denti. Devi strappare l'angolino qui.» Ha tenuto la carta dorata del preservativo per un angolo e ha fatto finta di strapparla. «Ci vuoi provare?»

Ho preso il preservativo e l'ho tenuto come faceva lei.

«Bene. Adesso, se vuoi aprirlo, posso farti vedere come si infila.»

Ho aperto il preservativo e lei mi ha dato la carota. Mi ha fatto vedere come fare a capire da che parte si srotola e come tenere stretta la punta così non scoppia quando è dentro. Ha preso degli altri preservativi dalla camera di Gert e insieme ne abbiamo messi quattro sulla carota.

Uno dei preservativi doveva avere un buon sapore. Quando

AK47 parlava l'ho leccato e in effetti era buono, sapeva di fragole.

«Oddio», ha detto AK47. «Che schifo.» Ha cercato tra i preservativi e ha trovato quello che piace a lei. «Questo è il mio preferito.» Ha strappato il preservativo alla fragola dalla carota e ci ha messo su un preservativo con delle strane forme lungo i fianchi. «Nervature stimolanti per lei. Il re dei preservativi. Guarda. Vedi quelle righe lungo i fianchi? Quelle danno davvero una bella sensazione.»

Ho preso la carota e l'ho accarezzata. «Come fanno a darti una bella sensazione?»

«In questo caso devi fidarti della mia parola.» Ha riso e l'ha tolto. «Ricomprarli ci costerà una fortuna.»

Quando abbiamo finito con i preservativi, abbiamo guardato un sacco di video e AK47 mi spiegava quali cose non erano realistiche. Per esempio quando l'uomo tirava su la donna che era molto più piccola e la metteva a testa in giù.

«Questa roba non la fa nessuno», ha detto AK47.

«Ma loro la fanno.»

«Sì, ma loro stanno girando un film assurdo per internet.»

«E sotto le mutandine lei non ha peli.»

«Questa è una questione di gusti personali. Certe persone preferiscono radersi là sotto. Altre persone preferiscono essere naturali.»

«Ho capito. Il sesso inizia sempre con la donna che si toglie i pantaloni e le mutandine? Sarebbe una regola?»

«No.» AK47 ha cliccato sul mouse e il video si è fermato. «Questo è molto importante. Il sesso dev'essere come lo vuoi tu. Alle persone piacciono cose diverse. Ma tu devi fare solo quello che ti fa sentire bene, non quello che ti dicono questi maledetti video.» Ha cliccato di nuovo sul mouse e il sesso è continuato. «Le regole le fai tu.»

Io non sapevo cosa dire. Le regole non funzionano così. Ho chiesto ad AK47 cosa succede quando non ci sono regole.

«Zelda, tesoro. So che tu e Gert avete delle regole e so perché sono importanti. Ti aiutano a sentirti protetta. Ma se c'è una cosa che so è che il mondo è troppo complicato per avere delle regole per tutto. E quando si tratta di cose come l'amore e il sesso, devi trovare le tue.»

Ho deciso di scrivere un messaggio a Marxy e di chiedergli quando voleva fare sesso. Ne parlavamo da un po' e ormai era arrivato il momento di rendere ufficiali i nostri progetti.

Gli ho mandato un messaggio che diceva: *Quando vuoi fare sesso?*

Dopo tre minuti mi ha risposto: *Devo controllare il calendario e chiedere a mia mamma. Tu quando vuoi fare sesso?*

Gli ho detto che anch'io dovevo controllare il calendario. *Devi per forza chiedere a lei?*

Se è sul calendario non me lo dimentico, ha risposto. *È lei che mette le cose sul calendario così non me le dimentico.*

Mi ha mandato tre faccine sorridenti e anche una capovolta, ma sempre con il sorriso.

Ho capito che bisognava fare molti programmi. Per esempio, dove fanno sesso le persone che abitano con madri e fratelli?

La mattina dopo ho chiesto ad AK47 se poteva darmi dei consigli. Gert era sotto la doccia e non dovevamo avere paura che sentiva tutto. Ci siamo portate le scodelle con i cereali a tavola e lei mi ha chiesto cosa c'era.

«Vorrei fare sesso con Marxy ma non so dove.»

Lei ha preso una cucchiaiata di cereali. «Prima dovremmo parlare con Pearl.»

«Marxy glielo deve chiedere. Ci siamo mandati dei messaggi

e quando avremo deciso la data lui la metterà sul calendario. Ma io ho capito che abbiamo bisogno di un posto per farlo.»

«Che non sia il sedile posteriore di una Camaro», ha detto lei. Io le ho chiesto cos'era una Camaro e lei ha detto di lasciar perdere. «Vediamo cosa riesco a fare. Forse Pearl ha un'idea.»

È entrato Gert con un asciugamano intorno alla vita.

«Un'idea per cosa?» ha chiesto.

«Stai gocciolando su tutto il pavimento, stupido», ha detto AK47.

Lui si è asciugato la faccia e le ha detto di mettere su il caffè e, prima di andare a vestirsi, ha aggiunto: «Chi è che ha una Camaro?»

AK47 si è alzata per accendere la macchina del caffè e ha dato una sculacciata a Gert. «Nessuno. Adesso fuori di qui.»

19

AK47 mi ha detto che ce lo trovava lei un posto per fare sesso. Aveva parlato con Pearl e avevano un piano. La data era già sul calendario di Marxy e io l'ho messa sul mio, con una stellina.

Per tutta la settimana non sono riuscita a smettere di pensare a lui. Ero nervosa ed eccitata insieme ed erano due sensazioni molto simili. Carol ha detto che mi comportavo in modo strano e, quando le ho spiegato perché, ha sorriso, mi ha messo una mano sulla spalla e ha detto che era fantastico.

«Mi ricordo la mia prima volta», ha detto. «Non è stata il massimo.»

«Perché?» ho chiesto io.

«Non avevamo idea di quello che stavamo facendo, ecco. Non sapevamo dove mettere le mani.» Ha sospirato. «Johnny Tannenbaum. Mi ricordo ancora come si chiamava.»

«Era bello?»

Carol ha riso. «Gli occhi più azzurri che tu abbia mai visto. Ma era più basso di me di almeno quindici centimetri.»

Visto che Marxy è più alto di me, non dovevo preoccuparmi.

Tutte le volte che potevo studiavo le figure di un libro della biblioteca che si intitolava *Le gioie del sesso* e che tutti guardavano di nascosto. Era pieno di disegni di persone nude e aveva un sacco di pagine strappate. Carol diceva che la gente usava quelle figure per masturbarsi. Nel libro le persone sembravano felici e belle, e a differenza dei video porno avevano ancora i peli intorno ai peni e alle vagine. E c'erano i peli perfino sotto le ascelle delle donne.

Sono stata bene attenta, così Carol non mi vedeva leggere *Le gioie del sesso*.

Un giorno di quella settimana ho incontrato Hendo e proprio *non volevo* che mi vedeva leggere *Le gioie del sesso* e quindi l'ho nascosto sotto un altro libro del carrello e ho cercato di allontanarmi da lui. Era la prima volta che lo incontravo in biblioteca senza Artem e stavo per andare via, ma lui mi ha visto.

«Ehi, Fortunella», mi ha detto. «Come va?»

«Sto lavorando.» Gli ho chiesto cosa ci faceva in biblioteca visto che non era domenica.

Lui si è stretto nelle spalle. «Ho del tempo da perdere quindi ho pensato di venire a leggere qualcosa.» E mi ha fatto vedere la rivista che aveva scelto. Parlava di basket e non era neanche l'ultima uscita.

Ho scosso la testa. «Là dietro abbiamo quella nuova. Te la vado a prendere.»

Quando sono tornata con la rivista di basket nuova, lui stava leggendo *Le gioie del sesso* che io avevo lasciato sul carrello. Sono diventata tutta rossa.

«Caspita, guarda qua», ha detto ridendo e voltando le pagine.

Io ho guardato e lui indicava i peli delle ascelle. «Cosa c'è che non va?»

«Niente», ha detto Hendo. «Cioè, se ti piace questo genere di cose.» E ha riso ancora.

Quasi tutte le donne dei film porno si radono i peli delle ascelle e quelli sopra la vagina. Hendo ha voltato le pagine e gli ho chiesto se gli piacevano i peli delle ascelle.

«Non proprio. Sai, a me piacciono le donne senza peli.»

Ho annuito. Lui mi ha restituito il libro e ha preso la rivista di basket nuova. «Queste sono letture più rispettabili», ha detto e mi ha ringraziato e ha cominciato a leggere.

Quando ho spinto via il carrello, ho mandato un messaggio a Marxy e gli ho chiesto se i peli delle ascelle gli piacciono oppure no.

Perché potrei radermi le ascelle oppure lasciare i peli.

E lui ha risposto:

Non mi interessa se hai i peli sotto le ascelle!

Dopo il mio turno ho aspettato l'autobus. Pioveva e l'autobus era in ritardo. Un sacco di persone aspettavano sotto la pensilina per ripararsi dalla pioggia e quindi io non riuscivo a starci tutta intera. Una parte di me si bagnava e l'altra restava asciutta.

Non volevo entrare, perché non mi piace essere circondata da tanti sconosciuti. Ma non volevo aspettare fuori per via della pioggia.

«C'è un sacco di spazio, tesoro», ha detto una donna.

Ho fatto un altro passo dentro. Per me così era il massimo.

Poi è arrivato l'autobus ed era troppo pieno e non si è nemmeno fermato.

«Forza», ha detto la donna urtandomi.

Tutti sono tornati sotto la pensilina e io mi sono rimessa con un piede dentro e un piede fuori.

Poi si è avvicinata una macchina e il finestrino si è abbassato. Era Hendo. Mi ha chiesto se volevo un passaggio. «Vado verso il tuo quartiere.»

«Davvero?»

Qualcuno della pensilina gli ha chiesto un passaggio. «Non ci provare», ha risposto Hendo aprendo lo sportello e spalancandolo. «Salta su, Fortunella.»

Mi sono seduta e i sedili erano caldi. Hendo ha detto che la macchina era nuova e che i sedili riscaldati in inverno erano piacevoli. «Oppure quando piove.»

«Vuoi il mio indirizzo?»

«No, so dove abiti.»

È partito e la donna della pensilina, quella che gli aveva chiesto un passaggio, gli ha mostrato il dito. Lui ha riso e ha acceso la musica a tutto volume.

«Quand'è che sei venuto a casa nostra?»

«Eh?» Ha abbassato il volume. «Oh. Un paio di volte.»

«Con Toucan?»

«Sì. Ti dà fastidio?» Aveva in mano una sigaretta e io ho detto che se voleva fumare poteva, visto che quella era la sua macchina. «Ottimo. Non volevo comportarmi da stronzo.» E ha soffiato il fumo fuori dal finestrino. «È un po' che non vedo Gert. Come sta?»

«L'hanno sbattuto fuori dal college ma adesso ci ritorna.»

«Non sapevo neanche che ci andasse. Figo. Cosa studia?»

«Economia, mi pare.»

Hendo ha tirato un'altra boccata dalla sigaretta. «Sul serio?»

«Sì.»

«Ah.» Abbiamo proseguito in silenzio. «Forse è per questo che non è più tanto amico di Toucan. A soldi sta bene.»

Gli ho spiegato che non era più tanto amico di Toucan perché AK47 gli aveva detto che non poteva uscire con uno di una gang. «Dice che Toucan è dentro una gang.»

Hendo ha riso. «Una gang. O una gangbang?»

Io non ho riso. «Cosa vuol dire?»

«Niente. Era una battuta stupida. Non importa.»

Poi ha detto che doveva fermarsi. «Devo consegnare questo», ha detto mettendo una mano di dietro e tirando su una giraffa di peluche. «Tra qualche giorno è il compleanno di

Artem e probabilmente non andrò alla festa. Al piccolino piacciono le giraffe. Ne va pazzo.» E me l'ha data. «Figa, no?»

«Le giraffe sanno pulirsi le orecchie con la lingua», ho detto.

«Davvero?»

«L'ho letto sul *National Geographic.*»

Siamo andati nel suo quartiere, che non era lontano dal nostro. Nel cervello ho cercato di farmi una cartina di dove eravamo.

Quando ha parcheggiato non ha spento il motore. Aveva smesso di piovere.

«Se la lascio accesa non mi ruberai la macchina, vero?»

«No», ho risposto.

Era la prima volta che restavo sola nella sua macchina. Mi sono guardata intorno. Il portaoggetti non era chiuso a chiave e quando l'ho aperto sono cascati fuori delle carte e dei rifiuti. Ho cominciato a rimettere dentro tutto il più in fretta che potevo, ma ho visto che Hendo stava già uscendo dalla casa.

È salito in macchina e ho detto: «Scusa, si è aperto da solo», e mi riferivo al portaoggetti e ai rifiuti, ma Hendo stava già ingranando la marcia.

La sua Baby Mama è uscita dalla casa e ha cominciato a correre verso la macchina.

«Merda», ha detto Hendo. «Mettiti giù.» Mi ha spinto la testa in basso facendomi sprofondare sul sedile. «Fai finta di non esserci.»

Ho fatto come mi diceva. Lui è sceso e ha sbattuto lo sportello e ho sentito che dall'altra parte del finestrino litigavano.

«Te l'avevo detto», ha detto lui. «Devo lavorare.»

«Lavorare?» ha urlato Baby Mama. «L'ho vista benissimo.» Ha bussato allo sportello e ha detto: «Ti ho visto. Ehi, non sono cieca».

Hendo ha aperto lo sportello e mi ha detto che potevo alzarmi. «Devo sbrigare questa cosa. Aspetta un momento.»

Mi sono raddrizzata perché tanto mi aveva già visto.

Mentre litigavano, lei mi indicava. Dalla casa è uscita un'altra donna con in braccio Artem. La seconda donna ha dato il bambino a Hendo, che l'ha preso in braccio e se l'è tenuto mentre loro tre continuavano a litigare.

La seconda donna si è avvicinata alla macchina dalla parte del mio finestrino. Sembrava cattiva e io ho premuto il pulsante della sicura, che è stata una mossa intelligente, perché lei ha cercato di aprire. Urlava e mi chiamava «sgualdrina», e altri nomi che ad AK47 non farebbe piacere sentirmi ripetere.

«Vai via!» le ho urlato. Lei ha dato un pugno al finestrino e anch'io, finché sembrava un tamburo suonato da tutti e due i lati.

Hendo ha dato il bambino a Baby Mama, è venuto di corsa e si è messo tra la donna e il finestrino. Allora lei ha cominciato a prenderlo a pugni sul petto, e lui le teneva le mani e poi a un certo punto non l'ha più preso a pugni e sono rimasti abbracciati. Lui la teneva stretta e lei gli premeva la faccia contro il petto con i capelli sulle spalle di lui, e la faccia non si vedeva più.

Poi è salito in macchina e siamo partiti.

«Scusami tanto. È convinta che sei la mia nuova ragazza. Diventa sempre gelosa quando vedo una persona nuova. Ecco perché cerco di evitarla a tutti i costi.»

Nessuno aveva mai creduto che io ero la ragazza di qualcuno. Tranne Marxy. Certe persone sapevano che stavamo insieme perché ci tenevamo per mano. Nessuno di noi due era normale. Era come se stavamo combattendo insieme. Un sacco di gente come AK47 e il dottor Laird e Pearl volevano farmi capire che io e Marxy eravamo comunque molto diversi. Lui non sarebbe mai stato intelligente come me e, anche se per me non era un problema, forse in futuro poteva diventarlo.

Hendo era molto bello. In genere non si dice che un uomo è bello, si dice che è attraente. Hendo aveva una faccia molto bella, come quella di un attore del cinema. Lo guardavo e ho iniziato a pensare a come doveva essere diventare la sua ragazza. Potevamo uscire e parlare dei libri della biblioteca e baciarci e nessuno avrebbe detto: «Guarda quei due ritardati», come facevano con me e Marxy.

Era anche molto figo e non lo imbarazzava stare con me e lasciare che la gente mi vedeva con lui.

«Eh?» ha fatto mentre ci allontanavamo dalla sua arrabbiatissima Baby Mama.

«Come?»

«Mi stai guardando in maniera strana», ha detto e ha sollevato un sopracciglio. Mi ha chiesto cosa stavo guardando, si è toccato la faccia e mi ha chiesto se per caso era sporca.

Ho raccolto tutta la saliva che avevo in bocca e l'ho inghiottita.

«Sei innamorato?» ho domandato.

«Di Artem?»

«Della tua Baby Mama.»

Hendo ha riso. «No. Anzi, non la sopporto. L'unica ragione per cui lo faccio è Artem.»

Ci stavamo avvicinando al mio quartiere. Il mio corpo sembrava fatto di due mani che strofinate insieme diventano sempre più calde. Il cuore pompava forte e lo sentivo nel collo, *tump tump tump*.

Lui ha alzato la musica, c'era una canzone che mi piaceva. Ha cominciato a dondolare la testa e ha lasciato penzolare il braccio fuori dal finestrino. Mentre uscivamo dal quartiere la gente lo salutava e mi sono resa conto che per molte persone era leggendario. Mentre viaggiavamo ho pensato a quando mi aveva detto che la sua Baby Mama era convinta che io ero la sua ragazza.

Io avevo pensato ad avere una famiglia, ma tante persone

mi avevano detto che due come me e Marxy non dovrebbero avere bambini. Hendo era normale e, se la sua Baby Mama credeva che io ero la sua fidanzata, forse anch'io potevo avere un bambino.

Come la mamma. Al posto di AK47, non so se avrei avuto un aborto.

«Ha le tette grosse», ho detto.

Lui ha riso. «Sì, sì, sono grosse. Ma a me piacciono i culi. E le gambe. Tu hai delle belle gambe. Vai a correre?»

«Certe volte», ho risposto.

«Comunque Gert non deve sapere che ti ho fatto questo complimento, okay?»

Ha parcheggiato davanti al nostro palazzo. Ha spento il motore e siamo rimasti seduti lì per un momento. La mia cintura di sicurezza è stata risucchiata dalla macchina. Nei film c'è sempre uno che chiede all'altro se vuole salire di sopra. Oppure si baciano in macchina. Io non potevo baciare Hendo perché ero la ragazza di Marxy e sarebbe stato un tradimento, cosa che io detesto. Lui si tamburellava con le dita sulla gamba.

Ho chiuso gli occhi e nella mia testa c'era un film in cui Hendo si chinava e mi metteva le mani tra i capelli. Nel film mi spostava la faccia e ci baciavamo. Poi ho pensato a quella cosa di mettersi capovolti che secondo AK47 non succede mai nella vita vera, e ho riso.

«Ottimo», ha detto Hendo allungandosi su di me per aprire lo sportello. «Ci vediamo in giro. Stammi bene.»

Erano passati esattamente undici secondi, li avevo contati nella mia testa, in cui ci eravamo guardati senza muoverci e senza dire niente. Dovevo baciarlo, in quegli undici secondi. Non mi ero resa conto che era il momento perfetto finché lui se n'è andato.

20

Avevo appuntamento con il dottor Laird, che secondo me ha dei poteri mentali. Era come se quando parlavo sapeva benissimo dove volevo arrivare, o cosa stavo per dire anche prima di dirlo. Forse è per questo che è andato a scuola per tanto tempo, per riuscire a fare queste cose. I muri della sua stanza erano coperti delle prove che aveva frequentato un milione di scuole.

Una delle nostre regole era che potevo raccontargli tutto, ma non potevo chiedergli niente della sua vita. I nostri incontri riguardavano me e non lui, diceva sempre. Se ne avevo bisogno potevo parlare di Gert e mi aveva promesso di non raccontare mai a mio fratello quello che dicevo.

«Tranne in circostanze eccezionali», aveva aggiunto, per esempio se io ero in pericolo.

Quand'ero più piccola e Gert era il mio tutore poteva sentire tutto. Ma da quand'ero diventata adulta c'erano molte più cose che potevo raccontare al dottor Laird, tanto lui non gliele riferiva.

Al dottor Laird avevo parlato molto di Marxy e di come mi sentivo nei suoi confronti, perché era il mio primo ragazzo e perché il sesso è una cosa che le coppie fanno.

«Benissimo, signorina Zelda», ha detto il dottore. «Raccontami tutto.»

Gli ho detto che c'era un'altra persona che trovavo sexy. «Anche se sono ancora innamorata di Marxy», ho aggiunto.

«Una persona nuova nella tua vita.» Il dottor Laird l'ha scritto nel suo quaderno. «Gert lo sa?»

Ho preso la pallina antistress. «Lei dice sempre che devo smetterla di chiedere il permesso a Gert.»

«Ma certo. Ed è importante. Ma non ti ho mai sentito nominare questa persona.»

Quando ho messo giù la pallina, ha impiegato molto tempo a riprendere la sua forma. L'abbiamo guardata finché i bozzi formati dalla mia mano si sono spianati e la pallina è ritornata perfetta.

«Parlami di lui.»

Mi sono stretta nelle spalle. «È una persona normale.»

Il dottor Laird ha fatto un gesto rotondo con le mani. «Normale in che senso?»

«Non è come Marxy», ho risposto alla fine.

«Ho capito. Alto? Basso? Grasso? Magro? Capelli biondi, castani?»

«È più alto di me ma non come Gert. E sulle braccia gli si vedono le vene. Dove ci sono i muscoli. E questo è sexy.»

«Ha la tua età?»

«Mi sa che è più grande, ma non come lei. Ha più o meno l'età di Gert.»

«Dove vi siete conosciuti?»

Ci eravamo conosciuti da Toucan, ma non potevo dirlo. Altrimenti il dottor Laird mi chiedeva di spiegare chi era Toucan, così ho deciso di raccontargli una mezza verità e gli ho detto che avevo conosciuto Hendo in biblioteca. Gli ho detto che mi faceva compagnia quando mi stufavo dell'Ora di lettura del Coniglietto e che certe volte veniva a leggere delle riviste di basket. Ho detto che mi trattava come una normale, e che gli piacevano i vichinghi.

«Ma non come i ninja, che comunque va bene, perché anche loro sono tosti.»

La penna del dottor Laird era impazzita, con tutto quello che doveva scrivere. Ho cercato di guardare, ma la sua scrittura era troppo ingarbugliata e non riuscivo a leggere le parole.

Quando ho finito di parlare lui ha chiesto: «Come ti fa sentire tutto questo?»

«Mi fa sentire bene, ma anche un po' schifosa.»

«Perché?»

Ho chiuso gli occhi e ho cercato di chiedere al mio cuore perché mi stava dicendo di sentirmi male, anche se nello stesso tempo mi diceva di sentirmi bene.

«Io amo Marxy», ho risposto. «E faremo sesso, e per me è un disonore trovare sexy qualcun altro. Questa è una delle grandi regole dell'essere innamorati.»

«Okay. E come mai è cambiato qualcosa? Trovi Marxy ancora sexy?»

Ho annuito. «Molto sexy, ma non nello stesso modo. Trovo Marxy sexy da guardare e anche come persona. Lui è molto onorevole.»

Il dottor Laird ha detto che andava bene. «Ma non è contro la legge sentirsi attratti da una persona nuova, Zelda.»

Gli ho chiesto se aveva mai pensato di fare sesso con persone che non erano la signora Laird. Lui ha riso e ha detto: «Oddio. Non glielo dirai, vero?»

«Nossignore.»

«Come ti ho appena detto, Zelda, tutti hanno delle fantasie sessuali. Ma questo non significa che devi sempre cercare di farle diventare vere. Però averle è una cosa buona. Altrimenti ci si annoia, giusto?»

«Non lo so», ho risposto. «Non penso che Marxy sia noioso.»

«Va bene. Ho un debole per Julia Roberts.»

Nel film *Pretty Woman* Julia Roberts fa sesso con Richard Gere per soldi e alla fine smette di fare la prostituta e si baciano sulla bocca.

«Allora questa è la settimana giusta», ha detto il dottor Laird. «Per te e Marxy.»

Poi mi ha chiesto se ero pronta. Ho fatto un respiro profondo e ho risposto di sì.

«So tutto sul sesso.»

«E Marxy? Sa tutto anche lui?»

«Sa tutto anche lui.»

Il dottore mi ha chiesto di dirgli tutto quello che sapevo sul sesso. Gli ho spiegato come succede, e gli ho anche raccontato quello che avevo visto nei video porno, e per anticiparlo gli ho detto quello che mi aveva detto AK47, e cioè che quelle sono fantasie e il sesso vero è diverso. Questo ha fatto felice il dottor Laird. Ho spiegato che avevamo messo i preservativi sulla carota e che me ne portavo dietro un sacco e ce li aveva anche Marxy.

«Ci sarà anche AK47, in un'altra stanza, e anche la mamma di Marxy.»

Ci siamo guardati.

«Gert non ci sarà», ho detto.

Il dottor Laird non mi ha detto di dirlo a Gert, come pensavo. Ha letto i suoi appunti e poi mi ha chiesto se avevo altre novità. Ho parlato della biblioteca, di tutti i libri, e gli ho detto che, anche se non ne avevano molti sui vichinghi, potevo ordinarli, e ne avevo già ordinato uno che secondo Carol era nuovissimo.

«Ottimo lavoro», ha detto il dottor Laird. «Come sta Gert?»

«Non lo so. Benissimo.»

«Non lo sai?» Il dottore ha alzato un sopracciglio.

Non sapevo cosa dire o cosa mi stava chiedendo in realtà, perché gli avevo appena detto che non sapevo come stava Gert.

«Annie è ancora la sua ragazza?»

«Si sono rimessi insieme.»

Lui ha fatto un gran sorriso. Io gli ho chiesto perché.

«Perché non parli più di Gert.»

«Okay», ho detto io.

«Sai perché è importante?»

Gli ho risposto di no. Lui ha continuato a sorridere, poi si è allungato verso di me come uno che vuole raccontarti un segreto molto serio. Mi sono allungata anch'io e così le nostre facce si sono incontrate al centro della scrivania.

«Perché stai vivendo la tua vita», ha detto il dottor Laird, poi ha appoggiato di nuovo la schiena alla poltrona che cigolava. «Hai un lavoro, hai un conto in banca e dei soldi tuoi. Un giorno potresti avere un tuo appartamento. E hai un ragazzo.»

Anche la mia faccia ha cominciato a sorridere. Non ero stata io a chiederglielo, ma sentivo che sorrideva, e poi quando ho capito quello che stava dicendo ho cominciato a sorridere dentro il mio corpo.

«In altre parole», ha aggiunto, «finalmente stai vivendo la tua leggenda.»

Quando sono tornata a casa, dopo il dottor Laird, ho tirato fuori la mia lista e l'ho guardata:

Cose che servono per le leggende

☑ Un eroe molto abile nel combattimento corpo a corpo
☑ Un'arma potentissima che l'eroe può usare

☑ L'eroe deve conquistarsi l'amore di una leggiadra fanciulla in pericolo
☑ Ogni eroe ha bisogno di un uomo saggio
☑ Saccheggiare i villaggi nemici per mettere insieme un tesoro
☐ L'eroe deve sconfiggere un cattivo che minaccia la tribù

Il dottor Laird aveva ragione. Avevo ottenuto quasi tutto quello che c'era sulla lista. Non avevo ancora un cattivo da sconfiggere, ma forse a volte nelle leggende i cattivi non ci sono. Forse la mia era una di quelle leggende dove l'eroe è buono e giusto, come Canuto il Grande, un re vichingo che aveva portato molti anni di pace al suo popolo, così potevano scambiare merci con altre tribù. Io ero l'eroina della mia leggenda e il passo successivo era fare sesso con Marxy.

Però volevo parlare con lui in segreto. Il segreto degli incontri segreti è riuscire a fare in modo che nessuno li scopre, quindi bisogna farli in un posto segreto e anche evitare che qualcuno ti fa delle domande. Io non volevo mentire e quindi AK47 mi aveva detto che il modo migliore di fare una cosa segreta e non mentire era evitare delle domande, altrimenti ero costretta a dire delle bugie.

Ho mandato un messaggio a Marxy e gli ho detto di chiamarmi, ma soltanto se era sicuro di essere solo e intorno non c'erano né sua madre né suo padre.

Lui mi ha chiamato la sera.

«Ti chiamo adesso che sono solo e qui non c'è nessuno», ha sussurrato.

«Ma se non c'è nessuno perché sussurri?»

«Oh.» E ha fatto la voce normale. «Okay. Sono a casa da solo, quindi mi sa che non mi sente nessuno.» Ha fatto un rumore come un piccolo starnuto. «Scusa.»

«Tua madre ti ha detto del nostro incontro segreto?»

«Sì.»

Ha detto che lei gli aveva spiegato tutto sul sesso, anche come mettere i preservativi. «Mi sono esercitato.»

Questo mi ha fatto sorridere.

Ho detto che prima di fare sesso volevo incontrarlo in segreto. «Però non deve saperlo nessuno. Solo noi due.»

«Senza AK47 o mia mamma?»

«Sì.»

Lui è stato zitto. Non era una bella cosa.

«Pronto?»

«Questa cosa non mi piace», ha detto. «Non mi piace tenerle nascoste delle cose.»

Io ho sospirato. «Ma quando faremo sesso lei non sarà nella stanza con noi.»

«Lo so.»

«Saremo solo io e te.»

È stato zitto di nuovo. «Sì.»

Gli ho spiegato che avere un incontro segreto è come esercitarsi a stare soli senza la mamma o AK47 o Gert. Ho detto che per i vichinghi sei un uomo quando impari a cavalcare e a bere con gli altri uomini, e quando sono passati quindici inverni.

«Io non so cavalcare», ha detto. «Qualche volta mio padre mi lascia bere la birra.»

«Tu quindici inverni li hai passati», ho detto. «E ormai nessuno va più a cavallo.»

Ci siamo messi d'accordo di incontrarci da soli senza dire a nessuno dove o a che ora. Non era un posto molto speciale, non come i posti segreti dei film che sono sempre speciali e bui e paurosi. Il nostro posto era un McDonald's vicino al centro diurno.

Per prima sono arrivata io e ho ordinato delle patatine da dividere.

Ci siamo sempre visti con intorno altre persone che ci sorvegliavano. Non eravamo rimasti soli per molto tempo, da quando ci eravamo conosciuti al centro diurno, esattamente undici mesi e quattordici giorni prima. Tutte le cose che leggevo su internet dicevano che un ragazzo e una ragazza che non stanno soli per molto tempo spesso alla fine si lasciano. E la mamma di Marxy non gli permetteva di essere libero. Io ero convinta che Marxy poteva fare di più di quello che pensava lei. Era come quando avevo cominciato a lavorare in biblioteca, anche se le persone pensavano che ero ritardata. Avevo dimostrato che si sbagliavano.

Ho mangiato le patatine e ho preparato un sacco di ketchup nelle coppette di carta per Marxy. Ne ho messe due davanti alla sua sedia e anche una bustina di sale e pepe che sapevo gli piaceva. Davanti a me erano sedute due persone vecchie, un uomo e una donna, e l'uomo mangiava le patatine con la bocca aperta. La vecchia gli asciugava la faccia con un tovagliolino. Lui teneva la bocca aperta mentre lei gli puliva le labbra.

Ho allungato una mano per prendere la patatina più lunga ma un'altra mano è arrivata prima.

Non era la mano di Marxy. Sulle nocche c'erano tatuati degli occhi.

«Queste sono le mie preferite», ha detto Toucan tuffandole nel ketchup.

«Anche le mie.»

«Merda, scusami.» E mi ha dato la metà che non si era messo in bocca. Visto che non l'ho presa, ha detto: «Credi che abbia dei germi?»

«Certo. Tutti hanno dei germi.»

Lui si è stretto nelle spalle e se l'è messa in bocca. Poi si è seduto. «Rilassati», mi ha detto quando ho cominciato a spiegargli che non poteva sedersi lì. «Aspetto solo Jumbo che sta ordinando da mangiare.»

In coda c'era il Ciccione.

«Come va?» mi ha chiesto Toucan.

«Benissimo. Puoi andare via?»

La porta del McDonald's si è aperta ed è entrato Marxy. Con lui c'era uno sconosciuto che gli ha dato una pacca sulla spalla, io l'ho salutato con la mano e Toucan si è girato per vedere chi stavo salutando.

Si è preso un'altra patatina e ha guardato Marxy che si avvicinava. «Ma chi cazzo è questo?»

«Ciao», ha detto Marxy senza fiato. La camicia gli era risalita un poco sulla pancia e si vedevano dei peletti neri e lui se l'è tirata giù.

«Chi era quell'uomo?» ho chiesto.

«Oh. Mi sono perso e lui mi ha aiutato.» Marxy si è girato verso Toucan e ha teso la mano. «Piacere, sono Marxy, e tu chi sei?»

Toucan ha finito di masticare e si è pulito la mano con un tovagliolino. «Toucan. Sono un amico di Zelda.»

«Di Gert», ho detto io.

«Oh. Io sono il ragazzo di Zelda.»

Toucan l'ha guardato fisso. «Stai scherzando.»

«Adesso puoi andare», ho detto a Toucan, che continuava a fissare Marxy.

Il Ciccione si è avvicinato con dei sacchetti del McDonald's e Toucan si è alzato. «Mi ha fatto piacere vederti», ha detto, e mentre andava via ha dato una pacca sulla spalla di Marxy, che ha fatto un salto perché non gli piace essere toccato.

«Non mi è piaciuto», ha detto quando Toucan se n'è andato.

«Già. È un vero bifolco.»

Abbiamo mangiato le nostre patatine e poi Marxy aveva ancora fame, quindi ci siamo presi anche degli hamburger.

Mi ha detto che sua madre non aveva detto a suo padre che stavamo per fare sesso e io gli ho detto che non lo sapeva neanche Gert. Lui ha mangiato l'hamburger molto in fretta e mi ha chiesto se poteva mangiare anche l'avanzo del mio.

Poi ha iniziato a raccontarmi tutto quello che aveva imparato sul sesso, sugli spermicidi e sui preservativi e su tutti i modi diversi di farlo.

«Mi sono scritto tutto», ha detto e ha tirato fuori un foglio che aveva ripiegato un sacco di volte. C'erano delle parole vicino a delle figure di gente nuda.

«Wow», ho fatto.

«Questa è la mia preferita.» Ha indicato quella dove l'uomo e la donna si guardavano. «Perché puoi baciare mentre fai sesso.»

Si stava «scaldando», come diceva sempre AK47 quando Marxy si eccitava troppo. Ha tirato fuori l'inalatore per l'asma e ha aspirato.

Nel McDonald's c'erano delle persone che ci guardavano, ma a me non importava. Pensavo che era molto sexy che Marxy era così eccitato perché stavamo per fare sesso. Pensavo che quello era il mio ragazzo e che mi amava così tanto che non riusciva a respirare.

21

Il giorno del sesso, AK47 non è venuta a prendermi con l'autobus della scuola. È venuta con la sua macchina e mi ha detto che dovevo essere pronta prima del suo arrivo.

«Devi essere velocissima», mi aveva detto al telefono, così mi sono fatta la doccia e mi sono rasata le ascelle e le gambe. Anche se a Marxy non importava, volevo essere bella liscia.

Mi sono messa il profumo come mi aveva detto AK47, un po' sul collo e sui polsi, ma non troppo, perché certe persone non amano i profumi forti. Soprattutto le spie. Stare zitti e nascosti non è una cosa molto vichinga. Bisogna essere coraggiosi e stare davanti ai nemici e guardarli in faccia.

«Però qui di nemici non ce ne sono», ha detto AK47. «A meno che conti Gert.»

La gente dice sempre alle donne e alle ragazze cosa devono fare, secondo AK47. E la gente dice sempre anche a me cosa devo fare.

«Torno tra un paio d'ore», ho detto a Gert. «Io e AK47 dobbiamo fare delle cose da donne.»

Lui era disteso sul divano e non mi ascoltava. Ha alzato la mano con il pollice in su.

«Che cosa orribile. Salutamela.»

Ho detto di sì e lui non mi ha fatto altre domande. Stava

lavorando a una e-mail che doveva mandare alla rettrice Horowitz, che gli aveva detto che lo riammettevano al college ma prima doveva frequentare le lezioni di recupero estive, per rimediare a quelle che aveva perso.

Quando sono salita in macchina, AK47 mi ha guardato, ha sorriso e ha detto: «Ci hai dato dentro con il rossetto, Zee». Poi si è leccata il dito e me l'ha strofinato sulla faccia nei punti in cui il rossetto si era sbavato.

Siamo andate in macchina all'albergo. Non era molto elegante, ma non era neanche come quello vicino a casa nostra, che secondo AK47 è dove gli uomini portano le donne per fare sesso per soldi. Era un *Holiday Inn* ed entrando siamo passate vicino a delle persone con delle valigette che parlavano di banche.

Marxy e Pearl ci stavano aspettando nella lobby. Marxy aveva una camicia e una cravatta con sopra Batman. Mi ha salutato con la mano e anch'io ho fatto lo stesso. Pearl stava già parlando con la donna della reception e anche AK47 è andata a parlarci.

«Starete tutti nella stessa stanza?» ha chiesto la donna della reception.

AK47 le ha dato la carta di credito e ha detto: «E a lei cosa importa?»

La donna stava guardando me e Marxy. Mi sono chiesta se sapeva quello che stavamo per fare. Sono andata da Marxy e gli ho dato un bacio sulla guancia. Ho dovuto mettermi sulle punte perché è più alto di me. Il mio rossetto gli ha lasciato sulla guancia un disegno della mia bocca.

«Ti amo, Zelda», ha detto lui. «*Go then dang.*»

«Ti amo, Marxy», ho detto e gli ho preso la mano.

«Per delle persone in più bisogna pagare un extra», ha detto la donna della reception.

AK47 le ha lanciato L'OCCHIATACCIA e la donna della reception ha infilato la carta di credito nella macchina. AK47 si è messa le mani sui fianchi. La macchina delle carte di credito ha fatto *bip*.

«Ecco le chiavi», ha detto la donna tirando fuori delle carte di plastica.

Quando AK47 ha preso le chiavi, ha lanciato alla donna un'ultima occhiata cattiva e poi siamo entrati tutti nel corridoio.

La moquette era marrone e arancio e c'erano stampate delle forme che sembravano delle frecce, e poi altre forme verdi che sembravano dei cactus. Le frecce erano un buon segno perché somigliavano a *Tiwaz*, la runa di Tyr, un dio che vive nel cielo.

«Sei molto bella», ha detto Marxy.

Ha chiuso la manona intorno alla mia e ci siamo tenuti così, come due che pregano insieme, proprio come nella canzone di Bon Jovi che dice «*living on a prayer*». Per mano siamo saliti al quarto piano. AK47 e Pearl avevano preso una stanza anche loro, dall'altra parte del corridoio.

Dovevano rimanere lì se noi avevamo bisogno.

«Diamo un'occhiata», ha detto Pearl infilando nella porta una delle carte di plastica. Una lucina verde ha fatto *bip* e siamo entrati.

C'erano un letto e delle tende bianche da cui si poteva vedere fuori e una sveglia sul tavolino vicino al letto. Pearl ha tirato fuori dalla borsa una bottiglia d'acqua e l'ha messa sul tavolino. Ha tirato fuori anche delle altre cose, dei contenitori e un pacchetto di tovagliolini umidi nel caso che dovevamo pulire.

«Pulire cosa?» ho chiesto. La camera era molto pulita e non avevamo intenzione di mangiarci dentro.

AK47 e Pearl si sono guardate e poi Pearl ha detto: «Così per precauzione».

«Noi siamo qui di fronte», ha detto AK47. «Okay?»
«Okay», ho risposto.
«Ti affido mio figlio, Zelda», ha detto Pearl abbracciandomi.
«Puoi fidarti di me.»
«Sai come fare sesso sicuro?»
«Lo sa benissimo», ha detto AK47. «Preservativi. Come metterli. Tutto quanto. Boom.»
Pearl ha annuito. «Anche Marxy sa tutto quello che bisogna sapere. E sai che le cose devono andare un po' alla volta?» mi ha chiesto Pearl. «Oggi ha ripassato tutto.»
«Non ho neanche bisogno del foglio dove abbiamo scritto», ha detto Marxy allentandosi la cravatta di Batman.
«Anch'io penso che non abbiamo bisogno del foglio», ho detto. «Penso che sappiamo cosa fare.»
«Forse lui avrà bisogno di un po' di tempo, quindi tu non sentirti frustrata. Forse le cose non andranno in fretta come vorresti.»
Per le altre persone non è molto romantico avere una lista di cose da fare. Tutti pensano che la gente deve fare sesso «naturalmente», cioè senza pensare. Ma Marxy non è molto bravo a non pensare, e deve essere molto sicuro di quello che sta per fare prima di farlo.
Questa era una delle condizioni fondamentali per il sesso: Marxy aveva bisogno di andare piano e io non potevo arrabbiarmi se aveva bisogno di fermarsi e tornare ai passi che lo facevano sentire a suo agio, ma anche a me andava bene, perché anche a me piaceva usare i passi quando facevo delle cose nuove, e ne avevo di miei. Per esempio, prima di fare sesso volevo tanti baci e prima di fare sesso lui doveva infilarsi il preservativo.
AK47 mi ha abbracciato. «Sei pronta? Puoi sempre non farlo, nessuno ti costringe.»
«Voglio farlo. Voglio fare sesso come un'adulta e diventare leggendaria.»

La mamma di Marxy si è avvicinata e mi ha preso la faccia tra le mani. Poi mi ha baciato sulla testa e mi ha detto che ero una brava bambina.

Stavo per realizzare un'altra parte della mia leggenda. Finalmente stavamo per fare sesso come fanno le persone normali che si amano.

Quando si è chiusa la porta siamo rimasti in piedi uno di fronte all'altra. Avevamo in mano un preservativo ciascuno. Quello che avevo io era azzurro. Il suo era rosso.

«Ciao», ha detto lui.

«Sei pronto a fare sesso?» ho chiesto.

«Credo che dobbiamo baciarci», ha risposto. «È sempre la prima cosa.»

La camera dell'albergo aveva l'odore di quell'alberello di cartone che Gert appendeva sempre allo specchietto dentro la macchina. Sul letto c'era un lenzuolo bianco che quando mi sono seduta sembrava un tappeto elastico.

«Vuoi che spegniamo le luci?» ho chiesto.

Nei video porno la gente fa sempre sesso con le luci accese, ma una delle cose che sapevo, visto che abitavo insieme a Gert, era che a lui piaceva fare sesso con le luci spente.

«Ma come facciamo a vedere quello che succede?» ha domandato Marxy, e io gli ho risposto che forse per la prima parte potevamo tenere accesa solo una delle luci più piccole, per rendere tutto più romantico.

Prima di entrare in camera avevo visto la lista di Marxy, IN CHE ORDINE FARE LE COSE QUANDO SI FA SESSO. L'aveva messa sul tavolino vicino al letto e continuava a guardarla.

«Poi ci togliamo i vestiti», ha detto. «Ecco cosa dobbiamo fare adesso.»

«Okay. Possiamo smetterla di dire quello che faremo prima di farlo?» ho chiesto.

Marxy ha cercato di sbottonarsi la camicia. Le sue dita avevano dei problemi con i bottoni, che erano piccoli. La mia maglietta era facile da togliere e l'ho fatto da sola, anche se nei film è quasi sempre l'uomo che toglie la maglietta alla donna.

Marxy stava respirando sempre più in fretta. Si era bloccato su un bottone.

Ho cominciato a togliermi i pantaloni. «No», ha detto lui. «Io devo ancora togliermi la camicia.»

«Vuoi che ti aiuti?»

Ha scosso la testa e ha allungato la mano per fermarmi. «L'uomo si toglie la camicia e poi i pantaloni. Okay?»

Ci stava mettendo tantissimo a sbottonare la camicia. Mi è tornato in mente quello che aveva detto Pearl, di avere pazienza. Mi sono seduta sul letto e ho fatto un paio di rimbalzi. Sulla carta da parati c'erano dei fiori e qualcuno aveva appiccicato della gomma sotto il tavolino vicino al letto.

«Che schifo», ho detto.

Marxy mi ha guardato e io ho detto che era la gomma e non lui che faceva schifo. «Tu sei molto sexy, Marxy. Sei sicuro che non hai bisogno d'aiuto?»

«Ti ho detto che ce la faccio», ha urlato lui. «Smettila di chiedermelo.»

Finalmente ha slacciato i bottoni e ha messo la camicia sopra la sedia vicino alla finestra. Aveva delle linee dove le sue braccia non erano più abbronzate. Aveva dei piccoli nei sulla pancia e dei sottili peli marroni intorno ai capezzoli.

Poi ha cominciato a togliersi i pantaloni e ha avuto più problemi che con la camicia. Ha tirato fuori una gamba e ha dovuto mettere la mano sul muro per non cadere. Era molto poco sexy, perché si era dimenticato di togliersi prima le scarpe e si era incastrato.

«Prima devi toglierti le scarpe», ho detto.

«Questo lo so. Adesso puoi cominciare a toglierti i pantaloni anche tu.»

Ho cercato di togliermeli molto lentamente, così ce li toglievamo insieme, ma alla fine sono stata più veloce. Mi sono seduta e ho aspettato. Volevo continuare a sembrare sexy, ma ci vuole un sacco di fatica per tenere delle pose sexy e prima di riprendere la posa ho deciso di aspettare che lui si toglieva i pantaloni.

Alla fine, per sfilare l'altra gamba dai pantaloni, Marxy si è dovuto sedere per terra. Poi si è alzato e ho capito che il suo deodorante non funzionava molto bene.

Avevo le mutandine eleganti che mi ero comprata. Mi sono alzata, ho messo avanti una gamba, mi sono girata e gli ho fatto vedere la posa che mi ero esercitata a fare davanti allo specchio in camera mia, dopo le flessioni. Le donne dei porno la facevano nelle fotografie per sembrare sexy, e anche le modelle di biancheria intima.

«Ciao maschione», ho detto.

Marxy ha sgranato gli occhi. «Ma ci siamo già detti ciao. E perché ti sei messa così?»

«Ti piace quello che vedi?»

«Mi piaci tu, Zelda.»

«E queste?»

Cercando di mantenere la posa sexy, mi sono tolta il reggiseno, che ha fatto un rumore di elastico.

Le sopracciglia di Marxy si agitavano. «Sono carine.»

«Solo carine?»

«Possiamo baciarci? Dobbiamo baciarci. Dobbiamo baciarci prima di fare il resto.»

Mi sentivo malissimo perché la biancheria non gli era piaciuta molto, e perché la mia posa sexy gli aveva fatto sgranare gli occhi. Ma era una cosa che mi aveva spiegato AK47: Marxy non era come gli uomini dei film. Questo dovevo accettarlo. Ho cominciato a pensare a Hendo e poi mi sono sentita male perché mentre baciavo Marxy pensavo a una persona che non era lui.

«Okay», ho detto prendendolo per mano.

Ci siamo baciati di nuovo. Marxy mi ha infilato la lingua in bocca e l'ha agitata. Gli ho detto di non essere così energico e di muoverla meno: «Vai più lentamente».

Lui continuava a fare delle cose che ci rendevano difficile muoverci insieme. Quando gli ho messo le braccia intorno al collo ha allontanato la testa, e quando si è avvicinato, così potevo mettergli le braccia intorno al collo, si è mosso troppo e ci siamo urtati i denti.

«Ahi», ha fatto portandosi una mano alla bocca.

«Credo di essermi morsicata un labbro», ho detto. Lui non sembrava molto felice, e gli ho detto di non farsi prendere dal panico. «Cerchiamo di baciarci di nuovo.» Stavolta il bacio è andato molto meglio.

Il letto rimbalzava sotto di noi. Lui mi ha messo una mano sulla gamba e gli ho toccato molto dolcemente la guancia che era liscia e calda. La sua mano sulla gamba mi ha fatto tremare, anche se era calda e non fredda.

«Okay», ha detto. «Forse è arrivato il momento di fare sesso. Adesso dobbiamo toglierci le mutande.»

Aveva dei boxer larghi, se li è sfilati e li ha messi vicino al letto. Io mi sono tolta le mutandine molto lentamente e in maniera sexy finché ci siamo ritrovati nudi sul letto.

Era la prima volta che vedevo Marxy nudo. Aveva dei peli sulla pancia vicino all'ombelico e le costole sporgenti che salivano e scendevano quando respirava.

«Sei molto bello», ho detto, perché sapevo che alle persone piace ricevere dei complimenti quando fanno sesso. Gli ho detto che potevo aiutarlo a mettersi il preservativo.

«No. Voglio farlo io.»

«Fai attenzione a non romperlo.»

Ho pensato a quando mi ero esercitata con AK47 e ho capito che Marxy non lo stava tenendo bene. Non l'aveva preso per un angolo e stava cercando di aprirlo al centro. Poi ha provato a usare i denti.

«Fermo! Non si usano i denti. Mai.» Gli ho chiesto di darlo a me, perché avevo paura che lo apriva nella maniera sbagliata.

Lui non ha voluto.

«So come si fa», ha detto.

Finalmente ha tolto la carta e poi ha cercato di metterselo. Era un preservativo Trojan con su stampato l'elmo di un guerriero. Ha cominciato a metterselo al contrario e comunque non aveva schiacciato la punta. Aveva detto di essersi esercitato, quindi non capivo perché non ci riusciva.

«Hai usato una carota per esercitarti?» ho chiesto. «Perché devi tenerlo dritto e vedere dov'è l'anello, prima di metterlo.»

«Per favore, Zelda, smettila di parlare», ha urlato.

«Per fare pratica va bene anche un cetriolo», ho detto. «Ma un cetriolo in genere è più grosso di un pene ed è sicuramente più grosso del tuo.»

Mi sono seduta sul letto a guardarlo. Il preservativo non entrava e io non avevo più voglia di fare sesso. Non mi piace quando mi urlano dietro.

«Okay», ha detto lui mettendosi il preservativo. «Sono pronto.»

«Non mi è piaciuto quando hai urlato, quando ti sei arrabbiato per il preservativo. E non mi piace che continuiamo a dire quello che stiamo per fare e andiamo un passo alla volta. Il sesso vuol dire farsi le regole da soli.»

Lui ha scosso la testa e se l'è presa tra le mani e ha detto: «Sta andando male». Quando ho cercato di dirgli che era tutto okay, lui ha detto di no.

Ho cercato di baciarlo in faccia ma si era girato, così avevo il suo orecchio all'altezza degli occhi e i suoi capelli in faccia.

«Okay», ha detto e siamo andati sul letto e lui mi è salito sopra.

Non riuscivo a respirare bene perché aveva la pancia sulla

mia e mi spingeva fuori tutta l'aria. Una volta avevamo fatto la lotta e Marxy si era seduto su di me e mi ero dimenticata quant'era pesante.

Gli ho chiesto di scendere e così non era più tanto pesante. «Non riesco a respirare molto bene.»

«Prima dobbiamo farlo così», ha detto lui. Si è girato verso di me e ho sentito l'odore della sua bocca, che era calda e mi ha fatto sentire in trappola nella stanza.

Lui ha messo le mani vicino a me e mi ha guardato. È diventato tutto rosso.

«Cosa c'è?» gli ho chiesto.

«Niente.»

Ho cercato di prendergli la faccia. «Marxy, cosa succede?»

Lui è sceso e ho visto che il preservativo stava cadendo. «Non funziona come dovrebbe.»

«Possiamo baciarci e basta», ho detto. «E ricominciare da capo.»

Lui ha chiuso i pugni e li ha premuti insieme finché le nocche hanno fatto rumore. «Non voglio dover ricominciare da capo.»

Mi sono seduta. «Smettila di urlare.»

Lui ha tirato fuori un altro preservativo dalla borsa. «Non funziona», ha detto di nuovo voltandosi, così non mi guardava. «Non funziona.»

«Te lo sei messo?»

Lui stava cercando di aprire la carta.

«Marxy? Ha le nervature? Perché il mio ha le nervature ed è più piacevole.»

«Smettila di parlare.»

Cominciava a fare freddo per via dell'aria condizionata, così mi sono rimessa la maglietta. Aspettavo che si infilava il preservativo. Lo guardavo tenersi il pene. Quando si è girato, il preservativo non era ben teso. Sembrava una cosa buffa che gli pendeva dal pene e, anche se non volevo, ho riso.

«Stai ridendo di me?»

«Scusami. Dicevi che hai fatto un sacco di pratica e poi hai sbagliato tutto. Possiamo ordinare delle carote al servizio in camera e posso farti vedere come si fa.»

Lui si è tolto il preservativo con un grosso schiocco e l'ha buttato per terra e ha detto che non facevamo più sesso. «Non mi piace quando sei così cattiva.»

«Non sono cattiva, ma tu hai detto che ti eri esercitato e poi non sapevi cosa fare e non volevi aiuto. Se non sapevi come fare, dovevi dirmelo.»

Lui ha incrociato le braccia e mi ha detto che non era più eccitato e che non c'era più niente di sexy. «Voglio andare via», ha detto. «Voglio tornare a casa.» Poi è andato a prendere il telefono, ma io sono arrivata prima. «Dammelo. Se voglio andare via devo telefonare.»

Io gli ho allontanato il telefono e sono saltata dall'altra parte del letto. «Gli adulti non chiamano la mamma quando fanno sesso.»

«Non stiamo facendo sesso», ha detto lui. «Abbiamo finito e tu ti comporti da cattiva bifolca, Zelda.»

«E tu da bambino. Benissimo. Prenditelo.» Gli ho buttato il cellulare sul letto e gli ho detto che dovevo andare a fare la pipì e che poteva fare quello che voleva.

Sono andata in bagno e mi sono guardata allo specchio. Avevo il trucco sbavato. Mi sono pulita la faccia e ho sentito che c'erano dei Grendel dietro la tenda della doccia, dove gli piace tanto nascondersi.

«State zitti», ho detto facendo un profondo respiro.

Ai Grendel piace quando le cose vanno male e le persone soffrono e io sapevo di avere fatto soffrire Marxy. Hanno bussato alla porta del bagno e la voce di AK47 ha chiesto se stavo bene.

Quando sono uscita, in camera c'era la madre di Marxy che lo aiutava a vestirsi. Gli teneva su la camicia così lui poteva infilare le braccia.

«È tutto okay», ha detto Pearl. «Mettiti questa.»

«Andate via?» ho chiesto.

AK47 mi ha preso per un braccio. «Forse vuoi metterti le mutandine», mi ha detto e ho capito che ero ancora nuda e non mi sono sentita più sexy, solo stupida. Mi ha dato le mutandine e me le sono infilate. «Cos'è successo?»

«Lui si è arrabbiato e non riusciva a mettersi i preservativi e io volevo aiutarlo. Ma lui non ha voluto però non riusciva a metterselo bene. E faceva ridere, e così ho riso.»

Pearl mi ha detto di stare zitta e intanto teneva su i pantaloni di Marxy, così lui ci entrava, e poi glieli ha tirati su fino alla pancia. «Puoi abbottonarti da solo», ha detto. Poi ha preso dei fazzolettini e ha raccolto i preservativi e li ha tirati. «Non sono rotti», ha detto. «Ma pensa.»

Li ha appallottolati e buttati nella spazzatura.

«Non volevo ridere di lui», ho detto. «Marxy, non volevo ridere di te.»

AK47 ha preso i calzini di Marxy e li ha dati a Pearl. «Ecco. Credo che siano suoi.»

Era come se il mondo succedeva intorno a me, ma io non ne facevo più parte. Pearl e AK47 si parlavano piano mentre Marxy era in piedi dietro di loro. Quando ho cercato di raggiungerlo per parlarci, AK47 mi ha fermato e ha detto: «Un momento, okay?»

Pearl e AK47 parlavano e ogni tanto stavano zitte e cercavano di guardarmi senza farsi notare. Io volevo scusarmi con Marxy e dirgli che mi dispiaceva di avere riso di quel preservativo che non stava su. Lui era nell'angolo e guardava fuori dalla finestra e poi ha cominciato a camminare. Ho cercato di attirare la sua attenzione e di salutarlo, ma lui continuava a camminare come nei cartoni animati quando c'è un personaggio che pensa tanto e va avanti e indietro e alla fine scava un grosso buco.

Poi Pearl ha detto che dovevano andare e ha spinto Marxy fuori dalla camera.

«Scusami», gli ho detto mentre mi passava vicino. Loro sono usciti e hanno chiuso la porta. «Non ho fatto niente di sbagliato», ho detto ad AK47 quando siamo rimaste sole. «È solo che mi faceva ridere. Perché si è arrabbiato?»

«Gli uomini si comportano in maniera strana quando si tratta delle loro parti intime. Non è colpa loro.» Ha sospirato. «Sapevamo che poteva succedere.»

«Lui continuava a parlare e non è andata per niente come doveva andare. Ma fare sesso e fare l'amore è come l'acqua e non come la pietra», ho detto, perché su internet avevo letto l'articolo di una rivista che diceva che un buon amante fa così.

«Non va mai come deve andare, Zee. Poi lo impari.» Mi ha messo un braccio sulla spalla e la testa sulla mia testa. «Domani è un altro giorno.»

22

Dall'hotel siamo andate a casa di AK47. Lei voleva prendersi un po' di tempo per capire cosa fare, e anche per darmi qualcosa per cambiarmi. Visto che avevamo detto a Gert che andavamo al cinema, gli ha mandato un sms per avvisarlo che tornavamo tardi e che dopo andavamo a mangiare fuori.

Mentre gli scriveva ho cercato di chiamare Marxy con il mio telefono. Pearl mi aveva detto di non farlo, ma non era lei a comandare me o la mia leggenda. Volevo dirgli che, anche se la prima volta che avevamo provato a fare sesso non aveva funzionato, io volevo riprovarci. AK47 mi aveva detto che la prima volta è strana per tutti, e che non dovevo sentirmi male per questo.

«Mi sento come una cattiva e una merdaccia», le avevo detto. «Ho deluso la mia leggiadra fanciulla.»

Lei mi ha messo una mano sulla spalla e mi ha detto che non era colpa mia. «Non ti preoccupare.»

La prima volta che ho cercato di telefonargli non mi ha risposto nessuno, quindi ho continuato a premere il pulsante per richiamare. È scattata la segreteria e ho detto che ero Zelda e che ero innamorata di Marxy e mi dispiaceva di quello che era successo.

Al terzo tentativo ha risposto qualcuno. Allora in frettissima ho detto che lo amavo e che mi dispiaceva se c'era rimasto male quando gli avevo detto che non sapeva come usare un preservativo. Ma non era Marxy.

«Ha bisogno di tempo», ha detto Pearl. «Smettila di chiamare, Zelda.» E poi ha riattaccato.

Ho richiamato, ma il telefono squillava e non rispondeva nessuno.

Hanno iniziato ad arrivarmi altri ricordi e a quel punto ho cominciato a vergognarmi.

Per esempio, c'è una regola che dice che non bisogna prendere in giro le persone per come sono fatte quando sono nude. E io per sbaglio l'avevo fatto con Marxy. Si era anche messo la sua cravatta di Batman, che non è molto sexy, e io avevo la mia biancheria intima nuova. Mi è venuta la rabbia pensando che lui non ce l'aveva messa tutta per essere sexy e poi mi sono di nuovo sentita in colpa perché ho riso per com'era fatto il suo pene.

AK47 mi ha portato un caffè con del cacao in polvere e mi ha detto di respirare.

Le ho chiesto quando dovevamo dirlo a Gert. «Non ne ho idea.» Abbiamo bevuto i nostri caffè al cacao. «Comunque, non adesso. Mi serve un piano.»

AK47 mi aveva detto che era meglio se con Gert ci parlava lei. Quando siamo arrivate a casa si sono messi a litigare, anche se non forte come quando è entrato Alf e Gert è diventato un *berserker*. Stavolta non hanno urlato tanto. Invece di urlare, Gert è stato zitto e più che arrabbiato mi sembrava triste.

Era triste soprattutto perché non gli avevamo detto che io e Marxy avevamo intenzione di fare sesso.

«Mi avete tagliato fuori, praticamente», ha detto.

AK47 gli si è piazzata vicino sul divano. «Be', in effetti. È che tu non sei esattamente conosciuto per la tua capacità di stare calmo nei momenti di tensione.»

Io ho detto: «L'ho deciso io di fare sesso. Non sono mica la tua macchina. Non sei tu a controllarmi».

Gert è stato zitto.

Nessuna delle due gli ha detto che era andata proprio male. AK47 mi aveva detto che non c'era bisogno di dirgli proprio tutto.

Gert si è calmato e poi si è scusato con AK47 e con me.

«È solo...» ha iniziato a dire. «Non mi piace non poter dare una mano, sapete?» E si è messo a tirarsi un filo dei jeans.

AK47 ha detto che lo sapeva. «Non ti preoccupare. Sappiamo che vuoi soltanto fare quello che è meglio per Zelda.»

«Ma certe volte sono io che devo decidere quello che è meglio per me», ho detto io. «Anche se è sbagliato.»

Gert ha sospirato e si è alzato. «E allora com'è andata?»

Io e AK47 ci siamo scambiate un'occhiata. «Be', a tutti è successo di avere una prima volta così così.»

Gert ha annuito e ha detto: «Parole sante».

Per tutta la settimana Marxy non è venuto al centro diurno, e questo mi ha fatto diventare triste. Nessuna delle cose che mi piacevano mi divertiva più, neanche il basket.

In campo ho deciso di non giocare, di non fare più vere partite finché tornava Marxy, perché non volevo farmi vedere che giocavo anche se avevo il cuore spezzato. Volevo potergli correre incontro come nei film.

Gli avevo preparato un regalo, gli avevo stampato una foto presa da internet del suo giocatore preferito, Larry Bird, che faceva un tiro vincente. Nella *Guida Kepple ai vichinghi* avevo letto che c'erano delle persone che si chiamavano *praell*: praticamente erano degli schiavi che dovevano qualcosa a qualcuno. Questi schiavi lavoravano per il loro creditore fino a quando pagavano il debito. Io volevo dimostrare a Marxy che volevo essere la sua *praell* fino a quando si sentiva pronto a perdonarmi. La schiavitù è una cosa orribile, l'avevo imparato a scuola. Ma quando qualcuno deve qualcosa a qualcun altro, deve pagare il debito. E io volevo ripagare Marxy.

Volevo mettermi a correre molto lentamente verso di lui, stringendo in mano la foto di Larry Bird. Lui si sarebbe illuminato tutto e mi avrebbe detto che mi amava in vichingo, e che non era arrabbiato, e che siamo come sempre due vichinghi che si combattono.

Invece, mentre gli altri giocavano, mi sono seduta sulla panchina della palestra. Nelle squadre non c'era posto per tutti, quindi c'erano un sacco di sostituzioni. Io ero l'unica che non voleva sostituire qualcuno che giocava. Avevo in mano una palla e la strizzavo, accarezzandola tutta, e la superficie sembrava una vecchia arancia indurita.

Hamsa è uscito dal gioco e si è seduto vicino a me.

«Non giochi», mi ha detto.

«Guardo la partita.»

Poi è diventato serio e mi ha mollato un pugno a una spalla. «Marxy non torna per colpa tua. Ecco perché oggi non c'è. È il mio migliore amico e tu l'hai fatto incazzare, cazzo.»

Vicino alla nostra panca c'era una palla, mi sono alzata e l'ho tirata contro Hamsa così forte che gli ho colpito un braccio. Lui non è stato abbastanza veloce da prenderla con le mani. La palla gli è rimbalzata addosso, è finita per terra e lui ha detto qualcosa non in inglese.

«Merdaccia», ha detto Hamsa e mi ha spinto.

Prima di rendercene conto abbiamo iniziato a picchiarci. Non come fanno i vichinghi, non in maniera onorevole. Ci prendevamo, ci spingevamo e ci tiravamo. Quando il suo braccio mi è arrivato vicino, l'ho morsicato più forte che ho potuto. Hamsa ha urlato e l'ha tirato via.

Non so se i vichinghi si mordevano, quando facevano le

battaglie, perché avevano le spade e quindi non ne avevano bisogno. Non mi sembrava un gesto onorevole da fare in battaglia, perché quelli che mordono sono gli animali, non i guerrieri. Però un *berserker* farebbe qualunque cosa pur di vincere, quindi alla fine mordere Hamsa per vincere andava bene. Gert dice sempre che quando si fa a botte non ci sono regole.

«Piantatela», ha detto Big Todd.

Uno degli adulti volontari ha dovuto portare Hamsa a farsi mettere a posto il braccio e a fermare il sangue. Le persone hanno in bocca dei germi, proprio come gli animali, e bisognava pulire il braccio di Hamsa, così non si prendeva i germi della mia bocca, altrimenti si ammalava e moriva.

«Su, forza», ha detto il volontario. Era il padre di uno dei ritardati che non conoscevo. Ha messo un braccio sulle spalle di Hamsa e gli ha detto di mettere una mano dove io l'avevo morsicato. «So che fa male», gli ha detto.

Yoda e gli altri guardavano Hamsa che piangeva. Poi hanno guardato me. Stavano a bocca aperta come se dovevano farmi delle domande, ma non si ricordavano come si fa.

«Smettetela di guardarmi», ho detto, perché mi fissavano e mi facevano sentire come quando io e Gert andiamo in un posto nuovo e la gente mi guarda e pensa: Ma questa cos'ha?

Big Todd si è passato una mano tra i capelli. Non fare a botte era una delle prime regole del centro diurno.

«Ha detto che sono una merdaccia», ho detto.

«Zelda, in ufficio. Okay?»

Sono rimasta seduta in ufficio fino alla fine dell'ora, sulla stessa sedia, insieme a Larry Bird. Intanto Big Todd è entrato e mi ha detto che avevo ferito Hamsa e i suoi sentimenti.

«Ti sei comportata come una cattiva. Lo sai?»

Aveva ragione. Ma in realtà mi ero comportata anche peggio: mi ero comportata da *berserker*, come Gert quando aveva aggredito Alf che era più piccolo e non era in grado di difendersi. Mi ero comportata come lo zio Richard quando aveva spaccato la bottiglia addosso a Gert. La mia lista delle COSE CHE SERVONO PER LE LEGGENDE stava diventando una lista di COSE CHE FANNO I CATTIVI.

Hamsa stava per andare via, ma prima dovevo essere sicura di scusarmi. Lui aspettava vicino alla porta del centro diurno insieme a suo zio. Sul braccio aveva un cerotto.

«Scusami, Hamsa», ho detto. «Non dovevo fare così.»

Lo zio di Hamsa gli ha dato una spinta. Lui ha guardato lo zio e poi ha detto: «Accetto le tue scuse».

AK47 dice che la famiglia di Hamsa sa cosa significa essere diversi. La gente ce l'ha con i musulmani più che con le persone gay come Big Todd o con quelle che si vestono da criminali come Gert. Hamsa ha due problemi: è ritardato ed è musulmano. Da quando dei cattivi hanno mandato degli aerei a schiantarsi contro le torri, tutti hanno cominciato a odiare i musulmani.

Anche se Marxy ancora non mi rivolgeva la parola, sentivo che per una volta avevo fatto la cosa giusta, anche se prima ne avevo fatta una sbagliata.

Sono salita sull'autobus e Yoda non ha voluto sedersi vicino a me. AK47 gli ha detto di smetterla di fare il cretino e lui ha risposto che ero stata cattiva a fare soffrire Marxy.

«E poi ha morsicato Hamsa», ha aggiunto.

«È vero?» ha domandato AK47.

«È vero», ho risposto. Il primo passo per diventare un eroe leggendario sta nel superare i propri errori.

«Hai chiesto scusa?»

«Ho chiesto scusa.»

«È sempre una stronza», ha detto Yoda e, quando l'autobus si è fermato davanti a casa sua, non mi ha salutato pugno-a-pugno.

Le porte si sono chiuse e AK47 si è girata. «Non ti preoccupare. Gli passerà.» Poi ha tirato fuori una sigaretta. «Scusami, ma se non me ne fumo una esplodo.»

Ha parcheggiato davanti a un parco giochi. Nell'autobus non si poteva fumare, così ci siamo sedute su un'altalena e abbiamo fumato insieme. I nostri piedi salivano e scendevano e il fumo della sigaretta si levava nell'aria. Dopo qualche su e giù ci siamo messe a ridere, soprattutto quando la sigaretta le è saltata via dalla bocca, è sfrecciata per aria e le è quasi atterrata in testa.

Per un po' mi sono dimenticata di Marxy. Poi mi è venuta la nausea e abbiamo dovuto smettere di dondolarci.

Ci siamo sedute a gambe incrociate sulla sabbia. AK47 ha detto che in parte si sentiva responsabile per come era andato il sesso tra noi e per avere litigato con Gert davanti a me. E non soltanto litigato, ma urlato e mollato schiaffi e pugni. «Ti ho dato un pessimo esempio, porca miseria. Non si risolvono i problemi litigando, anche se sei un vichingo come noi.» Si è stesa e ha guardato il cielo.

«Non si può cambiare il passato», ha detto. «Si può solo andare avanti. Di cosa ha bisogno la tua leggenda?»

Io ci ho riflettuto. Lei mi ha detto di pensare a tutti gli eroi di tutte le leggende che avevo letto, nella *Guida Kepple* e alla tele e nei film e nei libri. Cosa fanno tutti gli eroi?

«Combattono», ho risposto.

«Be', certo, simbolicamente. Ma a volte combattere non significa combattere sul serio. Certe volte significa non arrendersi.»

Ho guardato in su. AK47 ha incrociato le braccia.

«Io voglio combattere simbolicamente», ho detto. «Voglio riconquistare Marxy.»

Lei si è messa a sedere e si è tolta tutta la sabbia dalle gambe. «Bene. Allora andiamo a riprendercelo.»

AK47 conosceva la strada di casa di Marxy perché era passata a prenderlo centinaia di volte con l'autobus. Era una buona giornata per combattere. Il cielo era molto nuvoloso. Non si può combattere quando il cielo è troppo bello e azzurro e quando splende il sole, perché ti viene voglia di sederti e rilassarti e non di fare la guerra.

Siamo andate nel quartiere di Marxy, dove ci sono tante case alte le une di fronte alle altre, con grandi finestre che sembrano occhi e porte rosse e verde brillante. Era territorio nemico, il che significava che non era un posto che io frequentavo, ed ero pronta a combattere con la madre di Marxy, e anche con Marxy, in un certo senso, perché volevo sconfiggere i sentimenti negativi che provava per me.

AK47 ha parcheggiato l'autobus. Io ho fatto un respiro profondo. Ci siamo scambiate un cinque e poi io sono scesa in battaglia.

Mi sono avvicinata alla porta e mi sono girata. AK47 mi ha salutato con la mano e poi ha fatto il pugno per mostrarmi che era con me. Il campanello faceva un sacco di suoni diversi, una specie di canzone. Dall'altra parte della strada una donna che spingeva una carrozzina mi ha salutato con la mano e io ho risposto.

Qualcuno ha aperto la porta, ma non era né Marxy né Pearl. Era Sarah-Beth.

«Ciao», ha detto. «Cosa posso fare per te?»

«Cosa ci fai qui?»

«Cosa ci fai *tu* qui», mi ha chiesto lei.

«L'ho detto prima io.»

Lei ha fatto una smorfia e poi si è girata per chiamare

qualcuno. È arrivata Pearl. «Zelda», ha detto mettendosi le mani sui fianchi. «Cosa ci fai qui?»

Le ho spiegato che ero tornata a riconquistare il cuore di Marxy. «È in casa?»

Pearl ha detto a Sarah-Beth di tornare dentro. «Arrivo tra un minuto.»

Sarah-Beth ha annuito e obbedito. Quando è rientrata, Pearl è uscita sotto il portico e si è chiusa la porta alle spalle.

«Marxy non vuole vederti», ha detto. Poi ha visto AK47. «Quella è Annie?»

«Voglio vederlo», ho detto.

Lei ha salutato AK47 con la mano e AK47 ha messo giù il telefono e l'ha salutata. Io le ho ripetuto che volevo vedere Marxy anche se lui non voleva. Le ho detto che eravamo innamorati.

Pearl non ha risposto ma è andata verso AK47 e io l'ho seguita.

«Cosa stiamo facendo?» ha chiesto Pearl ad AK47.

AK47 è scesa dall'autobus e ha incrociato le braccia. «La natura contrastata dell'amore», ha detto.

«Adesso Marxy non vuole vederti, Zelda», ha detto Pearl.

AK47 si è stretta nelle spalle e ha detto che era una questione che riguardava me e Marxy. «Non possono parlarsi?»

«È proprio quello che voglio», ho detto. «Solo parlare.»

Pearl ha scosso la testa. «Abbiamo ospiti.»

«Ci vorranno solo pochi minuti. Vero, Zelda?»

Mi ero scritta un discorso con l'aiuto di AK47. Mi ero esercitata e a leggerlo mi ci volevano meno di due minuti. «Due minuti», ho detto.

Con un sospiro, Pearl mi ha detto di aspettare sotto il portico. «Vediamo cosa dice Marxy.»

Io e AK47 abbiamo aspettato mentre Pearl rientrava in casa. Ho raccontato ad AK47 che dentro c'era Sarah-Beth.

Lei ha detto che probabilmente era Sarah-Beth l'ospite di cui Pearl aveva parlato. Poi ha guardato la casa per un minuto senza dire niente. Le stava lanciando L'OCCHIATACCIA, il che significava che il suo cervello stava lavorando come un matto su qualcosa, al punto che non poteva usare la bocca per dire delle parole. Le ho chiesto a cosa stava pensando.

«Perché non vuole vedermi? E perché frequenta Sarah-Beth?»

«Ah, niente.» Poi mi ha preso la mano. «C'è la possibilità che Marxy non voglia ricominciare a essere il tuo ragazzo, Zelda.»

Non era possibile. O meglio, era possibile, ma io avrei riconquistato il suo cuore. Era una delle mie principali abilità: in battaglia non mi arrendevo mai, anche se stavo perdendo alla grande. Finalmente Pearl ha aperto la porta e mi ha fatto segno di avvicinarmi.

«Hai dieci minuti. È su in camera sua.»

Sono entrata e sono passata davanti a Sarah-Beth, che era seduta in soggiorno a guardare la tele. Quando sono passata non ha detto niente. Pearl mi ha seguito su per le scale, che non facevano rumore perché c'era la moquette. In casa c'era profumo di fiori, come nei centri commerciali a Natale.

Siamo arrivate alla camera di Marxy. La porta era aperta. Marxy era seduto al computer. Ha fatto girare la sedia e, quando gli ho sorriso, non mi ha sorriso.

«Se hai bisogno di me», gli ha detto Pearl, «fammi un fischio.»

«Okay», ha detto Marxy.

Pearl ha chiuso la porta, ma non completamente. L'ho sentita scendere le scale. Quando è arrivata in fondo, ho tirato fuori dalla tasca il foglio dove avevo scritto quello che volevo dire a Marxy.

«'Caro Marxy'», ho letto.

«Cos'è?»

«Il mio discorso», ho risposto. «Ascolta e basta.»

Marxy non era bravo a stare seduto fermo. Io lo sapevo, quindi avevo cercato di scrivere un discorso breve. Mentre leggevo, lui girava e rigirava sulla sedia e si tormentava le dita.

«'So di avere fatto un casino, ma sono innamorata di te e voglio che tu sei il mio ragazzo.'»

Lui ha iniziato a darsi dei colpetti sulle gambe. Più leggevo, più colpiva forte. Io cercavo di ignorarlo. Lui non diceva niente. Poi Sarah-Beth ha bussato e ha detto a Marxy che si stava perdendo il basket alla tele.

«Okay», ha detto Marxy. «Tra un minuto arrivo.»

Lei ha chiuso la porta. Marxy ha continuato a darsi dei colpetti sulle ginocchia ma poi ha smesso. «Okay, mi sa che il tempo è scaduto, te ne devi andare.»

«Perché Sarah-Beth è qui?»

Lui ha ricominciato a darsi dei colpetti alle ginocchia. Io ho cercato di farlo smettere, ma le sue ginocchia si agitavano sempre più e le sue mani facevano un rumore sempre più forte. Gli ho detto di smetterla e lui ha fatto un rumore molto diverso dai rumori che gli avevo sentito fare fino a quel momento. A quel punto Pearl ha aperto la porta e mi ha detto che dovevo andare via. Marxy si è alzato e ha fatto un respiro profondo.

«Sarah-Beth è la mia nuova ragazza», ha detto, così in fretta che non ho avuto nemmeno il tempo di capire bene cosa stava dicendo.

«Cosa vuoi dire?»

«Lei è la mia ragazza e io sono il suo ragazzo», ha detto Marxy. «Io e te ci siamo lasciati e adesso sono il ragazzo di Sarah-Beth. Sei stata una bifolca con me in albergo e siccome sto bene con me stesso sono capace di dirti di no, Zelda. Nella mia vita non voglio delle persone cattive.»

Vaffanculo Marxy. Non l'avevo mai detto prima in vita mia, ma era quello che pensavo. Quando sono tornata a casa, sono diventata una *berserker*. AK47 voleva fermarsi, ma io le ho detto che volevo stare sola. Le vene della mia testa erano gonfie di sangue e il mio cuore urlava. Avevo voglia di spaccare qualcosa e così ho dato un pugno alla lampada nell'angolo. La lampada è caduta molto lentamente e in maniera noiosa. Pensavo che si era rotta e invece no. Era soltanto caduta in maniera stupida.

Sono andata in bagno, e quando sono tornata l'ho rimessa in piedi, perché non mi aveva fatto niente e perché era finita per terra e mi intralciava.

Nelle leggende vichinghe, quando qualcuno muore lo mettono su una barca e lo spingono in mezzo a un lago o in mezzo al mare o all'oceano. La barca viene incendiata e il corpo della persona morta brucia fino a ridursi in cenere, poi brucia anche la barca e affonda.

Ho pensato che il modo migliore di dimenticarlo era fare come fanno i vichinghi: dovevo bruciarlo.

Quando i vichinghi morti venivano messi sulle loro barche, con loro c'erano anche le cose che avevano usato nella vita, come le spade o le armature o i talismani o i giocattoli. Certe volte venivano bruciate vive anche le loro mogli e ragazze.

Io avevo i disegni che mi aveva fatto Marxy. Più le lettere d'amore che mi aveva scritto. Ho deciso di fare anch'io la mia barca.

I vichinghi bruciano le cose per dimostrare che sono morti. Visto che io e Marxy ci eravamo lasciati per sempre, volevo fare per lui una pira funeraria.

«Per me sei morto», aveva detto AK47 a Gert quando avevano fatto quella grossa litigata la prima volta che si erano lasciati.

«Per me sei morto», ho detto al disegno che mi aveva fatto Marxy per il mio compleanno.

Non avevo una barca vera, quindi ho dovuto costruirmela. Ho riempito d'acqua la vasca da bagno. Poi ho trovato una ciotola di plastica che usavamo per l'insalata. Ho messo nella ciotola tutte le cose che dovevo incenerire. In uno dei cassetti di Gert c'era un accendino che lui usava per le candele quando nel palazzo mancava l'elettricità e restavamo al buio.

«Addio», ho detto a Marxy. Poi ho letto le parole in vichingo: *Góða nótt*, che significa «buonanotte».

La ciotola galleggiava nella vasca. Dentro, il fuoco non bruciava bene. Non era molto grosso. Quando le cose di Marxy si sono bruciate abbastanza, ho rovesciato la ciotola e tutta la carta ha galleggiato un po' sull'acqua finché si è bagnata. Poi si è spappolata e l'acqua è diventata grigia.

23

PRIMA dell'appuntamento con il dottor Laird, ho scritto una lettera al dottor Kepple. Ero ancora così arrabbiata che ho fatto un sacco di errori di ortografia e l'ho dovuta ribattere due volte.

Caro dottor Kepple,

il mio ragazzo, Marxy, si è innamorato di una che si chiama Sarah-Beth e si succhia i capelli. Secondo me questo li rende tutti e due dei cattivi, lui perché ha tradito il nostro vero amore e lei perché me l'ha portato via. Ho bruciato una sua fotografia per dimostrare agli dèi quanto sono arrabbiata con lui.

Ci sono altri modi per spiegare agli dèi che non stiamo più insieme? E poi, esistono delle speciali maledizioni vichinghe da lanciare contro loro due?

Zelda

Ho cliccato INVIO e ho aspettato finché Gert ha bussato alla porta per dirmi che era ora di andare dal dottor Laird.

Ho cliccato AGGIORNA ancora una volta prima di spegnere il computer.

In macchina Gert ha cercato di farmi parlare, ma ero troppo arrabbiata e all'appuntamento il dottor Laird ha voluto parlare con me da sola, senza Gert.

«Per adesso voglio capire come ti senti», ha detto.

«Per me Marxy è morto», ho risposto.

Il dottore ha messo giù il quaderno e ha detto: «Cominciamo dall'hotel e poi raccontami tutto quello che è successo».

Gli ho raccontato le cose che erano successe nella camera d'albergo, per esempio che Marxy non era capace di mettersi il preservativo e io per sbaglio ero scoppiata a ridere.

«Non volevo farlo, ma era molto buffo.» Ho preso la pallina antistress e ho cominciato a strizzarla. «Però mi ero messa della biancheria sexy e lui non se n'è accorto. E poi mi mettevo in posizioni sexy, ma per lui non lo erano.»

«Capisco che tu lo abbia trovato frustrante», ha detto il dottor Laird.

«E poi si è arrabbiato con me ed è entrata sua madre.» Ho strizzato la pallina così forte che è quasi esplosa. «Ma perché deve sempre fargli tutto lei?»

«Che tipo di futuro ti immaginavi con lui?»

Gli ho chiesto cosa voleva dire.

«Tra cinque anni», ha detto muovendo le mani, «come pensi che sarebbe stata la tua vita con Marxy? Vi sareste sposati?» Mi ha spiegato che poteva essermi utile chiudere gli occhi e immaginare. «Prova a scattare una fotografia del futuro e descrivimela.»

Ho chiuso gli occhi e ho cercato di fare come mi aveva detto. Nella mia testa c'era una grande casa, un po' come quella in cui Marxy abita con sua madre. «Ma non con sua madre», ho detto al dottor Laird.

«Quindi vorresti vivere con lui in maniera indipendente. Senza di lei.»

«Esatto.»

«E Gert lo immagini con voi?»

Nella mia testa sono tornata in quella casa. Gert lavava la macchina nel vialetto usando un secchio di plastica e una spugna gialla.

«Sì.»

«Quindi ti immagini di vivere con Marxy e Gert.»

Ho aperto gli occhi. «Non lo so. Forse. Perché?»

Il dottor Laird si rigirava la biro tra le dita. «Credi che Marxy e Gert andrebbero d'accordo?»

«Be', forse è meglio che non andiamo a vivere con Gert. Ma sicuramente senza Pearl.»

«Prima hai detto che, secondo te, lei lo comanda a bacchetta.»

«Continuamente.» Gli ho fatto un elenco di tutti i modi in cui lei gli controlla la vita.

«Hai usato la parola 'controllo'», ha detto il dottor Laird. «Lo trovo interessante, perché c'è un'altra possibilità.»

«Ah.»

«Cioè che lui abbia davvero bisogno che qualcuno lo aiuti. Che non sia indipendente come te.»

«Lui riesce a fare più di quello che crede la gente», ho detto, e ho scoperto che mi stavo arrabbiando.

Il dottore ha appoggiato la biro sul quaderno che aveva davanti. «Sto cercando di spiegarti che, anche se so bene che è brutto che vi siete lasciati, forse è anche una cosa positiva.»

È stata una delle poche volte che mi sono arrabbiata con il dottor Laird. Ho lanciato la pallina antistress, che gli è finita sulla pancia e poi è rotolata per terra mentre noi la guardavamo.

«Okay», ha detto il dottor Laird. «Possiamo parlare di questo?»

Ho deciso di dargli una bella Punizione Muta per dimostrargli quanto ero arrabbiata. Siamo rimasti seduti in silenzio per altri due minuti fino a quando è suonato il contaminuti.

Mi sono alzata e non gli ho dato la mano.

«Lui è quello che è, Zelda», ha detto il dottore. «E questo va bene. Ma significa anche che potrebbe non essere la persona giusta per te.»

«Vaffanculo», ho detto, poi ho aperto la porta e sono uscita.

Quel giorno in biblioteca non ho lavorato bene, perché ero arrabbiata con Marxy. Non mi entusiasmava aiutare le persone a trovare i libri o a tirarli fuori per loro. Ho fatto due sbagli. Una volta ho rimesso sullo scaffale un libro restituito da un utente prima di dire al computer che ce l'aveva riportato; poi Carol ha scoperto che mettevo i libri di guerra nel reparto Libri sportivi.

Carol sapeva che ero arrabbiata, ma io le ho detto che non volevo parlarne.

«Be', peccato. Perché, se non la smetti con quel muso, continuerai a fare errori e questo posto comincerà a crollare in mille pezzi. Quindi sputa il rospo.» Ma io non volevo, e lei ha chiesto: «È un problema di uomini?»

«Lascia perdere.»

Eravamo al bancone della biblioteca, dove io lavoravo un sacco perché ero diventata brava con i computer. Carol ha cominciato a tamburellare sul tavolo con le unghie. Io ho fatto finta di non notare che aveva la testa molto vicina alla mia. Lo faceva sempre, quando voleva attirare la mia attenzione senza fare rumore.

«*Mmm?*» ha fatto, e mi ha punzecchiato una spalla con un dito.

«Smettila.»

Qualcuno è venuto a prendere in prestito dei libri. Io li

ho passati con lo scanner e Carol ha preso la ricevuta e l'ha infilata nel primo libro.

«È quel ragazzo che è venuto qui? Mark? Marco? Come si chiamava?»

«Marxy.»

«Ah.»

Non aveva nessuna intenzione di andarsene, nemmeno quando le ho lanciato L'OCCHIATACCIA. Mi ha detto soltanto: «Ma per favore, quella non serve a niente, quindi tanto vale che mi racconti tutto».

Ho fatto un respiro profondo. «Io e Marxy ci siamo lasciati.»

«Che peccato.» Ha smesso di tenere la testa vicino alla mia e mi ha passato un libro da registrare. «Quando ci si lascia è dura.»

Dopo avere registrato il libro, l'ho messo nel carrello dietro di me. «E poi ha una ragazza nuova.»

«Di già?» Carol ha lanciato un fischio.

Lei non aveva un marito o un ragazzo, ma aveva una figlia che la odiava. Non voleva dirmi perché sua figlia la odiava. Le piaceva parlare di quanto era brava a scuola.

«Quando si tratta di numeri è una maga. La matematica, e tutta quella roba lì. Non fa nemmeno fatica. Io invece sono un disastro, ma lei conosce tutti i decimali del pi greco fino al quindicesimo.»

«Caspita. Io sapevo che erano solo tre.»

Carol è scoppiata a ridere. «Sei più o meno al mio livello.» Poi ha sospirato. «È una matta com'ero io alla sua età. Suo padre se n'è andato praticamente da subito.»

«Anche mio padre.»

In realtà Carol era come mia madre, non si era sposata e aveva dovuto crescere sua figlia da sola. Ma non aveva bevuto alcolici quando era incinta di Nancy, che lei chiamava Nance.

«A proposito di casanova», ha sussurrato, e quando ho

guardato ho capito di chi stava parlando. «Preparati», ha aggiunto.

Prima che potessi dirle di chiudere il becco, mi sono trovata di fronte Hendo.

«Ciao Fortunella», mi ha detto.

Carol è andata a registrare degli altri libri nel catalogo della biblioteca, ma ho capito che continuava a guardarci anche se faceva finta di no.

«Non è domenica», ho detto. «Pensavo che venivi solo la domenica.»

«Avevo un'emergenza libraria che non poteva aspettare», ha detto Hendo. «Mi stavo chiedendo se potevi aiutarmi a trovare un libro, visto che sei un'esperta e compagnia bella.» Mi ha spiegato che voleva un libro sui treni per Artem. «Ne va pazzo. C'è uno strano cartone animato che è pieno di treni, ma non credo nemmeno che sia abbastanza grande da sapere di cosa sto parlando. Però dicono che fa bene leggere ai bambini di quell'età.»

«Se vuole dei libri illustrati, ne abbiamo uno nuovo che è adorabile», ha detto Carol infilando un altro libro sotto lo scanner, che ha fatto *bip*. «Zelda può mostrarglielo.» Mi ha scritto il numero e me l'ha dato.

Io ho detto a Hendo: «Posso fartelo vedere».

Siamo andati nel settore della biblioteca dedicato ai libri illustrati. Camminando sentivo il suo odore, era un buon odore e una volta mi ha sfiorato la mano e non ho capito se l'aveva fatto apposta o no. Il cervello mi stava per esplodere, ma sono stata bene attenta a contare fino a dieci, però non a voce alta perché non volevo che pensava che ero strana.

«Ecco i nostri migliori libri sui treni», ho detto e gli ho fatto vedere i miei tre preferiti.

Quello di cui parlava Carol faceva dei rumori di treni mentre lo leggevi. Bastava premere un bottone e il libro diceva

«CIUF CIUF», e faceva un rumore di freni sui binari. Lui ne ha premuto uno e si è grattato il mento.

«Questo è perfetto», ha detto. «Ottima scelta.»

Ci siamo scambiati un cinque. Invece di portare il libro al bancone, lui si è seduto a uno dei tavoli. Mentre sfogliava le pagine ha detto che potevo sedermi anch'io, se volevo.

«Però non voglio disturbarti se hai da fare.»

Carol stava passando dei libri allo scanner e la biblioteca non era affollata, così gli ho detto che per un po' potevo sedermi a parlare con lui. Hendo mi ha chiesto se avevo novità.

«Va tutto benissimo», ho risposto. «Frequenta un corso serale e il prossimo semestre lo riammettono.»

«Ma pensi sempre prima a lui?»

«Cosa vuoi dire?»

«Invece di raccontarmi le tue novità, hai cominciato a parlarmi di Gert.» Ha premuto il bottone del libro sui treni per far dire al capotreno: «IN CARROZZA».

«Oh.» Mi sono guardata le mani e mi sono chiesta cosa potevo raccontargli. «Il mio ragazzo mi ha lasciato.»

Hendo ha chiuso il libro. «Davvero? Cazzo.»

Carol l'ha sentito e ha fatto un rumore con la gola. Lui ha fatto un gesto e si è scusato.

«Porca miseria. Non sa cosa si perde. Una ragazza come te.» Ha fatto uno strano rumore con la bocca e poi ha scosso di nuovo la testa. «Non sa proprio cosa si perde.»

Non sapevo cosa dire. Lui ha preso il libro sui treni. «Mi sa che dobbiamo registrare il prestito di questo.»

Siamo andati al bancone, io ho fatto il giro e mi sono messa davanti al computer. Carol è tornata e continuava a guardarci.

«La tessera?» gli ho chiesto.

Lui si è tastato le tasche. «Merda. Ho lasciato il portafoglio in macchina. Vado a prenderlo, ti dispiace?»

«Posso trovare i tuoi dati con il numero di telefono», ho detto.

Lui ha sorriso e mi ha dato il numero. Io l'ho inserito nel computer ed è uscito il suo nome, insieme al numero di telefono e all'indirizzo. Quando gli ho consegnato la ricevuta mi ha ringraziato, poi è andato via e Carol si è avvicinata e ha detto: «Caspita, sembra proprio un cigno in un cimitero».

Quando le ho chiesto cosa voleva dire, mi ha risposto che era una frase che usava sempre sua madre quando parlava di ragazzi pericolosi. «Sono creature bellissime da guardare, ma stanno in una situazione molto, molto brutta.»

24

DOPO quel giorno, Hendo è tornato in biblioteca più spesso e mi ha aiutato a dimenticare Marxy, che al centro diurno stava con Sarah-Beth, le teneva la mano e certe volte la baciava.

Ogni volta che li vedevo mi comportavo come se non me ne importava niente. Non era più il mio ragazzo. Sarah-Beth si succhiava i capelli, raccontava barzellette stupide e non aveva ancora imparato come si fa a incassare un assegno. Hendo era più intelligente di Marxy e io pensavo a baciare lui.

A Hendo piaceva leggere libri di guerra e anche la *Guida Kepple ai vichinghi*. Mi ha chiesto qual era il mio libro preferito e io gli ho detto che era la *Guida*.

Ha imparato subito tutte le parole vichinghe, a differenza di Marxy che pronunciava sempre sbagliate frasi come *góðan dag*. Gli piacevano anche le mie Parole del giorno, e quando chiacchieravamo in biblioteca le usava sempre. Per esempio, un giorno che stavamo parlando di Bruce Lee, un famoso attore di kung fu, Hendo ha detto: «Nei combattimenti era parecchio infaticabile», e *infaticabile* era la mia Parola del giorno e, anche se gliel'avevo detta solo una volta, lui se l'era ricordata e sapeva come usarla e metterla dentro una frase.

Carol aveva cominciato a chiamarlo Hendo il Cigno, ma quando lo faceva a me non piaceva per niente.

Nelle leggende questa è la parte più noiosa: quella in cui tutti sono felici. A volte, quando mi dimenticavo di Marxy, ero molto felice, soprattutto quando c'era Hendo, anche se quando ero sola in camera mia piangevo e pensavo a Marxy.

Quando io e Hendo eravamo insieme non andavamo a casa sua o a casa mia. Stavamo soprattutto in biblioteca, oppure andavamo al McDonald's o al caffè di fronte alla biblioteca. Lui mi faceva molte domande sui vichinghi, su Gert, sulla mamma e su AK47. Mi ricordava un po' il dottor Laird, che non era bello come lui ma faceva sempre un sacco di domande.

Gert e AK47 si erano accorti che non ero più tanto triste. Gert diceva che non tenevo più il muso. AK47 mi ha chiesto se nella mia vita c'era una persona nuova. Io rispondevo che ero soltanto felice che erano insieme e che eravamo una tribù e che io avevo un lavoro e che Gert stava per ricominciare il college.

Un giorno Hendo mi ha detto che lui e Gert non andavano d'accordo. «Siamo maschi alfa.» Questo voleva dire che Hendo e Gert erano tutti e due convinti di essere il guerriero più forte. «Ma io e te possiamo sempre essere amici», ha aggiunto. «Giusto?»

Ho risposto di sì.

Hendo era il mio segreto, tutto mio, e mi rendeva felice. Quando sei troppo felice i cattivi ti colpiscono perché hai abbassato la guardia. Per esempio, nella *Saga di Beowulf*, che è la leggenda più famosa di tutte, Hrothgar e sua moglie Wealhtheow e tutti i vichinghi sono felici e cantano, e questo fa molto arrabbiare Grendel, il cattivo della leggenda, perché lui non è felice ed è geloso. Hrothgar e gli altri vichinghi si dimenticano che anche quando è tutto tranquillo un vichingo dev'essere *vigile* (Parola del giorno) e stare sempre attento ai cattivi che preferiscono attaccare nei periodi di pace, soprattutto quando la gente dorme e non si può difendere. Il peggiore difetto di Grendel è che mangia le persone addormentate.

I cattivi sono arrivati mentre dormivo, proprio com'era successo a Hrothgar e agli altri vichinghi.

Mi sono svegliata perché dicevano parolacce a voce alta e fumavano, che è una cosa che in casa nostra non è permessa. Quelle non erano le voci di Gert o AK47, e quindi eravamo stati invasi, come quando Grendel invade la sala in cui Hrothgar e sua moglie e gli altri vichinghi stanno festeggiando. Essere vigliacchi è una cosa vergognosa. Le voci mi hanno svegliato, mi sono molto spaventata e ho fatto finta di dormire, che è una cosa da vigliacchi.

Poi ho capito che dovevo proteggere la mia tribù dalle persone entrate nell'appartamento.

Puoi farcela, ha detto nel mio cervello la voce di Odino, e poi ho sentito quella di mia madre. Proteggi il focolare, ha detto. Nella mia testa ho risposto a tutti e due che non li avrei delusi.

Ho preso la sveglia dal comodino e mi sono preparata a lanciarla. In genere, quando arriva il momento di proteggere la sua casa, un vichingo sfodera la spada, ma la mia era sotto il letto e non volevo rischiare di attirare l'attenzione del nemico tirandola fuori.

Ho aperto con molta attenzione la porta della camera e mi sono affacciata. Le voci continuavano a parlare. Il pavimento del corridoio faceva più rumore di quello di camera mia, così dovevo spostarmi molto lentamente, un passetto alla volta, per essere silenziosa e veloce. Mi muovevo come una persona invisibile e ho appoggiato la schiena al muro del corridoio mischiando la mia tecnica vichinga a quella dei ninja, perché volevo prenderli di sorpresa.

Mi sono avvicinata al soggiorno finché ho visto la luce della lampada brillare sulla moquette. Il cuore mi batteva forte e nella mia testa ho cominciato a contare fino a dieci, e ho chiuso gli occhi, ma solo un pochino, così potevo difendermi se qualcuno decideva di aggredirmi.

Uno... due... tre...

Quando sono arrivata a quattro, qualcuno ha tirato l'acqua in bagno e ho capito che dentro c'era uno dei cattivi. Questo si chiama «errore tattico», perché prima di avanzare non avevo controllato di non avere nessuno alle spalle. Questa espressione me l'aveva insegnata Hendo, e mi aveva detto che era stato un «errore tattico» anche quando Hitler aveva invaso la Russia d'inverno.

Ho capito che ero bloccata tra due cattivi ed era troppo tardi per tornare in camera.

Sono rimasta immobile e non sapevo se precipitarmi in soggiorno per sconfiggere i cattivi che c'erano là dentro o affrontare quello nel bagno.

La porta del bagno si è aperta e il cattivo è uscito tirandosi su la cerniera dei pantaloni. Era il Ciccione. Mi ha fissato e anche lui è rimasto immobile. Aveva commesso il mio stesso «errore tattico», ma io l'avevo fatto per prima ed ero più pronta.

Era il momento di agire.

Ho lanciato il tradizionale grido di battaglia vichingo, «*Tyr!*» il nome del dio della guerra, poi sono corsa dentro e ho lanciato la sveglia.

Lui ha urlato: «MA CHE CAZZO», e ha alzato le mani. La sveglia gli è arrivata sulla pancia ed è rimbalzata per terra, ma prima di farsi sconfiggere con un colpo devastante lui mi ha preso per un polso e ha detto: «Datti una calmata». Poi mi ha preso l'altro braccio.

Io ho cercato di divincolarmi, ma lui mi ha portato in soggiorno tenendomi un braccio intorno alla pancia mentre con l'altro raccoglieva la sveglia.

«Merdaccia!» ho urlato.

In soggiorno c'erano Gert e Toucan, in piedi e circondati

da un borsone da palestra e da un sacco di carta e sacchetti. Sul tavolo c'erano anche dei soldi e delle birre.

«L'ho trovata in corridoio», ha detto il Ciccione.

«Zelda, vieni qui», ha detto Gert, e all'inizio il Ciccione non voleva lasciarmi andare.

Poi Gert ha detto: «Se non la lasci ti spezzo il braccio», e il Ciccione ha guardato Toucan, che ha annuito e ha detto: «Lei non è un problema. Non sei un problema, vero?»

Allora il Ciccione mi ha lasciato andare.

«Scusami», ha detto. «Non volevo farle del male, ma ha perso la testa e mi ha lanciato questa.» E ha sollevato la sveglia.

Sono scoppiati tutti a ridere, anche Gert che non dovrebbe mai ridere di me. Io gli ho lanciato L'OCCHIATACCIA e lui ha smesso, poi mi sono massaggiata il braccio nel punto in cui il Ciccione me l'aveva stretto.

«Merdaccia.» Ho chiesto a Gert cosa stava succedendo. «Cos'è tutta questa roba? E perché Toucan è qui? AK47 lo sa?»

«Non succede niente», ha risposto Gert. «Torna a letto, okay?» Poi ha spiegato a Toucan che era tutto a posto. «Probabilmente ha avuto un incubo. Vero?»

«Chi è AK47?» ha domandato Toucan. «Come la mitragliatrice?»

«Loro non dovrebbero stare qui», ho detto e poi ho indicato Toucan. «Soprattutto lui. Dicevi che non volevi più far parte della sua tribù.»

«Davvero?» ha chiesto Toucan a Gert. «Mi spezzi il cuore.»

«Zelda», ha detto Gert. «A letto. Di corsa.»

Toucan si è seduto sul divano e ha dato due colpetti vicino a sé. «Tu.» E ha puntato il dito contro di me. «Vieni a sederti. Noi due dobbiamo fare un discorso.»

Io non volevo sedermi vicino a lui. Gert aveva un sacco di amici che facevano paura, ma sapevo che non facevano mai più paura di Gert, che poteva essere la persona più spaventosa del pianeta. Però adesso si comportava come uno che ha paura di Toucan.

Gert mi ha detto di andare a letto, ma Toucan ha risposto che non era ancora il momento.

Gert mi ha fatto un cenno e mi sono seduta sul divano. Si è seduto anche lui e dall'altra parte c'era Toucan. Il Ciccione non si è seduto. Si è appoggiato al bancone e si è acceso una sigaretta.

«Non hai visto le regole della casa?» gli ha detto Toucan indicandogli il cartello vicino alla porta. «Vai a fumare sul balcone, se proprio devi.»

Il Ciccione ha inclinato la testa con la sigaretta ancora in bocca. «Parli sul serio?»

«Molto sul serio. A te non piace il fumo, vero, Zelda?»

«No», ho risposto. «Neanche Gert può fumare in casa.»

Toucan ha indicato la porta del balcone. «L'hai sentita.»

Il Ciccione è uscito sul balcone con la sigaretta e ha chiuso la porta. Toucan mi ha messo un braccio intorno alle spalle, cosa che detestavo perché non era un membro della nostra tribù.

«Tu sai che tutto quello che ha a che fare con me ha a che fare con tuo fratello, e questo significa che ha a che fare anche con te. Ho chiesto a tuo fratello di aiutarmi in un paio di cose. In cambio lo pagherò. Questo si chiama capitalismo.»

«Capitalismo», ho ripetuto io.

«Io ti do dei soldi e tu mi dai merci e servizi.» Il Ciccione che fumava sul balcone si sporgeva e lasciava cadere giù la cenere. «Quindi è una cosa molto importante. Devo sapere che posso fidarmi di Gert e in parte questo significa che devo sapere che posso fidarmi di te. Posso fidarmi di te?»

Il suo braccio mi stringeva le spalle così forte da farmi quasi male. Mi è tornato in mente lo zio Richard sul divano, ma Toucan stringeva più forte. Quando ho cercato di liberarmi, ha tenuto duro.

«Gert», ho detto. «Mi sta facendo male.»

«Posso fidarmi di te?» ha ripetuto Toucan.

«Puoi fidarti di lei», ha risposto Gert. «Adesso lasciala.»

«Voglio che lo dica lei», ha detto Toucan.

La sua stretta mi faceva sentire piccolissima. Mi sembrava di stare per esplodere, come un palloncino. «Puoi fidarti di me», ho detto. Toucan mi ha lasciato, si è alzato e ha sorriso. Poi si è alzato anche Gert.

«Bene», ha detto Toucan. «Mi ha fatto piacere rivederti, Zelda.»

Il Ciccione ha bussato sul vetro della porta scorrevole del balcone. Toucan ha annuito e il Ciccione è rientrato, ma prima ha buttato la sigaretta sul balcone.

«Dobbiamo andare», ha detto Toucan. «Gert, accompagnaci giù.»

Si è girato ed è uscito seguito dal Ciccione. Gert mi ha detto: «Torno subito, tu stai lì tranquilla», e poi li ha seguiti.

È stato via dieci minuti. Mi facevano male le spalle, e quando ho alzato la manica ho visto che la pelle era rossa come quando sta per uscirmi un livido.

Poi ho capito che mi ero fatta la pipì addosso. All'inizio non me n'ero accorta, ma ero bagnata tra le gambe e anche il divano sotto il mio sedere era bagnato e la pipì si stava raffreddando.

Gert è tornato con un nuovo borsone da palestra della Reebok e ha chiuso la porta. Mi ha vista seduta sul divano con i pantaloni bagnati, e poi stavo piangendo, il che mi ha fatto sentire anche peggio.

Non avevo voluto piangere davanti a Toucan. Adesso però potevo farlo e l'avevo fatto. Mi ero fatta la pipì addosso e stavo piangendo. Gert ha messo giù il borsone, si è precipitato da me e mi ha fatto alzare.

«Scusami se ho fatto la pipì sul divano», ho detto, e Gert mi ha preso in braccio come fanno i genitori con i figli.

Mi ha portato in bagno e mi ha messo giù. «Togliti quei

vestiti. Te ne porto altri puliti, okay? Te li metto fuori dalla porta del bagno. Cambiati.»

Sotto la doccia ho pensato che ero stata molto stupida a fare la pipì davanti a Gert e davanti a Toucan, che era un bifolco di cui non volevo avere paura. Ma avevo paura di lui. Quando sono uscita, Gert era in soggiorno con una bottiglia di detersivo spray e un secchio d'acqua. I cuscini del divano su cui avevo fatto la pipì per sbaglio erano vicini alla porta.

Quella notte non sono riuscita a dormire. La persona con cui volevo parlare e di cui volevo sentire la voce era Hendo. Avevo copiato il suo numero dal computer della biblioteca e ce l'avevo nel telefono. Mi sono ficcata sotto le coperte e l'ho chiamato.

«Chi parla?» ha detto Hendo.

«Sono io.»

«Io chi? Ah.» E ha fatto un colpo di tosse. «Ma che ore sono?»

Ho guardato l'orologio e gli ho detto che era l'una e trentadue. Mi ha chiesto cos'era successo. Ma prima gli ho fatto promettere di non dirlo a nessuno.

«Va bene. Aspetta che torno a letto.»

Gli ho raccontato quello che era successo: Toucan, il Ciccione e Gert. L'unica cosa che non gli ho detto è che mi ero fatta la pipì addosso. Una cosa schifosa e molto poco sexy. Hendo mi ha ascoltato per un po' e quando ho finito mi ha chiesto se con me c'era qualcuno.

Ho risposto di no. «Se non si è nascosto.»

«Di cosa stavano parlando?»

«Non lo so. Toucan ha detto la parola 'capitalismo'.»

Hendo ha detto che non aveva idea di cosa voleva dire. «Toucan ha dato qualcosa a Gert?»

«C'erano il suo borsone da palestra, e birra e sigarette che in casa nostra sono proibite.»

«Toucan ha preso il borsone oppure l'ha lasciato da Gert?»

Mi sono strofinata gli occhi. Non capivo il perché di quelle domande. Hendo mi ha detto di pensarci, che era importante, poi io gli ho chiesto perché, e lui mi ha risposto: «Non importa», e questo non mi è piaciuto.

«Scusami», ha detto lui. «So che non ti piace quando la gente ti dice questa cosa. Accetti le mie scuse?»

«Okay», ho risposto. «Mi sa che il borsone da palestra è rimasto qui.»

Hendo mi ha chiesto se il giorno dopo lavoravo e gli ho detto di sì. Poi mi ha detto che veniva a prendermi e che potevamo parlarne in macchina. «Okay? In questo momento devo proprio dormire un po'.»

«Possiamo parlare un altro pochino? Mi piace sentire la tua voce.»

«Domani», ha risposto Hendo.

Ho riattaccato e ho lanciato sul letto il telefono, che è rimbalzato ed è finito per terra.

25

La mattina Gert aveva pulito tutto. I cuscini non erano più umidi. Quando sono uscita dalla mia camera, mi stava aspettando. Ha detto che gli dispiaceva per la sera prima e per Toucan. «So che non ti piace non essere al corrente di quello che succede.»

Ho incrociato le braccia e ho detto: «O raccontare bugie ad AK47», perché lui mi aveva chiesto di non dirle che Toucan era venuto a casa nostra.

«Non piace nemmeno a me.»

Gli ho chiesto perché frequentava ancora Toucan se mi aveva promesso che non si vedevano più.

«È l'ultima volta che faccio qualcosa per lui. Poi basta.»

Non ha più voluto parlare di Toucan o di quello che doveva fare per lui. «Capitalismo», ho detto io, e Gert ha sospirato e ha detto: «Più o meno».

Mi ha chiesto se avevamo fatto la pace. Ho risposto di sì e lui mi ha detto che voleva fare una lavatrice con i vestiti che avevo addosso la sera prima.

Mentre faceva il bucato nel seminterrato del palazzo, mi sono preparata molto in fretta così non tornava a farmi altre domande. Gli ho lasciato un biglietto per dirgli che andavo al lavoro e che ci vedevamo dopo. Dovevo incontrarmi con Hendo e volevo essere carina e indossare la mia biancheria elegante, anche se Hendo non l'avrebbe vista, e anche dei jeans molto belli che secondo AK47 mi mettevano in risalto il sedere. Mi sono messa il rossetto in tutta fretta.

Sono andata alla fermata dell'autobus dove Hendo mi aveva dato appuntamento. Lui è arrivato con la macchina un secondo dopo che ero arrivata io.

«Ciao», ha detto.

«Ciao», ho detto io salendo in macchina.

Lui guidava con il braccio sul volante. «Scusami per ieri sera. Ero stanco. Tutto bene?»

Mi sono stretta nelle spalle. «Bene. Gert fa la merdaccia e il bugiardo. Non deve essere più amico di Toucan e io non devo dirlo a nessuno.»

«L'hai appena detto a me.»

«Però tu non lo dici a nessuno.»

Lui me l'ha promesso. Abbiamo girato un po' e ho visto che non stava andando verso la biblioteca. Gli ho chiesto perché non andava verso la biblioteca. Ha risposto che forse potevo saltare il lavoro e potevamo passare la giornata insieme.

«Chiama e di' che sei malata. Hai mai saltato un giorno?»

«No, mai. I vichinghi non vengono mai meno alla parola data, soprattutto quando si tratta di un lavoro importante per la tribù.»

Hendo ha detto che era vero, ma poi mi ha chiesto se i vichinghi facevano delle pause per riposarsi. Poi ha detto che aveva voglia di stare un pochino da solo con me.

«Okay?» ha chiesto.

Io ho battuto le palpebre e ho abbassato gli occhi: lui mi aveva preso la mano e mi aveva messo il pollice sulle nocche. E me le accarezzava tutte.

Ho chiamato la biblioteca, ho chiesto di parlare con Carol e le ho detto che non potevo andare al lavoro. Hendo ha abbassato la musica e ha alzato i finestrini così non si capiva che ero in macchina.

«Mi dispiace», ho detto tossendo. «Non mi sento bene.»

Mi aspettavo che Carol si arrabbiava perché avevo chiamato all'ultimo momento, ma, invece di arrabbiarsi con me perché avevo mancato alla promessa di lavorare, mi ha detto che non c'erano problemi.

«Non sei arrabbiata?»

«Zelda, tesoro, tu faresti su e giù dalla collina a piedi nudi nella neve piuttosto che perdere una giornata di lavoro. Riposati. Troverò qualcuno che ti sostituisca.» Mi ha augurato di stare meglio e io ho riattaccato.

«Hai visto?» ha detto Hendo. «Non è stato così difficile.»

Non era stato difficile. Ma mi sentivo in colpa.

Hendo mi ha chiesto cosa volevo fare in quella giornata insieme. Poi mi ha chiesto se avevo mai assaggiato il sushi.

«Ma non è pesce crudo?»

«Sì. E c'è dentro anche altra roba. Ma se non l'hai mai provato devi assolutamente assaggiarlo.»

Io ho fatto una smorfia e ho detto che mi sembrava una cosa schifosa.

«Okay.» Ha tamburellato con le dita sul volante. «Che ne dici di andare al cinema? Adesso non ci sarà nessuno.»

Mi sembrava un'idea migliore che mangiare pesce crudo. Hendo mi ha lasciato scegliere il film che volevo e io ho scelto un film sull'Uomo Ragno.

Dentro abbiamo mangiato popcorn, Hendo mi ha messo una mano sulla gamba e l'ha strofinata. Anch'io gli ho messo una mano sulla gamba e l'ho strofinata, per dimostrargli che lo trovavo sexy. E poi è successo: ci siamo baciati.

È stato il bacio più leggendario della mia vita: Marxy baciava in modo strano, ma Hendo baciava alla perfezione.

«Porco cane», ho detto.

Hendo ha fatto: «*Shhh*», e ha riso perché eravamo ancora

dentro il cinema e c'era ancora il film e io avevo detto PORCO CANE a voce molto alta.

Poi mi ha baciato l'orecchio e il mio corpo è diventato acqua. Mi ha preso la mano e l'ha stretta. Avevo il collo bollente. Sullo schermo l'Uomo Ragno era appeso a testa in giù e si dondolava da un palazzo all'altro prima di intervenire a salvare tutti.

Il film è finito alle due. Ormai non mi sentivo più in colpa per non essere andata al lavoro. Hendo mi ha baciato di nuovo e mentre camminavamo mi ha messo un braccio intorno alle spalle.

«Che ne dici di tornare a casa tua?» mi ha chiesto mentre finiva la bibita comprata al cinema e buttava il bicchiere nel cestino in strada.

«Per fare cosa?»

«Non lo so. Non stiamo mai da soli.» Poi si è girato verso di me, tutto serio. «Gert non è a casa, giusto? E neanche la sua ragazza? Potresti chiamare?»

Poi mi ha baciato e la sua lingua ha toccato la mia e gli ho detto che chiamavo Gert.

Il cuore mi batteva velocissimo. La mano di Hendo mi ha toccato il ginocchio e io ho messo la mano sulla sua e le nostre dita hanno fatto una cosa romantica, cioè facevano finta di baciarsi anche loro.

AK47 guidava l'autobus tutto il giorno e finiva alle sei.

Mi ha risposto Gert e mi ha detto che tornava a casa alle quattro. Doveva uscire per comprare dei libri per i corsi estivi quindi l'appartamento era libero per due ore. «Perché?» mi ha chiesto. «Tutto a posto in biblioteca?»

Gli ho detto che forse dopo il lavoro restavo fuori e lui mi ha detto che andava bene.

«Allora?» mi ha chiesto Hendo quando ho riattaccato, e mi ha preso la mano.

«Torna a casa alle quattro.»

Lui ha sorriso mettendo in mostra i denti bianchissimi.

In macchina mi baciava a ogni semaforo. Una volta un tizio che attraversava la strada ci ha fischiato e siamo scoppiati a ridere.

Baciare Hendo era più leggendario che baciare Marxy. La sua lingua faceva delle cose perfette. Non spingeva troppo e aveva un buon sapore, di gomma da masticare o dentifricio. Aveva anche un odore buonissimo.

Quando siamo arrivati a casa e siamo entrati, Hendo si è tolto le scarpe. «Vedi? Me lo sono ricordato», ha detto e ha toccato con il dito il cartello delle REGOLE DELLA CASA. Mentre ci baciavamo mi ha toccato il collo dietro, dove iniziano i capelli, e me li ha tirati un poco. È stato così bello che mi tremavano le ginocchia.

Quando ha smesso di baciarmi è stato come tirarmi fuori tutta l'aria che avevo nei polmoni.

«Voglio che tu faccia qualcosa per me. Vuoi fare una cosa per me?» ha chiesto.

Mi ha preso le mani e mi ha guardato negli occhi. Ho pensato che se mi lasciava andare volavo via.

«Cosa?» ho domandato.

«Voglio che mi aspetti in bagno.»

«Perché?»

Lui mi ha stretto le mani e poi mi ha messo le sue sulle guance, riscaldandomi la faccia come una focaccina.

«È una sorpresa», ha risposto. «Voglio prepararmi e quando uscirai sarai molto felice. Fidati di me. Ti piacerà.»

Ho fatto un respiro profondo. Lui mi ha toccato il collo dietro e io ho detto: «Okay. Di solito le sorprese non mi piacciono».

«Ma questa ti piacerà.» Dopo avermi baciato di nuovo, ha aggiunto: «Conta fino a cento, poi esci e vedrai».

Ho trattenuto il fiato. «Solo fino a cento?»

«Solo fino a cento. Poi saremo pronti.»

* * *

Ho chiuso la porta, mi sono seduta sul bordo della vasca e ho iniziato a contare. Il mio cervello aveva le vertigini quando pensavo ai muscoli di Hendo e a come doveva essere da nudo e al suo pene, e anche a come doveva essere fare sesso con lui.

«Stai contando?» mi ha chiesto da dietro la porta.

«Sono arrivata a undici.»

«Bene. Continua così.»

Mentre contavo mi sono guardata allo specchio. Ho visto una persona molto sexy e quella persona ero io. Mi sono avvicinata e ho baciato lo specchio e l'ho anche toccato con la lingua. Quando mi sono fermata ho visto che sul vetro era rimasta un'impronta della mia bocca e delle mie labbra.

«Più forte», ha detto Hendo dal corridoio. «Devo sentirti.»

«Così va bene?» ho detto e poi ho urlato il numero venticinque.

«Perfetto», ha risposto. «Ma conta più lentamente. Ho bisogno di tempo per preparare la sorpresa.»

Io ho contato a voce alta come mi aveva chiesto. Mi ha detto che andava bene e che dovevo continuare, ma anche rallentare di più.

«Fai quella cosa del Mississippi, che ogni numero è lungo come la parola Mississippi».

Sono arrivata a cento e gli ho detto che stavo per uscire. Ho girato la maniglia ma, quando ho spinto per aprire, la porta non si è aperta.

«Credo che la porta sia rotta», ho detto. Dall'altra parte ho sentito un rumore forte. Come qualcosa di pesante che colpisce qualcos'altro. «Aprimi», ho detto tirando la maniglia e agitandola su e giù. Poi ho spinto sul legno più forte che ho potuto. Se ero abbastanza forte, magari la spaccavo.

Ho chiamato di nuovo aiuto, stavolta più forte che potevo, magari Hendo non mi aveva sentito.

Nessuna risposta.

26

NON mi piace stare in un posto e non poter uscire e mentre ero in bagno mi è sembrato di sentire dei Grendel, così ho aperto l'armadio e gli armadietti e ho tirato la tenda della doccia. In questo modo nessuno poteva sorprendermi alle spalle. Ho iniziato a contare i secondi, ma il numero è diventato così alto che non sono più stata capace di andare avanti e avevo paura di essere in trappola per sempre. Dovevo anche fare la pipì, ma non volevo sedermi sul water per paura che tornava Hendo, o che i Grendel uscivano dal loro nascondiglio, così me la sono tenuta finché ha cominciato a farmi male quel punto sotto la pancia.

Poi ho sentito qualcuno entrare dalla porta d'ingresso, che non era lontana dal bagno, e Gert mi ha chiamato. Io ho urlato di nuovo «AIUTO», e ho preso a pugni la porta per farmi sentire.

La maniglia si è mossa.

«Zelda?» ha detto Gert e ha aperto la porta molto lentamente.

Io l'ho spalancata e ho premuto la faccia contro la sua camicia, che aveva l'odore di un posto sicuro, l'odore di mio fratello che mi aveva salvato ancora una volta.

«Okay», ha detto lui facendo un passo indietro. «Cos'è successo? Perché eri chiusa in bagno?»

È stato allora che si è accorto che la porta della sua camera era aperta. Non soltanto aperta. Era stata scassinata: sulla moquette c'erano delle schegge di legno.

«Cazzo», ha detto lasciandomi andare ed è entrato in camera sua. Poi mi ha detto di restare indietro.

«È andato via», ho detto. «È scappato.»

Lui si è girato verso di me.

«Chi?»

Ho abbassato gli occhi sui miei piedi e sulla moquette coperta di sporco delle scarpe. Poi ho guardato la porta: dentro era vuota e si poteva vedere dove si era staccato il legno. Era coperta solo da un pochino di legno che dava l'impressione che era piena, ma in realtà il legno era poco e dentro il resto era aria.

La stanza di Gert era nel caos. Il cassettone vicino al letto era capovolto. I suoi vestiti erano sparsi su tutto il pavimento.

Stava per scoppiarmi la testa. Mi sono sentita male e mi sono appoggiata al muro.

«Cristo», ha detto.

Non sono entrata e guardavo da lontano. Quando è uscito dall'armadio a muro Gert si è seduto e si è preso la testa tra le mani.

«Cazzo», ha ripetuto.

Si è alzato e mi ha stretto forte tenendomi per le spalle così non potevo muovermi. «Adesso devi dirmi subito cos'è successo.»

«Non lo so», ho detto, e lui mi ha chiesto di chi stavo parlando quando gli avevo detto che era scappato.

Non sapevo se dovevo dirgli chi era entrato e ci aveva derubato. Si arrabbiava di sicuro con me, se gli dicevo che avevo permesso a Hendo di entrare in casa.

«Mi stai facendo male», ho detto, perché le sue mani mi schiacciavano le braccia.

Lui mi ha mollato e ha preso a calci un mucchio di vestiti. Una T-shirt è volata in aria, è rimasta sospesa e poi è caduta come un uccello in picchiata che vuole acchiappare un topolino.

Mi sono seduta sul suo letto.

«Mi dispiace», ho detto.

«Non ti ricordi niente di questa persona? Cosa indossava? Quanto era alto? Niente?»

Si è avvicinato e io mi sono guardata le mani. Lui si è chinato e ha detto: «È importante, Zelda. Sforzati».

Ho continuato a guardarmi le mani e mi sono sentita tirata in mille direzioni diverse.

«Zelda», ha ripetuto Gert.

Gli ho detto che era stato Hendo. «Ma non è venuto qui per derubarci.»

Gert si è alzato ed è uscito di corsa dalla stanza, ma prima si è fermato per dirmi: «E allora che diavolo ci faceva qui?»

Non ha aspettato la risposta.

Mentre usciva ha imprecato e ha spinto la porta, che ha sbattuto contro il muro.

Ha fatto una telefonata sul balcone e io volevo stare con lui, ma mi ha detto di rimanere in camera mia. Ho cercato di dirgli che mi dispiaceva. Lui ha indicato la mia camera e ha chiuso la porta a vetri. Sono andata in camera e mi sono seduta sul letto e mi veniva da vomitare.

Mi sono guardata allo specchio: avevo il trucco su tutta la faccia perché avevo pianto e mi ero strofinata gli occhi.

Gert è entrato in camera mia e mi ha detto che stava arrivando AK47.

«Le ho detto che sono venuti i ladri e resterà con te finché torno.»

«Dove vai?»

Invece di rispondere si è girato e stava per andarsene.

«Devi rimanere», ho detto alzandomi dal letto e inseguendolo. Poi gli ho afferrato un braccio. «Okay?»

Lui non mi guardava. «AK47 arriva tra venti minuti.»

«Non puoi aspettare venti minuti?»

Lui non ha risposto. «Resta in camera tua e, quando sono uscito, chiudi a chiave la porta d'ingresso. E metti la catena.»

«Ti prego», ho detto. «Non andare via.»

Lui si è girato, mi ha messo le mani sulle spalle e mi ha guardato negli occhi.

«Non aprire quella cazzo di porta a nessuno, tranne ad AK47», ha detto, ed è uscito. «E quando torno parleremo di che cazzo ci facevi in giro con quello stronzo.»

Quando se n'è andato, ho tirato fuori da sotto il letto la spada vichinga. Ho giurato che, se da quella porta entrava qualcuno, invece di una vittima diventavo un eroe. Ho messo il telefono sul tavolino, l'ho guardato e ho aspettato di vederlo suonare.

Gert era uscito così in fretta che non avevo avuto il tempo di chiedergli perché se ne andava o dove stava andando. Mi sono messa in ginocchio sul letto vicino alla finestra. L'ho visto uscire dal palazzo. Davanti c'era una bella macchina, una macchina rossa che sapevo di avere già visto. Appoggiato alla macchina c'era Toucan, che fumava.

Con lui c'erano due persone. Una ha aperto lo sportello a Gert ed è salita insieme a lui. L'altra ha fatto il giro e si è messa al volante. Era il Ciccione.

La macchina ha fatto inversione e si è allontanata.

Proteggere la propria casa è la cosa più importante per un vichingo, anche più importante di conquistare regni popolati da cattivi, così mi sono seduta vicino alla porta con la spada in pugno e continuavo ad andare alla finestra per vedere se la macchina tornava. Non ero riuscita a proteggere la nostra casa una volta e non avevo intenzione di ricascarci.

Aspettavo anche la macchina di AK47. Anche la sua era rossa, ma di un colore più chiaro e più vecchia, era una Dodge Spirit, non è una macchina costosa come quella di Toucan.

Finalmente l'ho vista entrare nel parcheggio. L'ha messa nello spazio per gli ospiti e ho visto che aveva addosso la sua felpa rock'n'roll con il cappuccio tirato su.

Sono corsa alla porta e ho aspettato di sentirla bussare in quella sua maniera speciale e quando ho sentito il rumore giusto ho tolto la catena, che si può togliere soltanto da dentro.

«Non avere paura, Zee, sono io», ha detto AK47 entrando. Ci siamo abbracciate e lei ha chiuso la porta e poi io ho rimesso la catena. Lei si è abbassata il cappuccio e si è passata le mani tra i capelli arruffati e sembrava uno di quei fumetti in cui una persona ha preso la scossa e ha i capelli dritti in tutte le direzioni.

«Hai detto che è uscito da solo?» mi ha chiesto. «Cioè nessuno lo ha costretto?»

«Non lo ha costretto nessuno», ho risposto. «Ma c'era Toucan.»

AK47 si è strofinata la faccia con le mani. «Porca la miseriaccia. Quello stronzo.» Ha sbuffato, poi si è lasciata cadere sul divano.

Sono andata a sedermi vicino a lei e le ho messo la testa vicino all'ascella, che puzzava un po' ma non mi dava fastidio. Ho chiuso gli occhi e ho fatto finta di essere nascosta e che nessuno al mondo poteva vedermi.

«Quando tutto questo sarà finito», ha sussurrato AK47, «a Gert gli farò un culo come una capanna.»

Mi ero addormentata sul divano e avevo addosso una coperta. Ero di nuovo nel bel mezzo di un sogno sui Grendel, e nel sogno avevano portato via Gert dal villaggio in cui vivevamo e avevano bruciato tutto tranne me. Io mi ero nascosta e non avevo potuto salvarlo perché ero una vigliacca e i Grendel ridevano di me, e Gert mi urlava di aiutarlo ma io non potevo fare niente.

Quando mi sono svegliata, non ho capito dov'ero e credevo di essere ancora in quel villaggio e di essere ancora una vigliacca e che i Grendel continuavano a prendermi in giro mentre si allontanavano sul mare con le loro barche.

AK47 mi ha toccato il braccio.

«Tranquilla», ha detto. «Sono io. AK47.»

«Gert?»

«È tornato.»

Mi sono messa a sedere, mi sono strofinata gli occhi e le ho chiesto che ore erano.

«Le cinque.» Era stato via tante ore, ma almeno i Grendel non se l'erano mangiato.

«Voglio vederlo», ho detto.

«Non è messo bene. Okay? Devi stare calma. Perché non conti fino a dieci?»

Non volevo contare fino a dieci. Volevo vedere Gert. Ma AK47 non me lo permetteva, così insieme abbiamo respirato profondamente e abbiamo contato.

«Il cuore si è calmato?» mi ha chiesto AK47.

Le ho dato il polso e lei ha toccato il punto dove c'è la vena grossa e ha sorriso.

«Brava.»

Siamo andate in camera di Gert, che era disteso sul letto a pancia in giù.

«Ciao», ho detto a voce molto bassa per non fargli venire mal di testa. Poi, quando ho visto com'era ridotto, ho gridato piano. Aveva un occhio nero, anzi viola, e il labbro ingrossato.

«Sto benissimo», ha detto. «Rilassati.»

«Se per benissimo intendi che assomigli a una cazzo di

zucca che è stata picchiata con una mazza da baseball», ha detto AK47.

Gert mi ha guardato. «E tu come stai?»

«Come sto?»

AK47 mi ha messo una mano sulla spalla. «Vai a prendere un asciugamano in bagno. Puoi bagnarne un angolino con un po' d'acqua tiepida?»

Sono corsa fuori e ho fatto quello che mi ha chiesto.

Gliel'ho portato e lei l'ha usato sulla faccia di Gert. Lui era voltato dall'altra parte. AK47 gli ha premuto l'asciugamano sulla faccia. Quando l'ha tolto c'era sopra del sangue.

AK47 ha detto a Gert di tenerselo premuto finché lei tornava.

Siamo andate in cucina e lei ha chiuso la porta.

«Guarirà?» ho domandato.

«Guarirà benissimo. Forse avrà bisogno di un po' di ghiaccio, tutto qui.» Ha aperto il freezer e ha tirato fuori della verdura surgelata che non mangiamo mai. Ha messo il sacchetto sul bancone della cucina e l'ha appiattito con il gomito per togliere i grumi.

Le ho chiesto cosa avevamo intenzione di fare ai cattivi che gli avevano fatto quella cosa. «Dobbiamo vendicarci.»

Váli, il dio vichingo della vendetta, è una delle poche persone che sopravvivranno al Ragnarok, cioè alla fine del mondo. È il figlio di Odino e di una gigantessa di nome Rindr.

Ero arrabbiata. Non con Gert, ma con Toucan e i cattivi che avevano fatto male a mio fratello, che era un guerriero e non si meritava di somigliare a una zucca.

«Una cosa alla volta», ha detto AK47 portando le verdure in camera di Gert. Io l'ho seguita e lei mi ha fermato sulla porta. «Oddio», ha detto e mi ha dato le verdure. Poi si è precipitata da Gert.

Gert era a quattro zampe e stava vomitando sulla moquette. Faceva tanto rumore e ha fatto venire la nausea anche a me.

Quando AK47 è uscita dalla stanza, ha detto che Gert doveva restare solo e al buio per un po'.

«Credo che abbia una trauma cranico», ha detto. «Quindi adesso dobbiamo tenerlo al buio, lontano dal rumore e dalla luce.»

Sono andata in camera, ho preso tutte le mie coperte e i miei cuscini e li ho portati in corridoio sulla porta della camera di Gert. Se Toucan o i Grendel volevano venirselo a prendere, prima dovevano vedersela con me.

Nella vita vera non volevo essere vigliacca come nel sogno.

AK47 mi ha detto che non era una buona idea dormire in corridoio.

«Saresti d'intralcio», ha detto.

Le ho lanciato L'OCCHIATACCIA, per dimostrarle che volevo montare la guardia. «Nessuno porterà più via Gert», ho detto. «Non gli faranno venire altri traumi cranici.»

Ero così arrabbiata con Toucan che continuavo a pensare di ammazzarlo. Prima non mi era mai successo di pensare davvero di ammazzare qualcuno. Avevo pensato a sconfiggere mostri e cattivi, ma in realtà la parte in cui si ammazza non è mai la mia preferita, nelle saghe vichinghe.

Ho immaginato Toucan che moriva davanti a me. Gli tagliavo la testa, la alzavo e facevo vedere al mondo quello che succede a chi sfida Gert e la mia tribù.

Poi ho tirato fuori la mia lista di COSE CHE SERVONO PER LE LEGGENDE e ho cancellato tutti i cattivi, tranne Toucan.

27

Dopo un giorno Gert ha chiamato il dottor Laird per fissare un appuntamento d'emergenza dopo la rapina. All'inizio Gert non voleva. Diceva che tanto guarivo e anch'io dicevo la stessa cosa, ma AK47 ha detto che era necessario.

«I traumi permangono, Gert», ha detto. «Non dimenticartelo.»

Permanere vuol dire restare e un *trauma* è quando succede qualcosa di molto brutto, quindi un *trauma che permane* significa che la cosa brutta resta.

Il dottor Laird ci ha detto di presentarci prima del solito, la mattina presto, che per Gert è il momento peggiore della giornata. A lui piace dormire e odiava andare al college di mattina, quando lo frequentava ancora e non faceva parte della tribù di Toucan.

Era ancora sconvolto per quello che era successo. Non voleva dirmi cos'era sparito dalla sua camera e non aveva chiamato la polizia, il che mi andava bene, così non dovevo raccontare altre bugie su Hendo.

Mi vergognavo molto per via di Hendo. Avevo cercato di chiamarlo tutta la notte. Il telefono continuava a squillare finché una voce registrata ha detto «QUESTO NUMERO È STATO DISATTIVATO». Su Google ho trovato che significa che Hendo ha spento il telefono e ha cancellato il numero, quindi non può essere successo per sbaglio o perché non si è accorto che il telefono squillava.

Mi sono sentita una stupida per averlo baciato, e mi vergognavo perché mi sembrava di avere tradito Marxy e Gert insieme.

Mi sono data qualche pugno sulla gamba, molto forte, e mi sono ripetuta che ero stata una stupida a pensare che una persona normale e bellissima come Hendo poteva davvero innamorarsi di me. Mi aveva sconfitto facendomi credere che sono una persona normale.

Era un cattivo.

Andando allo studio del dottor Laird, non abbiamo parlato della rapina. Il cervello di Gert non funzionava bene. Era come un robot. Siamo rimasti in silenzio. Lui non ha acceso la radio e non ha messo la sua musica.

Teneva fermo il volante con un dito agganciato, in basso. L'altro braccio lo teneva fuori dal finestrino e lo faceva dondolare.

Ogni tanto beveva un sorso di caffè. Bevevo il caffè anch'io e cercavo di dimenticare che era successo qualcosa di brutto e che in futuro sicuramente succedevano altre cose brutte per colpa della prima cosa brutta, e che quelle cose brutte nascevano dal fatto che io avevo cercato di fare sesso con una persona che non era Marxy ed ero una troia, una parola che certe volte Gert dice con i suoi amici e che certe volte usano gli uomini dei film porno per chiamare le donne.

Questa parola vuol dire che cerchi di fare sesso con troppe persone. Era una parola troppo schifosa per diventare una delle mie Parole del giorno.

Quando abbiamo parcheggiato, si è voltato verso di me.

«Non voglio dire bugie», ho detto.

«Questo non è dire bugie.»

«Dire delle mezze verità è come dire delle bugie, quando uno vuole conoscere la verità tutta intera.»

«Senti, di' soltanto quello che ti ho detto di dire, che dormivi, che è entrato qualcuno e che andremo alla polizia.»

«Andremo davvero alla polizia?»

Lui ha appallottolato il bicchiere del caffè e lo ha buttato sul sedile di dietro. «Ne parliamo dopo.»

È sceso. Io dovevo seguirlo ma non volevo.

«Gert», ho detto.

«Cosa c'è? Faremo tardi.»

«Non mi piace.»

«Qual è la regola che ripeti sempre? Che la tribù viene prima di tutto. Be', stavolta si tratta proprio della nostra tribù, cazzo.»

E ha sbattuto lo sportello.

Era così presto che il guardiano del palazzo ha dovuto chiamare per avere il permesso di aprirci e farci salire in ascensore. Siamo usciti dall'ascensore e ci siamo avvicinati alla porta del dottor Laird, quella della sala d'aspetto, che era chiusa a chiave. Gert ha bussato due volte.

Ci ha aperto il dottor Laird. Nemmeno Hanna era ancora arrivata.

«Oddio», ha detto vedendo la faccia di Gert. «Sei andato da un medico?»

«Sto benissimo.»

Il dottor Laird ci ha praticamente spinti dentro la stanza.

Aveva un sacco di energia. Mi sono chiesta come faceva, visto che io e Gert non ne avevamo. L'aria condizionata era spenta. Lo studio era un po' caldo e un po' freddo. In genere era molto fresco, ma adesso non era nessuna delle due cose e sentivo che le ascelle mi diventavano umide.

Il dottore ha fatto il giro della scrivania e ha preso una tazza di tè. Ha raccolto il filo che penzolava fuori e ha fatto andare su e giù la bustina dentro la tazza. Era Earl Grey ed era lì da così tanto tempo che cominciava ad avere l'odore dei piedi bagnati.

«Allora», ha detto.

«Allora stiamo tutti bene», ha detto Gert. «Meglio chiarirlo subito.»

«Okay», ha detto il dottore. Poi ha tirato fuori il quaderno e ci ha chiesto di raccontare cos'era successo. Ha parlato Gert, anche se lui non c'era. Il dottor Laird lo ascoltava, poi ha chiesto a Gert se era a casa mentre succedeva tutto questo.

«A casa c'era Zelda.»

«Da sola?» ha chiesto il dottor Laird.

«Sì, visto che è adulta e lei dice sempre che deve avere più responsabilità.»

Il dottor Laird ha messo giù il tè e ha alzato le mani. «Nessuno sta dicendo il contrario. Sto solo cercando di appurare i fatti. Quindi qualcuno è entrato in casa fingendo di essere qualcun altro. Giusto, Zelda?»

Ho annuito. Mi sembrava di avere la bocca cucita. Mi sono conficcata in un dito l'unghia del pollice.

«Quindi se Zelda era a casa da sola e tu non c'eri, perché hai un livido in faccia?» ha chiesto il dottor Laird a Gert.

«Questo non c'entra niente.»

Il dottore mi ha guardato e io ho annuito di nuovo. «Gert non c'era.»

Ha scritto qualcosa sul quaderno e mi ha chiesto la mia versione della storia; a casa mi ero esercitata a raccontarla perché sapevo che me la chiedeva. Ho fatto un respiro profondo e ho cercato di ricordare da dove cominciare.

Ho detto che uno dei vicini aveva bussato alla porta, oppure che io credevo che era uno dei vicini. «Ma non era vero. E fuori in corridoio c'era buio, quindi, quando ho guardato dal buchino, non sono riuscita a capire bene chi era.»

Gert era tutto accigliato e mi fissava.

Poi ho continuato a raccontare. «Quando ho aperto è entrato e mi ha portato in bagno e mi ha chiuso dentro a chiave.»

«Aveva una pistola», ha detto Gert.

«Gert», ha detto il dottor Laird. «Per favore, lasciala parlare.»

«Smettetela di urlare», ho detto, e loro mi hanno guardato e io mi sono resa conto che non stavano urlando.

Il dottor Laird ha scritto qualcosa sul quaderno. Quando ho cercato di guardare le parole, lui ha fatto un colpetto di tosse.

«Zelda», ha detto. «Qual è il nostro accordo?»

«Non m'importa niente del nostro accordo», ho urlato. «M'importa che il mondo è pieno di bifolchi e merdacce che fanno del male alla gente.»

Il dottor Laird ha sospirato e aveva un'aria seria, non l'avevo mai visto così serio. «Avete chiamato la polizia?»

«Sì», ha risposto Gert.

Nell'aria c'erano così tante bugie che perfino io non sapevo più bene cos'era successo. Avevo mentito su Hendo, e Gert aveva mentito sul fatto di avere chiamato la polizia.

«E cos'hanno detto?» ha chiesto il dottor Laird. «Hanno qualche sospetto?»

«Io credo che sia importante concentrarsi meno sul giocare al detective e più su come si sente Zelda. Dev'essere stato spaventoso.»

Gert sembrava proprio il dottor Laird, che parla sempre di sentimenti.

«Ma certo», ha detto il dottore. «Naturalmente.»

Io non sapevo bene cosa dire. Mi sentivo in colpa per quello che era successo e anche perché avevo mentito a Gert e al dottor Laird. Ho preso la pallina antistress e ho iniziato a cercare di far passare dalle mie mani tutte le esplosioni che avevo nel cervello e farle arrivare alla pallina.

«Non sapevo che era un rapinatore», ho detto. «Mi ha detto che ero carina e ci siamo baciati e...»

Gert mi ha guardato.

«Credevo che qui si parlasse di verità», ha detto il dottor Laird.

«Zelda», ha detto Gert.

«Lasciala dire, Gert. Hai baciato una persona sulla porta?» Il dottore ha guardato i suoi appunti. «Non credo di aver capito.»

Mi è venuto in mente un video che avevo visto su internet. Era una cosa che in teoria doveva fare di te una persona migliore. L'uomo del video diceva che dire bugie è come un cancro. Sapevo che la mamma era morta di cancro e l'ultima cosa che volevo era prendermi il cancro e morire come lei, quindi non volevo dire bugie al dottor Laird. Il cancro non è contagioso e questo significa che non si trasmette da una persona all'altra, ma il video su internet diceva che dire bugie è contagioso. Più si dicono bugie alla gente, più la gente dice bugie a te.

«L'onestà è come una parola che puoi usare come una spada per aprirti la strada attraverso le bugie», diceva l'uomo pelato del video, e visto che io sono un vichingo e so come usare la spada, ho capito che diceva che se la usi bene la verità può renderti forte e potente.

«Zelda?» ha detto il dottor Laird. «Quando hai detto che hai baciato la persona che vi ha rapinato cosa volevi dire?»

Stavo diventando tutta calda in faccia. La regola di cui aveva parlato Gert, del dire bugie per proteggere la tribù, era il contrario della regola che dice di dire la verità alle persone di cui ti fidi e a cui vuoi bene, e io mi fidavo del dottor Laird.

Mi faceva male la mano a forza di stringere la pallina antistress. L'ho premuta sulla scrivania e ho chiesto di andare in bagno.

«Adesso?» ha detto Gert.

«Devo andare in bagno adesso, per favore.»

«Zelda, se c'è qualche problema...» ha iniziato a dire il

dottor Laird, ma io gli ho spiegato che se non andavo subito in bagno la facevo lì dov'ero seduta.

«OKAY?» ho urlato e prima di sentire la risposta mi sono alzata e sono uscita dalla stanza, sono passata davanti alla scrivania dove di solito c'è Hanna e sono uscita dall'ufficio senza guardarmi indietro per vedere se mio fratello o il dottor Laird mi seguivano.

Ho fatto il corridoio di corsa fino all'ascensore e ho premuto il bottone cento volte. Il numero in cima all'ascensore non cambiava abbastanza in fretta e io continuavo a premere, ma Gert mi ha raggiunto e mi ha preso la mano che ormai era tutta rossa e irritata.

«Ehi», ha fatto. «Ma che cavolo succede?»

L'ascensore si è aperto.

Gert ha messo la mano davanti alla porta dell'ascensore per non farmi entrare. «Il dottor Laird dice che ti vuole parlare ancora.»

«Sono stanca di parlare», ho detto cercando di entrare nell'ascensore, ma il braccio di Gert me lo impediva.

Alla fine l'ascensore si è chiuso e ho sentito che le gambe mi diventavano molli. Gert mi ha tenuto su.

«Okay», ha detto. «Ce ne andiamo. Però prima bisogna dirlo al dottor Laird. Okay?»

Stavo piangendo e avevo il moccio che mi colava su tutta la faccia, e mentre camminavamo Gert mi ha permesso di pulirmi sulla sua maglietta.

Quando siamo rientrati nell'ufficio del dottore, Gert gli ha spiegato che non volevo più sentirmi fare delle domande. Il dottor Laird ha detto che andava bene, mi ha sorriso in maniera molto dolce e mi ha detto che gli faceva piacere che stavo bene, e che non avevo fatto niente di sbagliato.

«Okay? Possiamo ripeterlo ad alta voce?»

«Non ho fatto niente di sbagliato», ho ripetuto, anche se non ci credevo.

Il dottor Laird ha detto che non chiamava la polizia.

«Ma voglio vederti, io e te da soli, quando sarai pronta», mi ha detto. «E voglio la verità.»

Quando siamo arrivati a casa non volevo parlare con nessuno. AK47 mi ha chiesto se stavo bene, ma io le sono passata davanti e sono andata in camera mia, ho chiuso la porta e ho deciso di non uscire mai più.

Lei ha bussato e mi ha chiesto se poteva entrare, e io ho detto di no e mi sono seduta con la schiena contro la porta per impedirglielo. Alla fine ha rinunciato e io sono rimasta sola. Cercavo un cattivo da sconfiggere, ma ero diventata io il cattivo. Facendo entrare in casa Hendo, avevo messo in pericolo la tribù.

Non volevo parlare con AK47 o con Gert, perché li avevo molto delusi. L'unica persona che secondo me poteva ascoltarmi era il dottor Kepple. Non aveva ancora risposto alle altre mie lettere, ma forse poteva capire che questa era urgente e rispondermi immediatamente.

Caro dottor Kepple,

sono una pessima vichinga e ho bisogno di un consiglio saggio. So che per i vichinghi proteggere la casa e la famiglia è una delle cose più importanti, ma io non sono riuscita a proteggere le mie. Sono stata ingannata da un cattivo che ha fatto una cosa molto brutta di cui non posso parlare nemmeno con lei. Ma è tutta colpa mia.

Leggendo molte delle leggende del suo libro, vedo che a volte gli eroi fanno delle cose brutte e alla fine diventano cattivi.

Per esempio, Starkad uccide il suo migliore amico,

il re Víkar di Agder, anche se è l'eroe di molte saghe. Diventa un cattivo.

Ho una domanda molto importante: quando un eroe commette un errore e si comporta da cattivo, come fa a ridiventare eroe?

Zelda

P.S. Per favore può rispondermi appena riceve questa lettera?

Ho premuto parecchie volte il tasto AGGIORNA su internet per vedere se mi rispondeva, ma non ho ricevuto nessuna nuova e-mail, solo il messaggio che spiega che il dottor Kepple risponderà appena gli sarà possibile. Mi sono addormentata con il computer sulle ginocchia.

La mattina dopo mi ha svegliato AK47. Era vicino al mio letto e si era messa un dito sulle labbra. Aveva in mano dei sacchetti della spesa.

«Cosa succede?» le ho chiesto.

«Parla piano», ha risposto. «Vieni a stare con me per qualche giorno.»

«Scusami se ieri sera non volevo parlare», ho detto mettendomi a sedere e portandomi le ginocchia al petto.

«Non ti preoccupare, non hai niente di cui scusarti. Adesso vieni, alzati.» Mi ha detto che non ero al sicuro in quell'appartamento finché Gert non risolveva la situazione.

«Lui lo sa?» ho chiesto rotolando giù dal letto.

AK47 ha aperto il mio armadio e ha cominciato a prendere dei vestiti.

«Ancora no. Ecco, prendi questi sacchetti. Cerca di scegliere quello che può servirti nei prossimi giorni.»

«Non ho intenzione di abbandonare Gert», ho detto.

«Tesoro, nessuno sta abbandonando nessuno. Biancheria?» ha chiesto, e ha indicato un cassetto. «Là dentro?»

Mi sono messa addosso le coperte e le ho ripetuto con ancora più energia che non avevo intenzione di lasciare Gert. AK47 ha aperto il cassetto, ha preso dei calzini e me li ha lanciati.

«Forza, Zelda, vestiti.» Non mi sono mossa e lei ha sospirato. «Stammi a sentire: non so esattamente cosa sia successo, ma so che è una brutta cosa che ha a che fare con quello schifoso di Toucan. Quegli stronzi fanno sul serio.»

Ho raccolto i calzini che mi aveva lanciato e li ho tenuti in mano. Erano neri e sopra c'erano dei vichinghi. Gert li aveva visti nel negozio di articoli sportivi e me li aveva comprati.

«Ma le tribù non dovrebbero stare unite? E se loro attaccano e noi non siamo qui a proteggerlo?»

«Proteggere chi?» ha domandato Gert. Era sulla porta, in mutande, la faccia ancora livida.

AK47 ha continuato a mettere i miei vestiti nei sacchetti. «Zelda viene a stare da me», ha detto. «Questo non è un posto sicuro, e tu lo sai.»

«Io non vado da nessuna parte, Gert», ho detto buttando per terra i calzini. «Voglio aiutarti a difendere la tribù.»

AK47 si è alzata e ha detto a Gert che non voleva sentire ragioni. «O così, oppure chiamo la polizia. Decidi tu.»

Sono usciti a litigare e io ho cominciato a tirare fuori i vestiti dai sacchetti e a rimetterli nei cassetti. Ma i calzini vichinghi no, quelli me li sono infilati. Erano lunghi e mi arrivavano quasi alle ginocchia.

Poi Gert è tornato e mi ha detto che AK47 aveva ragione. «Almeno per il momento.»

Ho incrociato le braccia sul petto. «Vuoi liberarti di me?»

Si è seduto sul letto vicino a me. «Mai. Ma qui non si tratta di te, si tratta di me. Tu parli sempre di leggende, giusto? Come fai a dimostrare al mondo quanto vali?»

Ho annuito.

«Questo è importante per la mia leggenda», ha detto. «E devo farlo da solo.»

Quella prima sera da AK47 non sono riuscita a dormire. Tutti i pensieri più rumorosi mi giravano nella testa e andavano a sbattere contro l'interno del cranio. Hendo aveva rubato qualcosa di molto importante che apparteneva a Toucan, una parte del suo tesoro segreto. La tribù non era al sicuro perché Toucan, che era un cattivo, era arrabbiato con Gert. Ma perché Gert aveva delle cose di Toucan?

Sapevo perché non potevamo chiamare la polizia. La parte di tesoro segreto che Hendo aveva rubato era qualcosa che era illegale possedere. Quindi la polizia non poteva aiutarci e io non sapevo come risolvere la situazione.

La casa di AK47 era molto calda. La sua casa era un deserto e là dentro era difficile respirare, anche se aveva un condizionatore che durante la notte mi sussurrava qualcosa, o almeno così mi sembrava. I miei pensieri mi dicevano: Sono molto cattiva, ho rovinato tutto perché sono cattiva, ho fatto solo cose cattive, amavo Marxy ed è stato tremendo perché ho cercato di fare sesso con un'altra persona che poi ha preso una cosa che ha messo nei guai Gert.

Ho pensato alla donna vichinga della tomba, che era forte e aveva l'armatura e altre cose che dimostravano che aveva vissuto una vita onorevole e leggendaria. Probabilmente aveva completato tutta la sua lista di COSE CHE SERVONO PER LE LEGGENDE senza mandare tutto in malora e mettere in pericolo la sua tribù. Gli dèi le sorridevano e invece erano arrabbiati con me. Quei pensieri mi urlavano contro la testa e il cuore, che batteva sempre più veloce mentre me ne stavo seduta nel silenzio della notte.

Shhh, ho detto ai miei pensieri. Smettetela di svolazzare; smettetela di andare a sbattere contro l'interno del mio cranio. Ma loro continuavano a volare, perché per dirgli di fermarsi dovevo pensarci, e pensare ancora rendeva quei pensieri volanti ancora più assordanti. C'erano spari e bombe che esplodevano. Le parole facevano BUM, finché non sono più riuscita a stare distesa immobile e silenziosa a letto. Mi sono alzata e ho cominciato a camminare avanti e indietro per la stanza, avanti e indietro, finché mi sono stancata così tanto che sono ricascata sul letto a fissare il soffitto.

28

La mattina mi sono svegliata al *bip* di un sms. All'inizio non ho neanche risposto perché non volevo svegliarmi. Essere sveglia mi faceva sentire in colpa perché ero una pessima vichinga.

È arrivato un altro messaggio. Ho sospirato, ho preso il telefono e l'ho letto.

Ciao Zelda vieni alla festa?

Mi sono messa a sedere, mi sono strofinata gli occhi e l'ho riletto. Era un messaggio di Yoda.

Ho risposto: *Quale festa?*

Ho aspettato.

È arrivato un altro messaggio. *Al centro diurno facciamo una festa per Marxy e devi venire anche tu perché ci manchi!*

Quelle parole, sullo schermo del telefono.

Io le fissavo. Era passato tanto tempo dall'ultima volta che avevo avuto notizie della mia tribù del centro diurno. Mi sentivo ancora in colpa per avere fatto male a Hamsa.

Yoda mi ha scritto: *Ci sei?*

Ho risposto: *Non sei più arrabbiato con me?*

Yoda mi ha scritto: *Nessuno è più arrabbiato con te. Vieni?*

Ho risposto: *Per cos'è la festa?*

Lui ha scritto: *Vieni e basta!*

Ho deciso che era arrivato il momento di vedere la mia

gente e quando mi sono vestita ho detto ad AK47 che avevo bisogno di un passaggio. Ho preparato lo zaino e ci ho messo dentro la spada vichinga, nel caso che Toucan decideva di attaccare di nuovo.

«Forse è meglio che rimani qui», ha detto AK47. Si stava preparando a prendere l'autobus per la sua giornata di lavoro e dal suo orario, che era attaccato al frigo proprio come quello del college di Gert a casa, sapevo che doveva andare al centro diurno.

«Devo vedere la mia gente», ho risposto. «Fine della storia.»

Al centro diurno non erano in palestra. Ho seguito le voci fino in fondo a un corridoio e sono passata davanti a un cartello appeso al muro con una freccia che diceva FESTA DI MARXY e un'altra freccia che indicava una delle sale riunioni. Ho aperto la porta.

C'erano Big Todd e Yoda e Hamsa e persone che non conoscevo e Marxy con addosso un buffo cappellino, che rideva davanti a una grande torta con delle candeline. Vicino a lui c'era Sarah-Beth che batteva le mani.

Big Todd mi ha visto e si è avvicinato. Gli ho chiesto cosa stava succedendo. «Non è il suo compleanno», ho detto. A un tratto tutti si sono messi a gridare. Marxy applaudiva e cantava.

«Marxy ha trovato il suo primo lavoro», ha detto Big Todd.

«Oh.»

«Gli abbiamo organizzato una piccola festa.»

Mi è venuto in mente che nessuno mi aveva organizzato una festa quando avevo trovato lavoro io, e ho ricominciato a sentirmi depressa. Big Todd mi ha messo un braccio sulle spalle. «Nessuno credeva che Marxy avrebbe mai trovato lavoro», ha detto. «Non è molto indipendente. Non come te. O almeno non lo era. Ma adesso vuole cambiare perché ha visto che tu ci sei riuscita.»

«Davvero?»

«Certo», ha risposto Big Todd. «Tu sei stata la sua ispirazione. È una cosa bellissima.»

«Ma allora adesso sono un'icona?»

Lui ha sgranato gli occhi anche se solo per un secondo e poi ha detto: «Sì, credo che tu abbia lanciato la moda di fare del proprio meglio».

Ma non mi ha spiegato cosa voleva dire.

Marxy era così felice che ero felice anch'io. Poi, quando mi è venuto in mente che non sono più la sua ragazza, e quando ho pensato a quello che era successo con Hendo, mi sono sentita in colpa.

«Vado ad allenarmi con i tiri liberi», ho detto. «Di' a Marxy che sono orgogliosa di lui.»

Big Todd mi ha detto che potevo dirglielo anch'io. Ho risposto che forse lo facevo e a quel punto è successa una cosa molto inaspettata.

Mentre me ne andavo, Sarah-Beth mi ha visto e mi ha chiesto: «Vuoi una fetta di torta?»

Sorrideva e aveva un po' di torta tra i capelli.

«Non lo so», ho risposto.

«Per favore. Marxy sente la mancanza della vostra amicizia», ha detto. E Big Todd mi ha lanciato L'OCCHIATACCIA.

«Tu sei la sua migliore amica e ti vuole ancora un bene mostruoso», ha detto Big Todd. «Se si può dire così.»

Sarah-Beth mi ha chiesto per la seconda volta «per favore».

Non sapevo perché era così gentile con me. Mi ha preso per mano e mi ha tirato al centro della stanza. Marxy mi ha visto, mi ha salutato con la mano e ha detto: «Ho trovato lavoro!»

Mentre mangiavo la torta con Marxy, ho potuto vedere tutte le persone di cui avevo sentito la mancanza. C'erano anche persone nuove e persone che non vedevo da tantissimo tempo. Avevano tutti dei cappellini di McDonald's, di quelli di carta, perché era proprio lì che Marxy aveva trovato lavoro. All'inizio mi ha fatto sentire in colpa vederlo e non parlargli tanto. Ma era difficile essere tristi mentre gli altri erano felici, e mettere quel cappellino mi ha fatto ridere.

Marxy si è seduto vicino a me, mi ha messo una mano sulla spalla e mi ha detto che aveva trovato lavoro per merito mio.

«Tu sei stata bravissima alla biblioteca», ha detto. «E hai fatto un sacco di cose da sola senza farti aiutare.» Ho cercato di dirgli che ero stata aiutata. Lui mi ha risposto che ogni tanto tutti hanno bisogno di aiuto e che io l'avevo aiutato. «Senza di te che dicevi che ero intelligente, non ci avrei mai provato.»

Mi ha detto che per lui ero una leggenda e che anche Yoda stava cercando lavoro.

Quando è arrivato il mio orario di andare a lavorare, Marxy si è alzato e mi ha dato un abbraccione grande.

«Una volta dobbiamo fare qualche tiro a basket», ha detto.

Credevo di volerlo baciare, ma poi mi sono ricordata che sta insieme a Sarah-Beth. Gli ho dato la mano e lui me l'ha stretta. Non era più la mia leggiadra fanciulla, ma quella di Sarah-Beth.

«Per me sei una persona leggendaria, un eroe», ha detto Marxy.

Avevo voglia di piangere, perché per tanto tempo ero stata male e quella era la prima volta che non mi sentivo cattiva, ed era anche la prima volta da tanto tempo che mi sentivo di nuovo una leggenda.

29

Durante il mio turno in biblioteca ho lavorato per un po' al banco dei prestiti. Mi sentivo bene. Non come un eroe, ma nemmeno male come prima. Immaginavo Marxy che lavorava da McDonald's, che cuoceva gli hamburger e aveva amici più normali, e questo mi rendeva felice.

Poi ho pensato alla mia lista di COSE CHE SERVONO PER LE LEGGENDE e al fatto che non ero riuscita a ottenerne molte. Non avevo più una leggiadra fanciulla e avevo fatto del male a Gert e alla tribù.

«Perché quel muso?» mi ha domandato Carol.

«Niente.»

«Se sono problemi di cuore con quel tizio che veniva qui, credo che tu stia meglio senza di lui.»

Non sapevo cosa dire, così sono andata a prendere il carrello e ho fatto il giro della biblioteca per rimettere a posto i libri.

In giro per la biblioteca ce n'erano molti, e questo voleva dire che la persona del turno precedente non aveva fatto un buon lavoro. Ho guardato e ho visto che era una nuova che si chiamava Olga e che non avevo ancora conosciuto. Allora ho deciso di rendere perfetta la biblioteca per mostrarle come si fa questo lavoro.

Sono andata in giro a raccogliere i libri e li ho messi sul mio carrello ordinandoli per il numero che c'è sulla costa. Quando ho alzato gli occhi sul reparto Libri sportivi, il mio cuore si è messo a battere forte perché ho visto qualcuno seduto dove si sedeva sempre Hendo.

«Porco cane», ho detto a voce alta e ho capito che quello seduto lì non era Hendo, ma un altro cattivo.

«Non ti piscerai di nuovo addosso, vero?» mi ha chiesto Toucan.

Stava leggendo un *National Geographic* con i piedi su una delle sedie. Mi sono sentita di nuovo le ginocchia molli e mi sono aggrappata al carrello per non cadere per terra.

Mi sono frugata in tasca per cercare la spada vichinga, ma era rimasta nello zaino e io ero indifesa.

«Perché sei venuto qui?» gli ho chiesto cercando di stare dritta e sembrare forte.

«Sto solo leggendo.» E mi ha fatto vedere la rivista. «Non faceva sempre così anche il tuo ragazzo?»

All'inizio non capivo di chi stava parlando. A Marxy non piaceva per niente il *National Geographic*. Ma poi ho capito che parlava di Hendo. Ho fatto un respiro profondo e ho stretto le maniglie del carrello.

«Non è il mio ragazzo.»

Toucan sfogliava le pagine. «Adoro queste cose. Le cicale di mare?» e mi ha fatto vedere la fotografia di un animale marino che sembrava un gambero e un granchio coperto d'arcobaleno. «Attaccano in un lampo, come una pallottola.» E ha fatto un gesto velocissimo. «E hanno degli occhi che vedono quello che noi non riusciamo a vedere. Come me. Io vedo cose che gli altri non vedono.»

Una delle cose che mi ha insegnato Carol è che, quando ha di fronte un utente arrabbiato o una persona aggressiva, un bibliotecario deve sempre rimanere calmo e ripetere molto chiaramente le regole.

«Okay», ho detto. «Per favore, togli i piedi dalla sedia.»

Lui si è messo a ridere, poi si è girato finché i piedi sono arrivati per terra e mi ha fatto vedere le mani come uno che si arrende. Ha chiuso la rivista e mi ha sorriso in un modo che non mi è piaciuto. «Sai, Zelda, io credo che stai recitando la parte della stupida perché ti piace che la gente faccia delle cose per te. L'ho già visto fare un milione di volte. Ho ragione? Fai di tutto perché la gente provi pena per te, così tu non devi fare un cazzo. Correggimi se sbaglio.»

La mia bocca si è aperta e volevo urlare, ma non è uscito niente, neanche l'aria. Toucan ha aspettato, poi ha scosso di nuovo la testa e ha riso con la faccia nella rivista. L'ha messa giù, si è alzato e ha cominciato ad avvicinarsi. Io ho fatto un passo indietro e mi sono messa dietro il carrello per usarlo come scudo se per caso voleva attaccarmi. Da lì gli ho ripetuto una regola molto importante della biblioteca. «Quando hai finito di leggere quella rivista», ho detto indicando il *National Geographic*, «allora io la rimetto sullo scaffale.»

Toucan si è avvicinato ancora e mi ha detto che sapeva che andavo a letto con Hendo e che potevo fare fesso Gert ma non lui. Mi ha detto che ero una puttana e con la bocca ha fatto un rumore che non mi è piaciuto.

«Smettila di fare quel rumore», ho detto, ma non forte come avrei voluto.

«Cosa? Come?» Toucan si è messo una mano vicino all'orecchio. «Ma Gert le sa tutte le cose disgustose che hai fatto, Zelda?»

A quel punto delle altre persone in biblioteca hanno cominciato a guardarci. Io ho abbassato lo sguardo sul carrello e sul libro di cucina che c'era sopra gli altri. Ho chiuso gli occhi.

Lui ha riso di nuovo, una risata alla Grendel, e non voleva piantarla.

«Me lo immaginavo», ha detto. «Mi piacerebbe molto se potessi dire al tuo ragazzo di chiamarmi. Forse sei riuscita a fare fesso tuo fratello e tutti gli altri, ma non me.»

Allora mi sono messa a urlare che era una merdaccia e la gente che c'era in biblioteca ha alzato gli occhi dai libri. Ho cercato Carol, ma era in pausa.

Il sorvegliante di quel giorno, Larry, si è avvicinato e ha chiesto se c'era un problema. A un tratto Toucan è diventato tutto allegro e gli ha fatto vedere la rivista. «Stavo solo leggendo. Ma credo che abbiamo finito la nostra chiacchierata. Salutami il tuo amico», ha detto rivolto a me.

«Forza, ragazzi», ha detto Larry tirandosi su i pantaloni. «Abbassate la voce.»

«Quello del centro diurno», ha detto Toucan. «Come si chiama? Max?» Poi ha schioccato le dita. «Marxy. Ecco come si chiama. Quel tipo ritardato.»

Sono rimasta immobile e non mi veniva in mente niente da dire.

Lui ha buttato la rivista sul mio carrello ed è andato via e Larry mi ha chiesto di tenere la voce bassa, in futuro.

«Le regole le conosci», ha detto.

Ho guardato Toucan che usciva dalla biblioteca con lo stomaco che mi si stringeva. Per un secondo si è fermato al banco dei prestiti, poi è arrivata la sua macchina rossa e il Ciccione si è spostato sul sedile vicino a quello del guidatore, così Toucan è salito al volante e se n'è andato.

Ho preso il telefono e ho scritto un sms a Marxy. Mi tremavano le mani.

Stai bene?

Qualche secondo dopo, il mio telefono ha fatto *bip* e lui mi ha risposto.

Sì! C'è ancora della torta dove sei?

Il mio cuore ha smesso di battere forte.

Per calmarmi sono tornata al computer. Ho aperto l'e-mail e ho cliccato AGGIORNA per vedere se il dottor Kepple mi aveva risposto. In genere non possiamo usare la nostra casella di posta personale sui computer del lavoro, se non è molto importante, ma io avevo deciso che era successo qualcosa di molto importante.

Avevo bisogno di sentire la sua voce, così sono andata in pausa pranzo e ho ascoltato un pezzetto della *Guida Kepple ai vichinghi* dall'audiolibro che c'è sul suo sito. Il dottor Kepple parlava di Beowulf, l'eroe che sconfigge Grendel, e di come dopo avere ammazzato la madre di Grendel, che era anche più potente, diventa re della sua tribù. Cinquant'anni dopo, uno dei suoi ruba qualcosa a un drago che si arrabbia e inizia a distruggere la tribù.

Beowulf, che ora è molto vecchio e non più tanto potente, decide di salvare il suo popolo e affrontare il drago da solo. Anche se non è stato lui a rubare l'oro del drago, si assume la responsabilità del colpevole che appartiene alla sua tribù.

I suoi guerrieri vogliono aiutarlo, ma Beowulf è l'eroe e per completare la sua leggenda combatte il drago da solo. Ho spento l'audiolibro.

Hendo aveva rubato l'oro e Toucan era il drago che aveva fatto del male a Gert. Ho pensato a cosa avrebbe fatto il guerriero vichingo. Dovevo trovare Hendo per costringerlo a restituire a Toucan quello che aveva rubato.

Ho deciso di scrivere un'ultima lettera al dottor Kepple.

Caro dottor Kepple,

questa potrebbe essere l'ultima lettera che le mando, perché ho un piano che mi aiuterà a ridiventare un eroe. Partirò per un viaggio per sconfiggere il cattivo della mia leggenda. Sono sicura di avere affinato le mie tecniche di combattimento e sono pronta ad affrontarlo.

Non ho raccontato a nessuno di questa battaglia finale, perché anche se i vichinghi hanno degli uomini saggi che gli dicono cosa fare, a volte gli eroi devono seguire il loro cuore e credere in se stessi.

Mi auguri skál*!*

Skál,
Zelda

Ho cliccato INVIA e ho fatto un respiro profondo. Era arrivato il momento. Anche se è contro le regole usare le informazioni degli utenti per scopi personali, certe volte i vichinghi devono violare le regole per salvare la tribù.

Sono andata al computer e ho cercato finché ho trovato la scheda di Hendo, poi ho messo il suo indirizzo su Google Maps e ho premuto STAMPA.

30

Dopo il turno alla biblioteca non sono tornata a casa. Invece di prendere il solito autobus ho attraversato, ho fatto due isolati e ne ho preso un altro.

Non era molto difficile arrivare con l'autobus a casa di Hendo, e quando sono scesa ho riconosciuto il quartiere e ho scattato una foto della fermata così mi ricordavo com'era fatta.

Con Google Maps ho visto dove andare, finché ho trovato l'indirizzo che stavo cercando. Non era un condominio, ma una scatola marrone attaccata a un'altra scatola marrone e così via. Invece del vetro, che era rotto e spuntava ancora dalle cornici come dei denti marci, sulle finestre c'erano delle assi.

Ho fatto un respiro profondo e ho bussato.

Non mi ha risposto nessuno. Ho notato che sulla porta c'erano una poltiglia gialla e dei gusci d'uovo.

«Non c'è», ha detto qualcuno. Dall'altro lato della recinzione c'era un uomo senza maglietta. Al guinzaglio aveva un grosso cane che mi fissava.

«Dov'è?» ho chiesto.

«E io che cazzo ne so», ha risposto lui. «Un minuto prima erano qui, un minuto dopo non c'erano più. Non hanno neanche chiuso a chiave la porta. Se vuoi, forse puoi anche entrare, ma è probabile che la casa sia già stata occupata e ci siano vetri rotti dappertutto.»

Poi è andato via insieme al suo cane. Mi aveva dato un avvertimento importante e qualunque vichingo lo avrebbe ascoltato.

Ho tirato fuori dallo zaino la spada vichinga, se per caso gli occupanti della casa erano dei cattivi.

Come aveva detto l'uomo, la porta non era chiusa a chiave. La casa puzzava di cesso e di fumo di sigaretta.

Ho chiamato Hendo. Non ha risposto nessuno. Ho anche chiamato Artem, e poi mi è venuto in mente che se anche c'era, era un neonato, quindi non poteva rispondere.

Le luci erano tutte spente. Tenevo la spada vichinga davanti a me e per vederci usavo la torcia del cellulare. Sul pavimento c'erano mucchi di scatole di plastica vuote di biscotti, vasetti di omogeneizzati e scatole della pizza. Ho dovuto farmi strada in un oceano di cartacce e altre cose schifose.

Qualcuno aveva scritto con lo spray la parola NEGRO sul muro e aveva disegnato un uomo che fa sesso con una donna. La donna aveva una faccia addolorata, gli occhi chiusi erano delle X e la bocca era aperta con la lingua fuori. Il sesso non dovrebbe essere così. Mi sono venuti i brividi.

In una delle stanze ho trovato un letto che puzzava di pipì e vomito. Non ci sono rimasta tanto. Ho cercato di accendere le luci ma nessuna funzionava.

Avevo molta paura, ma sapevo che questo faceva parte dell'essere una leggenda. Senza paura non ci può essere coraggio.

In casa non c'era nessuno, nemmeno quelli che la occupavano. Ho controllato in tutte le stanze. Mentre uscivo, ho visto dei libri nell'angolo. Erano libri della biblioteca. Dato che ero un vichingo e una bibliotecaria, li ho raccolti e me li sono portati via. Hendo aveva ancora il libro sui treni che gli avevo consigliato per Artem, ma il libro non c'era, e questo voleva dire che se l'era portato via e gli toccava pagare una multa, dopo avere pagato per tutte le cose cattive che aveva fatto.

Sono uscita con i libri sottobraccio. Erano così tanti che facevo fatica a trasportarli e ho rischiato di farne cadere per terra alcuni. Adesso ero ancora più arrabbiata con Hendo, perché non aveva riconsegnato tutti quei libri e magari c'erano delle persone che volevano leggerli e non potevano, perché erano spariti. Mi sono chiesta se Carol li aveva già registrati come smarriti e aveva già ordinato delle copie sostitutive. Certi libri erano più vecchi, quindi non era possibile riordinarli.

Stavo pensando se qualche libro poteva essere troppo vecchio per essere sostituito, come quello con la foto di Elvis Presley sulla copertina, e sono quasi andata a sbattere contro una poliziotta sul marciapiede. Dietro di lei c'era una macchina della polizia.

«Merda», ho detto chinandomi per raccogliere i libri, e la poliziotta mi ha anche aiutato.

«Non volevo spaventarla», ha detto restituendomene due, che io ho messo in cima a quelli che avevo in mano.

«Non importa», ho detto. «Adesso devo andare.»

Lei mi ha accompagnato e mi ha chiesto se potevamo fare una breve chiacchierata. «Tecnicamente lei, entrando in una casa non sua, ha commesso violazione di proprietà privata», ha detto.

Io ho fatto finta di non avere sentito e ho iniziato a camminare più veloce verso la fermata. Avevo le gambe pesanti ma continuavo a ripetere: Forza.

La poliziotta mi ha seguito. «Dove va?»

«Da nessuna parte.»

«Per una che non va da nessuna parte, sta andando piuttosto in fretta.»

Ho cominciato ad andare ancora più veloce e la poliziotta mi ha detto di aspettarla. Io non volevo, e poi dentro di me stavano succedendo così tante cose che se mi fermavo per parlare rischiavo di lasciarmi sfuggire tutto quello che stavo trattenendo: cose su Gert, Hendo e Toucan.

Così mi sono messa a correre. Per correre più veloce ho lasciato cadere i libri, una cosa molto vigliacca per una bibliotecaria, e ho cercato di nascondermi dietro una delle case.

Ma la poliziotta è stata più veloce, mi ha raggiunto e mi ha preso per un braccio.

«Ehi, tranquilla», ha detto. «Rallenti. Vogliamo solo parlare.»

Non stringeva molto forte e io mi sono liberata e le ho detto che doveva prendermi con la forza, anche se non ero sicura che mettersi contro la polizia era la cosa giusta da fare, per una leggenda. La poliziotta non si è arrabbiata e non mi ha attaccato come pensavo. Invece mi ha detto che voleva parlarmi di un mio amico.

«Quello della casa in cui è entrata», ha spiegato. «Pensavo che forse potevamo collaborare per trovarlo, tutto qui.»

«Io non ho amici che abitano in quella casa», ho detto.

«Allora ha scassinato la porta? Perché sarebbe reato.»

Ho deglutito e ho cercato di non guardarla negli occhi, perché non sono molto brava in questo genere di gare.

«Si rilassi. Voglio soltanto parlare, okay?» A quel punto mi ha dato la mia spada vichinga. «Ha perso questa. Credo che si possa classificare come arma. Quindi, se volessimo, potremmo arrestarla.»

Mi hanno detto che mi davano un passaggio dove volevo, così non dovevo prendere l'autobus. Visto che avevo i libri della biblioteca, gli ho detto di portarmi là. Sono stata bene attenta a non dire niente di Gert o Hendo o Toucan. Mi sono stretta i libri al petto e ho cercato di decidere cosa fare se mi facevano delle domande serie puntandomi addosso una lampada molto forte, come fanno nei film, e cosa fare se quella luce mi faceva venire sete, chiedevo un bicchiere d'acqua e loro non me lo davano finché non confessavo tutto.

«Tutto bene là dietro?» ha chiesto la poliziotta.

«Non dirò niente», ho risposto.

«Ma certo. È solo che sta tremando.»

«Quindi lei voleva recuperare i libri della biblioteca», ha detto l'altro poliziotto, quello che guidava.

«Nel computer c'era l'indirizzo dell'utente», ho detto.

«Lei è la bibliotecaria più zelante che abbia mai incontrato», ha detto la donna. «Ha fratelli o sorelle?»

Ho guardato dritto davanti a me.

«Zelda?» ha detto l'altro poliziotto. «Perché forse conosciamo suo fratello. Gert.»

Non ho detto niente. Avevo già la gola come un deserto e non mi avevano nemmeno puntato addosso la luce forte.

Si sono fermati davanti alla biblioteca. La poliziotta è scesa, ha fatto il giro e mi ha aperto lo sportello. Sono scesa anch'io.

«Se per caso vuole dirci qualcosa...» Mi ha dato un biglietto da visita e la mia spada vichinga, che si era tenuta.

L'ho ringraziata, ho preso i libri di Hendo e rientrando li ho messi nello scatolone delle restituzioni.

31

Non ho raccontato a nessuno della polizia, nemmeno ad AK47 o al dottor Laird. Ho nascosto nel libro delle Parole del giorno il biglietto da visita che mi aveva dato la poliziotta, alla pagina di una parola vecchia del 14 agosto, *proliferare*, che significa fare un sacco di cose ed espandersi e riprodursi.

Mi sentivo come se le cose che avevo dentro stavano proliferando. Non mi piaceva avere dei segreti con le persone, soprattutto con AK47, e quei segreti si stavano espandendo e riproducendo.

Dopo uno dei miei turni in biblioteca, io e AK47 siamo andate a fare la spesa per Gert e gliel'abbiamo portata a casa per fargli una sorpresa. AK47 stava parcheggiando e io sono andata ad aprire la porta.

Davanti al palazzo c'era Alf che fumava. Non ci vedevamo da un sacco di tempo. Mi ha salutato e anch'io l'ho salutato e stavo per entrare. A quel punto lui mi ha detto che voleva parlarmi.

«So che non ti piaccio», ha detto. «E so che non piaccio nemmeno a Annie.»

Ha succhiato l'ultimo sbuffo di fumo dalla sigaretta e l'ha spenta sul marciapiede schiacciandola con la scarpa.

«Tu vuoi rubare a Gert», ho detto. «Tu sei un suo nemico e quindi sei anche mio nemico.»

«Già», ha detto lui. «Sono proprio uno stupido che si è fatto fare un occhio nero cercando di impedirgli di picchiare lei.»

«Non la voleva picchiare. Chiudi il becco.»

A quel punto è arrivata AK47 carica di sacchetti della spesa e Alf ha cercato di aiutarla. Lei non ha voluto e, quando lui ha cercato di prendere i sacchetti, glieli ha tolti di mano.

«Ce la faccio», ha detto.

«Be', almeno fatti aprire la porta», ha detto lui.

L'ha preceduta di corsa e le ha aperto la porta di quella parte del palazzo dove ci sono le cassette della posta e il citofono. «Stavo proprio dicendo a Zelda che, anche se non ti piaccio, io la tengo sempre d'occhio.»

AK47 ha infilato nella porta la chiave sbagliata e ha imprecato sottovoce, non stava ascoltando. Alf aveva la chiave pronta e, quando lei ha tirato fuori quella sbagliata, ha infilato dentro la sua e ha aperto.

«Detto così suona proprio male», ha detto AK47, ed è entrata in fretta mentre Alf le teneva aperto.

Poi ha tenuto aperto anche per me e io sono passata stringendomi nelle spalle. Sapevo che Alf voleva farla fermare, ma sapevamo tutti e due che, se AK47 non voleva fare una cosa, nessuno riusciva a fargliela fare.

Stava già premendo il pulsante dell'ascensore.

«Posso solo dire una cosa?» ha domandato Alf.

«Non adesso», ha risposto AK47. «Andiamo, Zee.»

Le porte dell'ascensore si sono aperte. Siamo entrati tutti e tre. Alf si è messo da una parte e AK47 dall'altra. Io ero in mezzo e mi sentivo strana, perché in genere è Gert che sta da una parte e AK47 dall'altra. L'ascensore ha vibrato e ha iniziato a salire.

Ma Alf ha premuto il pulsante per fermarlo.

«Io ti rovino», ha detto AK47, e ha premuto il pulsante

per far salire l'ascensore. Le pareti hanno cigolato e abbiamo cominciato di nuovo a salire.

Alf ha alzato la mano. «Tranquilla. Non ce n'è bisogno. Volevo solo dirvi che ho sentito delle *cose.*»

«Tu dici sempre delle cose», ho detto. «Parli un sacco.»

AK47 ha riso e ci siamo scambiate un cinque. «Amen, sorella.»

Ma Alf ha continuato. «Volevo dire che ho sentito delle cose brutte. Su Gert. E la polizia.»

AK47 ha premuto il pulsante per fermare di nuovo l'ascensore. «Ma di cosa stai parlando?»

«Gira voce che ieri l'hanno beccato.» Alf ha tirato fuori un'altra sigaretta e se l'è messa dietro l'orecchio. «E so che non sono affari miei, ma a certe persone con cui va in giro queste cose non vanno giù.»

AK47 ha premuto un'altra volta il pulsante e abbiamo ripreso a salire. «Smettila», ha detto ad Alf.

«Ho solo pensato che dovevate saperlo. A me non frega un cazzo di quello stronzo, ma nel mio cuore c'è quello che definirei un punto debole per voi due.»

L'ascensore si è fermato al secondo piano ed è salita una signora con il bucato. Alf ha smesso di parlare. Al quarto piano la signora non è scesa ma siamo scesi io, Alf e AK47.

«Pensa agli affari tuoi», ha detto AK47 ad Alf, poi l'ha spinto con la mano che reggeva i sacchetti e si è girata verso il nostro appartamento.

AK47 ha chiuso la porta ed è stata normale finché si è appoggiata al muro ed è scesa come l'ascensore. Ho chiuso a chiave la porta e ho messo la catena, poi sono scivolata anch'io ai piedi del muro, vicino a lei.

Lei ha chiamato Gert e poi ha guardato il telefono scuotendo la testa. «Figlio di puttana», ha detto. «Puoi chiamarlo tu? Non mi risponde.»

Ho provato con il mio e poi gli ho mandato dei messaggi.

Gert non rispondeva. Ho cominciato a preoccuparmi, forse sapeva che avevo incontrato la polizia e non gliel'avevo raccontato.

Gert è tornato un'ora dopo, e quando AK47 ha iniziato a fargli delle domande lui ha risposto che non voleva parlare di quella cosa.

«E cosa sarebbe 'quella cosa'?» ha chiesto AK47.

«La polizia?» ho detto io.

Gert ha sospirato. «Così adesso lo sa anche lei. Sì, la polizia.» Si è seduto e ha cominciato a togliersi gli scarponi. «Dopo il tuo ultimo appuntamento, il dottor Laird li ha chiamati.» E mi ha lanciato L'OCCHIATACCIA.

«Non è colpa mia», ho detto. Ma ero felice che non sapeva che avevo parlato con la polizia, e ho quasi fatto un rumore e mi sono coperta la bocca.

«Nessuno ha detto niente del genere, tesoro», ha detto AK47. Poi ha incrociato le braccia. «Sai, ha ragione. Se tu non ti fossi messo a fare cazzate con quella gente...»

«Abiteremmo ancora a casa dello zio Testa di Cazzo Richard. Ecco dove saremmo. Ancora da quel viscido ciucciacazzi.»

AK47 è rimasta zitta. Per un minuto tutto è piombato nel silenzio, poi AK47 si è schiarita la voce. «Ho preparato la cena», ha detto. «Stasera devo fare un paio di corse con l'autobus e anche domani mattina presto, quindi stasera mi fermo a casa mia. Lei stasera dorme qui, oppure hai in programma una sparatoria innaffiata di cocaina alla Tony Montana?»

«Una cosa?» ho chiesto.

Gert si era preso la testa tra le mani. «Che meraviglia. Tony Montana.» Poi ha detto una cosa che non siamo riuscite a sentire e, quando AK47 gli ha chiesto di ripetere, lui ci ha risposto che non aveva voglia di battute su *Scarface*.

«Strano, in genere hai sempre voglia di battute su *Scarface*», ha detto AK47.

«Faccio del mio meglio», ha detto lui.

«E questo cosa c'entra con *Scarface*?»

«Vacci piano», ha detto AK47.

Si è avvicinata a Gert, l'ha baciato e poi gli ha dato uno schiaffo su una guancia, non forte, era uno schiaffo d'amore. «Ci sentiamo dopo, okay? E, se puoi, non scordarti che domani deve andare al centro diurno.»

«Benissimo», ha detto lui. «Ricevuto.»

«Benissimo», ha detto lei, imitandolo, e poi l'ha abbracciato e baciato, in maniera più sexy, e gli ha detto di non farsi arrestare o sparare prima del suo ritorno.

Poi se n'è andata e io e Gert abbiamo mangiato la cena, che era pasta. Io ho cercato di fare finta che era tornato tutto normale e gli ho chiesto come andava al college.

«Benissimo», ha detto lui facendo tintinnare la forchetta contro il piatto.

«Hai qualche esame, prossimamente?»

Lui si è pulito la bocca, ha appallottolato il tovagliolo e lo ha sbattuto sulla tavola. Il mio bicchiere d'acqua ha tremato e ho pensato che forse dovevo tenerlo fermo per impedire all'acqua di uscire.

«Ehi», ho detto.

Lui mi ha guardato. «Gli hai detto qualcos'altro?» ha chiesto.

«A chi?»

«Al papa, cazzo.»

«Ma cosa c'entra il papa...»

«Al dottor Laird, Cristo.» Ha scosso la testa. «Gli hai parlato dell'altra sera? Di quando è venuto Toucan...»

Ho fatto cenno di no. «Ti avevo promesso di non farlo e quindi non gli ho detto niente.»

«Sei sicura di non essertelo... non so... dimenticato?»

«Gert, non mi sono dimenticata. So quando dico le cose alla gente.»

Lui ha preso il suo piatto e l'ha portato al lavello. Gli ho chiesto cosa gli aveva detto la polizia e se aveva intenzione di aiutarli a sconfiggere Toucan.

«Noi non aiutiamo la polizia», ha risposto aprendo l'acqua. Poi ha messo il piatto nello scolapiatti facendo un gran rumore.

«Anche se stanno dalla tua parte?»

«Non stanno dalla mia parte.» È tornato al tavolo. «Ci hai parlato?» Ha messo le mani sulla sedia e ha avvicinato la faccia alla mia. Io ho chiuso gli occhi perché sapevo che se lo guardavo negli occhi non ero capace di dire bugie.

E dopo un po' non ho potuto evitare di guardarlo, ho tirato fuori il biglietto da visita che mi aveva dato la poliziotta e gliel'ho fatto vedere.

Lui ci ha dato un'occhiata, poi si è girato e ha dato un pugno al muro, così forte che il mondo ha tremato.

«Merda», ha detto tenendosi la mano.

«Okay», ho detto io e mi sono alzata. Sono andata al frigo e ho preso la busta di piselli surgelati. «Ecco qui.»

«Non ho bisogno di quella merda», ha detto lui, ma poi l'ha presa e se l'è messa sulla mano.

Anche se era più alto di me, gli ho toccato la spalla e gliel'ho stretta.

«Metto via i piatti e sparecchio», ho detto. «Okay?»

Lui non ha risposto, ha solo fatto un cenno e si è guardato la mano, che stava già diventando rossa.

32

Prima di andare al centro diurno con AK47, ho strappato il biglietto da visita che mi aveva dato la poliziotta e l'ho buttato nella spazzatura per dimostrare a Gert che mi fidavo di lui.

Era venerdì e al centro diurno era aperta la palestra, quindi potevi entrare nella stanza degli attrezzi e giocare con quello che volevi, bastava solo che poi rimettevi a posto. Però giocavano tutti a hockey invece che a basket, e io odiavo l'hockey. Ho preso un bastone da hockey e sono andata a salutare Hamsa e Yoda, che stavano parlando di una battaglia molto potente.

«Ho sentito dire che erano dei ninja», diceva Hamsa.

«Tartarughe ninja», ha detto Yoda.

«Ma quelle non attaccano le persone buone, stupido», ha detto Hamsa. «Solo i criminali e i rapinatori e quelli della Pattuglia del Piede.»

Ho chiesto di cosa stavano parlando.

«Non è la Pattuglia del Piede, è il Clan del Piede», ha detto Yoda picchiando il suo bastone da hockey contro quello di Hamsa. Hamsa ha fatto la stessa cosa.

Io ho messo il mio bastone sopra i loro e ho chiesto di cosa stavano parlando.

Loro si sono guardati. «Niente», ha risposto Hamsa.

«Dai», ho detto io. «Chi ha combattuto?»

«Marxy», ha risposto Yoda.

«Oh.» Ho cercato di far finta che non mi importava, visto che si trattava di Marxy e non ero più la sua ragazza. Ho tolto il mio bastone da sopra i loro.

Hamsa e Yoda si sono guardati di nuovo. «Ha fatto una rissa», ha detto Yoda.

«Una di quelle grosse», ha detto Hamsa. «Forse c'erano anche dei ninja.»

«Questo però non lo sappiamo di sicuro», ha detto Yoda.

Hanno taciuto. Poi Yoda mi ha guardato negli occhi. «È messo molto male.»

Il cancello di Marxy era chiuso, così ho infilato la mano dentro e l'ho aperto e mi sono avvicinata alla casa. Ho suonato il campanello. Non ero sicura di cosa dire se veniva ad aprire Pearl.

Non ha risposto nessuno, quindi ho suonato di nuovo.

Allora si è aperta la porta, era un uomo.

«Cosa desideri?» mi ha chiesto.

«Lei chi è?» ho domandato.

Lui mi ha fissato. Era alto e magro, a parte la pancia. Aveva gli occhiali e i pantaloni corti.

Abbiamo fatto a chi abbassava prima lo sguardo.

«Tesoro?» ha chiamato, girandosi.

«Voglio vedere Marxy. È in casa?»

Alle sue spalle è arrivata Pearl. Mi ha visto e ha detto: «Oh, Zelda. Entra pure».

L'uomo non si è mosso ma lei gli ha detto che non c'erano problemi, che ero la ragazza di Marxy.

«Adesso smettila di fare il maschio alfa. Non gli farà del male.» Pearl lo ha fatto spostare, mi ha preso per un braccio e mi ha tirato dentro.

L'uomo era il padre di Marxy. Ci siamo stretti la mano

e lui ha detto di chiamarsi Mark. Più lo guardavo, più mi accorgevo che un sacco di parti della faccia erano le stesse. Il naso, che era diritto e si allargava in punta. E gli occhi, che erano verdi. Erano anche tutti e due alti.

«Aspetta, ha un'altra ragazza?» ha chiesto Mark. «E quella, come si chiama? Sarah-Beth?»

«Oh, ma quella non è la sua ragazza *vera*.» Pearl gli ha detto che, se stava di più a casa, cose come quelle le avrebbe imparate. Poi mi ha chiesto se volevo qualcosa da bere. «Marxy dice che ti piace la Fanta all'uva. È vero? Mark, potresti?...»

Pearl gli ha indicato la cucina e Mark ha scosso la testa ed è andato a prendermi della Fanta all'uva. Lo abbiamo guardato e anche lei ha scosso la testa.

«Cos'è quella cosa che dite sempre tu e Marxy? Merdaccia?»

«Sì», ho risposto. «E anche bifolco.»

«Quell'uomo è tutte e due le cose. Arriva sempre ultimo.»

Mi ha portato di sopra a trovare Marxy e ha detto a Mark di aspettare in cucina. «Adesso non ha voglia di vederti», ha detto.

Mark ha alzato le mani al cielo e le ha chiesto perché l'aveva chiamato, allora, se doveva soltanto starsene lì tutto il giorno a offrire succo d'uva alla gente.

«Fanta all'uva, è diverso. E smettila di fare il bambino.»

Io e Pearl siamo salite. Mi ha detto che Marxy era finito in una specie di rissa. «Be', non credo che 'rissa' sia la parola giusta. Qualcuno l'ha colpito, ecco. So che a volte è un po' pesante, ma chi pensi che abbia potuto fare una cosa del genere?»

«Dei bifolchi», ho risposto.

Pearl si è strofinata la faccia con le mani. «Maledizione, certe volte sono così stanca di questo mondo e della gente che c'è dentro.» Aveva l'aria di volersi mettere a piangere, così le ho appoggiato una mano sul braccio. Lei ha guardato la mano e poi me. «Scusami. È solo che è dura reggere sempre tutto sulle spalle.»

«So cosa vuol dire», ho detto, ed era vero.

Siamo arrivate in cima alle scale. La camera di Marxy era chiusa. Ci siamo fermate davanti alla porta. Lei ha messo una mano sulla maniglia.

«Non sta così male come sembra», ha detto. «Be', in realtà probabilmente sì. Abbiamo chiamato la polizia e fatto denuncia.»

Marxy non aveva un bell'aspetto. La sua faccia in certi punti era viola. Vederlo ferito mi ha fatto sentire tanto triste, ma ero anche molto felice perché Pearl aveva detto che io ero la *vera* ragazza di Marxy.

Lui era a letto, seduto, e quando mi ha visto si è tirato su. Pearl è andata a sistemargli il cuscino dietro la schiena.

«Mamma, posso farlo da solo.»

«Okay, okay.» Lo ha baciato su quella faccia che sembrava una zucca, poi è uscita. Ma non ha chiuso la porta, così sono andata a chiuderla io.

Gli ho chiesto cos'era successo.

«Stavo giocando a basket da solo al parco in fondo alla strada ed è arrivato uno che mi ha dato un pugno.» Ha fatto di nuovo quello strano rumore con il naso. «Non so perché. Mi ha dato un pugno e basta.»

«Che cattivo», ho detto.

«Mi fa male la testa», ha detto Marxy. «Puoi venire a sederti qui vicino a me?»

Sono salita sul letto e l'ho abbracciato finché ha smesso di respirare forte. La maniglia si è mossa e dall'altra parte ho sentito Pearl che chiedeva se andava tutto bene.

«Sì», ha urlato Marxy, poi dalla scatola vicino al letto ha tirato fuori un fazzolettino e si è soffiato il naso. È uscita una roba rossa. Molto dolcemente, lui ha messo il fazzolettino nel cestino.

«Ha rubato qualcosa?» ho chiesto. «Nel nostro quartiere la gente fa di queste cose, quando vuole rubarti qualcosa.»

«Mi ha portato via la palla di Larry Bird.» Si è girato verso di me e mi ha chiesto se potevamo baciarci un po', ma quando ci abbiamo provato la bocca gli faceva troppo male, così sono rimasta seduta sul letto finché si è addormentato. Ha cominciato a russare e io mi sono dovuta alzare molto lentamente per non svegliarlo.

Pearl mi ha accompagnato fuori. Lungo la strada ho salutato Mark, che guardava il football alla tele in soggiorno. Lui non mi ha detto niente, ha solo alzato la mano e l'ha agitata un pochino.

Quando siamo arrivate alla porta, Pearl mi ha chiesto se potevo tornare anche il giorno dopo. Sono rimasta stupita.

«Vuoi che ritorni?» ho domandato.

Lei si è tolta un filo dalla maglietta. Per la prima volta l'ho guardata dritta in faccia, negli occhi, e lei ha fatto lo stesso.

«Tu lo fai felice», ha detto. «E adesso è quello che voglio per lui.»

Prima di farmi uscire ha fatto una cosa che non aveva mai fatto: mi ha abbracciato.

Era un mondo pieno di cattivi ed ero arrabbiata perché avevano fatto male a Marxy, che era tanto innocente e puro, anche se non era più la mia leggiadra fanciulla. Ho fatto la faccia arrabbiata, così nessuno provava a rivolgermi la parola sull'autobus per andare in biblioteca. Il mio turno iniziava in meno di un'ora e Carol mi aveva messo al computer, dove gli utenti vanno a prendere in prestito i libri. È il ruolo più importante che c'è in biblioteca e Carol contava su di me.

Quando sono arrivata sono entrata, ho salutato Larry il

sorvegliante e sono andata nella sala del personale, dove Carol stava mangiando un'insalata in un contenitore di plastica.

«Tecnicamente non sono in ritardo», ho detto indicando l'orologio.

«Io non ho detto niente», e si è ficcata in bocca una forchettata di foglie.

Sono andata a prepararmi per la mia giornata di lavoro e ho visto la palla di Larry Bird di Marxy. Era dentro lo scatolone degli Oggetti smarriti.

«E questa da dove viene?» ho chiesto prendendola e alzandola.

Carol ha fatto un giro sulla sedia. «L'ho trovata su un tavolo insieme ad alcuni *National Geographic*. Perché?»

Era una domanda che mi facevo anch'io. Non era il posto giusto per quella palla. Se la trovavo su un campetto da basket, okay. Ma poi Carol mi ha fatto vedere il punto dove l'aveva trovata e mi sono resa conto che era lo stesso in cui si era seduto Toucan. Poi mi sono ricordata che Toucan mi aveva minacciato. All'inizio non ho messo insieme le due cose. Poi ho cominciato a capire che Toucan aveva lasciato quella palla per me.

Il che voleva dire che era stato lui a fare del male a Marxy.

Il che voleva dire che ero io la responsabile delle sue ferite.

Quando sono tornata dalla biblioteca, mi sono guardata allo specchio e mi sono sentita molto piccola e stupida.

«Non sei una leggenda», ho detto al mio riflesso e ho deciso di restare a letto per sempre.

Ma, quando sono passata vicino al computer, ho visto un messaggio che non pensavo di vedere arrivare mai. «Odino sia lodato», ho sussurrato e ho cliccato sull'e-mail che diceva «Dalla scrivania del dottor Joseph Kepple», e ho cominciato a leggere.

Cara Zelda,

devo scusarmi per non avere risposto prima ai tuoi messaggi: per un po' sono stato all'estero e il mio assistente non mi ha informato delle tue avventure. Tuttavia le tue lettere sono diverse da tutte quelle che mi sono arrivate finora, perciò ho la sensazione di conoscerti.

Rileggendo i tuoi messaggi ho capito che hai scoperto di essere l'eroe della tua leggenda. Ricordo quando avevo la tua età e mi sentivo perso, proprio come te.

Spero che troverai quello che stai cercando. Ciò che posso dirti è che a volte è la vita a trovare noi, e quando succede dobbiamo essere all'altezza e avere coraggio. Facciamo liste, regole, cerchiamo di mettere in ordine le cose, di controllarle, ma in realtà le parti più importanti della vita, quelle che vale davvero la pena di amare, sono quelle che non ci aspettiamo.

Teniamoci in contatto.
Cordialmente,
dottor Joseph Kepple
professore emerito, Stanford College

Ho riletto la lettera del dottor Kepple parecchie volte. Il dottor Kepple si era perso, ma era diventato uno scrittore importante che sapeva tutto sui vichinghi.

Anche l'ultima riga che mi aveva scritto era molto importante. Diceva che certe volte le parti più belle della vita, cioè quelle che «vale davvero la pena di amare», sono quelle che non possiamo mettere in una lista perché non sappiamo che stanno per succedere, o che possono succedere.

È stato allora che ho finalmente capito.

In molte leggende, quando gli eroi devono sconfiggere dei

cattivi molto potenti, i cattivi fanno sempre del male a delle persone innocenti a cui l'eroe vuole bene. E quando l'eroe viene provocato troppo dal cattivo, allora scende in battaglia.

L'eroe di una leggenda vichinga è sempre più piccolo del cattivo. Ecco perché è una leggenda. Toucan era più grande di me. Ma questo non aveva importanza. Quello che conta sono le dimensioni del tuo cuore. Come Karate Kid, che nel film viene picchiato da un combattente più grande di lui finché usa la sua tecnica speciale, il calcio della gru, per sconfiggere l'avversario. È il coraggio a fare l'eroe. Io non sono grande, tranne quando devo essere coraggiosa e proteggere le persone a cui voglio bene, come Marxy e Gert.

Ho fatto tanti respiri profondi e poi ho capito che la mia leggenda stava per concludersi. Secondo la mia lista, mi restava soltanto un cattivo da sconfiggere.

Nelle leggende vichinghe l'eroe va dal mostro, nella sua caverna. Io non avevo l'indirizzo di Toucan. Non era nel computer della biblioteca come quello di Hendo. Ma sapevo che c'era un posto dove potevo trovarlo, dove lui e la sua tribù passavano il tempo a fumare e fare i cattivi.

Ho preso la mia spada vichinga. Ho preso un fazzolettino e l'ho fatta brillare ben bene, poi me la sono messa in borsa. Spuntava fuori, così l'ho avvolta in una mia vecchia maglietta e ho preparato il mio cuore alla battaglia.

33

Il posto dove Toucan passava un sacco di tempo era davanti a un negozio che vendeva sigarette e puzzava. A Toucan piaceva sedersi su una sedia di plastica a fumare e la gente veniva a trovarlo. Gert era andato da lui un sacco di volte e ogni tanto lo vedevo seduto là, quando prendevo l'autobus per andare in biblioteca.

Toucan non era seduto sulla sua sedia di plastica, ma sulla sedia c'era qualcun altro. Era il Ciccione, che guardava il telefono e sbadigliava.

Quando mi ha visto, si è alzato. Mi ha chiesto cosa ci facevo in quei bassifondi. Io gli ho risposto che non capivo, perché quel posto non era mica basso.

«Come non detto.» Aveva una mela e ha iniziato a mangiarla.

«Voglio vedere Toucan», ho detto.

Lui ha continuato a masticare la mela. Dopo aver mandato giù un grosso boccone, mi ha detto che dovevo mettermi in coda. Mi sono guardata intorno ma non ho visto code.

Lui mi ha chiesto se ero davvero così ritardata. «È una metafora, idiota», ha detto buttando via il resto della mela.

«Sei grasso e brutto da far schifo», ho detto, cosa che avevo già pensato senza dirgliela, perché prendere in giro qualcuno perché è sovrappeso e per qualcosa che non può controllare, come la sua faccia, è brutto come prendere in giro qualcuno per essere ritardato. Però non sono riuscita a farne a meno.

Lui non si è mosso. «Vaffanculo», ha detto e ha ricominciato a guardare il telefono.

«Non voglio andare affanculo. Voglio Toucan. So dove trovare Hendo.»

Lui ha smesso di giocare con il telefono. «Cos'hai detto?»

«So dove trovare Hendo e il borsone da palestra che Toucan sta cercando per la sua impresa.»

Lui mi ha chiesto di dirglielo, e mi ha detto che doveva passare l'informazione a Toucan. Io ho scosso la testa e ho detto che quella era la mia leggenda. «Sono io quella che glielo dirà, e voglio che mi porti da lui.»

«No», ha detto il Ciccione. «Non credo proprio.»

«O mi porti da lui oppure lo trovo da sola, senza il tuo aiuto.»

Il Ciccione ha sospirato e ha detto: «Okay, fai come vuoi». Mi ha detto di aspettare. Si è voltato e ha chiamato qualcuno con il cellulare.

«Zelda, giusto?» mi ha chiesto.

Io gli ho fatto segno di sì.

Lui l'ha ripetuto al telefono. Io ho incrociato le braccia. Si è infilato il telefono in tasca e mi ha detto di andare con lui.

«Perché non può venire lui qui?»

Se c'era una cosa che sapevo sui combattimenti era che era meglio farli in territorio neutrale. *Neutrale* significa che nessuno è in vantaggio. Andare da Toucan significava che era in vantaggio lui. Negli sport il vantaggio va alla squadra di casa. Giocare nella palestra di un'altra squadra significa andare in territorio nemico.

Il Ciccione mi ha indicato una macchina parcheggiata in strada.

«O vieni o resti qui. Ho di meglio da fare che occuparmi di queste stronzate.»

Io avevo la spada vichinga e sapevo che nelle leggende gli eroi non vincono sempre, ma più che vincere l'eroe vichingo deve farsi avanti quando arriva il momento.

Ho fatto un respiro profondo e sono andata alla macchina.

Il Ciccione mentre guidava non parlava. Gert mi aveva detto di non salire mai in macchina con gli sconosciuti. Il Ciccione ha acceso lo stereo per sentire musica rap e si è messo a fumare. Mentre guidava io ho cominciato a chiedermi cosa stavo facendo, se mi stavo cacciando in un guaio così grosso che Gert non poteva più salvarmi.

Era il pensiero sbagliato. Non puoi avere paura. Un vichingo che scende in battaglia e pensa che sarà sconfitto, sarà sconfitto. Ho infilato una mano nello zaino per essere sicura che fosse dentro, se per caso dovevo tirarla fuori per difendermi. Il Ciccione mi ha chiesto se volevo l'aria condizionata.

«No», ho risposto.

«Ti dispiace se la accendo?»

«No, fai pure.»

«Bene», ha detto il Ciccione accendendola. Dopo un po' ha abbassato la musica.

«Ma allora, Gert che combina?» mi ha chiesto.

«In che senso?»

Il Ciccione ha mosso la testa di qua e di là. «Non lo so. Si è messo a parlare con la polizia.»

Ha rallentato per fermarsi a uno stop, ma non si è fermato completamente. Mi è venuto in mente quando la macchina della polizia aveva fermato Gert per avere bruciato uno stop e lui aveva vomitato.

«Se non ti piace la polizia, dovresti fermarti agli stop. Una volta un poliziotto ha fatto accostare Gert perché non si era fermato del tutto.»

Il Ciccione ha fatto una risatina. «Certo. Ma non in questo

quartiere.» Ha pestato forte sull'acceleratore e la macchina è ripartita così veloce che sono andata a sbattere contro il sedile. Lui ha alzato di nuovo la musica.

Dopo poco ho capito dove stavamo andando, poi lui si è fermato vicino a una casa. Era quella di Toucan, dove mi aveva portato Gert, con le siepi e il prato e la bella macchina rossa parcheggiata davanti.

«Eccoci», ha detto spegnendo il motore. Io mi sono sganciata la cintura e ho aperto lo sportello. Lui la cintura non se l'era messa, che è una cosa da stupidi, ed è sceso anche lui.

Il Ciccione si rigirava le chiavi in mano. Facevano il giro tintinnando e poi gli sono cadute sui gradini. Si è fermato per raccoglierle.

Quando siamo arrivati alla porta, me l'ha aperta. Io volevo ringraziarlo, però i cattivi non si ringraziano, quindi mi sono limitata ad annuire e sono entrata. Sono stata bene attenta a fare in modo di poter tirare fuori la spada vichinga, per attaccare.

La casa era buia. In un angolo c'era una sola luce accesa. Altrimenti c'era la luce gialla che filtrava dalle tende. Da qualche parte arrivava una musica tranquilla. Il Ciccione mi ha detto di aspettare e mi ha mostrato il divano.

«Dice che ti siedi lì.»

«Okay», ho detto.

Il Ciccione è uscito, ma prima di chiudere la porta mi ha chiesto di dire a Gert che Big Mike gli mandava i suoi saluti.

«Glielo dico», ho risposto.

«Bene», ha detto il Ciccione e poi è uscito muovendosi lentamente, perché era così grosso che quasi restava incastrato nella porta.

A quel punto ho deciso che la battaglia era vicina. Non avevo pensato a cosa dire a Toucan. Sapevo solo che dovevo sconfiggerlo. Forse avrebbe cercato di attaccarmi, come nelle leggende della *Guida Kepple ai vichinghi*, oppure finivamo per fare conversazione, come Luke Skywalker e Dart Fener, per poi tirare fuori le armi e combattere. Ho tirato fuori la spada vichinga e me la sono messa sulla cintura, così se ne avevo bisogno potevo brandirla per sconfiggere il male.

«Zelda», ha detto Toucan entrando. Stava fumando e si grattava il mento. «Piacere di vederti. *Mi casa es su casa*, te lo ricordi?»

«Sono qui per fermarti», ho detto. «Ecco cosa sono venuta a dirti.»

La punta della sigaretta che Toucan stava fumando è diventata arancione forte. Il fumo gli usciva dal naso, proprio come dal naso dei mostri. Ha riso e dalla bocca gli è uscito altro fumo.

Quando Beowulf ha sconfitto Grendel, non aveva paura, anche se Grendel era il cattivo più grande che aveva mai visto. Toucan faceva paura. Mi sembrava di avere dentro un uccellino che sbatteva contro l'interno del mio corpo e cercava di uscire. Per calmarmi mi sono guardata le scarpe e mi sono messa a contare fino a dieci.

«Cos'è, ti è venuto un ictus?» ha chiesto Toucan.

«Quando hai fatto del male a Marxy hai dichiarato guerra. Gli hai rubato la palla e gli hai fatto male, proprio come hai fatto male a Gert.» Ho raddrizzato la schiena e mi sono allungata al massimo. «Io ti fermerò.»

Mi aspettavo che Toucan assumesse la posizione da battaglia. Ma non si è mosso e non ha nemmeno cambiato espressione.

«Non ho la minima idea di cosa stai parlando.» Mi ha indicato il divano. «Perché non ci sediamo a parlare come due persone adulte?»

Gli ho risposto che non volevo sedermi. Volevo solo che lasciava in pace Gert, che lasciava in pace Marxy e che la smetteva di vendere droga.

Toucan non si comportava come uno che vuole combattere. Mentre mi ascoltava annuiva e diceva continuamente: «Okay».

Una battaglia non dovrebbe andare così. Lui non aveva un'arma e non si era messo in posizione da combattimento. Gli ho detto che doveva lasciarci in pace, che era una condizione fondamentale e che non era negoziabile.

Alla fine ho detto: «Queste sono tutte condizioni fondamentali».

Lui si è leccato le dita e ha pizzicato la punta della sigaretta per spegnerla. Poi ha messo quello che restava in un posacenere sul tavolo. Mi ha chiesto se avevo finito.

«C'è un'altra cosa.» Ho infilato la mano nella cintura e ho tirato fuori la spada vichinga. Me la sono messa davanti e ho assunto la posizione da combattimento.

Toucan ha fischiato.

«Guarda guarda», ha detto. «Hai un'aria pericolosa. Sei sicura di sapere come si usa?»

Gli ho detto che facevo sul serio e che se non prometteva di lasciare in pace me, Gert e Marxy dovevo proprio usarla. Lui ha incrociato le braccia e ha fatto un passo avanti.

Un passo molto lento.

Io ho puntato la spada per fargli capire che se si avvicinava ancora lo colpivo.

«Resta dove sei», ho detto.

Toucan ha fatto un altro passo. «E se faccio così?» Poi ne ha fatto un altro, finché è stato così vicino che potevo attaccarlo.

«Ho detto...»

Ha sciolto le braccia e mi ha afferrato un polso. Mi ha storto il braccio finché mi ha fatto male tenere in mano la spada vichinga, e allora ho dovuto mollarla. Poi con l'altra mano mi ha preso per i capelli.

«Basta!» ho detto. Lui non ha smesso. Mi ha tirato i capelli così forte che gli sono caduta davanti in ginocchio.

Era come se i capelli mi strappavano il cervello da dentro la testa. Sentivo il corpo attraversato da dei lampi e cominciavano a venirmi le lacrime agli occhi.

«Cosa?» Mi ha tirato su la testa finché ho avuto davanti la sua faccia. «Cosa stavi dicendo?»

Ho cercato di morderlo, ma lui mi ha tirato indietro la testa con i capelli e quindi non ho potuto. Poi mi ha buttato giù. La spada era per terra vicino ai miei piedi, ma sono riuscita a tirare fuori il telefono dalla tasca.

Il secondo numero delle chiamate rapide era quello di AK47.

Ha squillato una volta e poi lei ha risposto. Piangevo così tanto che lo schermo era pieno di lacrime e moccio.

«Dove cazzo sei?» mi ha chiesto. «Ero preoccupata da morire, cazzo.»

«Aiuto», ho detto.

«Cosa? Dove sei?»

Toucan mi ha strappato il telefono e mi ha preso di nuovo per i capelli e mi ha chiamato troia e altre brutte parole.

Io ho cercato di scappare ma lui mi ha dato uno schiaffo sulla guancia e così ho pianto ancora di più. Ha continuato a darmi schiaffi, sulla stessa parte della faccia, e quasi la bocca mi cadeva per terra.

Mi ero fatta di nuovo la pipì addosso. Era tiepida e mi bruciava la pelle.

Mentre mi picchiava, Toucan diceva che puzzavo di piscio e che ero una troia disgustosa che gli aveva sporcato il pavimento. Mi ha picchiato ancora e mi ha detto di chiudere il becco.

Poi mi ha tirato su e mi ha fatto chinare sul divano, così avevo la pancia su quel punto dove di solito si mettono le braccia.

«Credi che il tuo ragazzo ti scopi bene?» mi ha detto nell'orecchio. «È ora che impari come lo fa un professionista.»

Mi ha tirato giù i pantaloni fino alle caviglie. Ho sentito che mi strizzava le gambe e le graffiava.

«No», ho detto, ma era così pesante che non riuscivo a muovermi.

Toucan mi ha infilato una gamba tra le gambe e me le ha fatte aprire.

Da qualche parte sentivo i Grendel invisibili che ridevano e grugnivano e ruggivano come lupi. Dentro di me il mio corpo urlava, ma lui mi teneva giù così forte che le urla restavano bloccate.

A quel punto è entrato il Ciccione. Ha aperto la porta in fretta e ci ha visto. Io non lo vedevo, tranne un pezzettino con la coda dell'occhio. Sentivo ancora la mano di Toucan sulla schiena, ma non era più così pesante.

«Cosa c'è?» ha chiesto.

Ho sentito il Ciccione che diceva: «Volevo solo...»

«Solo cosa?»

Toucan si è tirato su i pantaloni, ho sentito la cerniera. Anche se non ero più in trappola, non potevo muovermi.

Il Ciccione ha alzato il telefono. «Non so come faccia ad avere il mio numero, ma è la ragazza di Gert.»

«Tienila d'occhio», ha detto Toucan indicandomi. Ha preso il telefono del Ciccione ed è andato in un'altra stanza.

La pancia mi faceva male perché era stata premuta contro il bracciolo del divano. Il Ciccione ha aspettato che Toucan è uscito e poi mi ha chiesto se stavo bene.

Ho sentito che scivolavo a terra e ho chiuso gli occhi e ho detto che volevo tornare a casa, per favore portami a casa, per favore andiamo via, per favore.

«Ecco», ha detto il Ciccione. «Prendi questa», e mi ha dato una coperta. Mi sono messa a piangere. «Cazzo», ha detto il Ciccione. «Che situazione del cazzo.»

Poi è tornato Toucan. «Cosa fai?»
«Ehi, guarda com'è ridotta», ha detto il Ciccione.
«E allora?»
«E allora», ha detto il Ciccione.
Toucan gli ha detto di portarmi nel seminterrato. «Adesso la mia coperta è piena di piscio, cazzo. Cosa ti è venuto in mente?»
Il Ciccione ha scosso la testa e ha iniziato a imprecare tra sé. Toucan gli si è avvicinato e gli ha messo la faccia vicinissima. Il Ciccione si è girato.
Toucan gli ha preso la faccia e ha detto: «Cosa?»
«Niente», ha risposto il Ciccione.
«Hai detto qualcosa.»
«No», ha detto il Ciccione. «Non ho detto niente.»
«Bene», ha detto Toucan. Poi mi ha detto di tirarmi su i pantaloni perché era stufo di vedermi.

Il Ciccione mi ha toccato il braccio. Io ho cercato di tirarmi su i pantaloni ma erano bagnati e non si muovevano. Il Ciccione ha cercato di aiutarmi e Toucan gli ha detto di farla finita e prendermi in braccio.
«Non pesa un cazzo», ha detto Toucan.
Il Ciccione mi ha sollevato dalla vita. A me pareva di non riuscire a muovermi né a parlare. Il Ciccione ha detto: «Ecco, tranquilla», e mi ha portato nel seminterrato, facendo i gradini molto lentamente. Il mio corpo non si muoveva.
Là sotto c'era un materasso e lui mi ci ha messo sopra. Il materasso puzzava, come di pipì, ma anch'io puzzavo di pipì. L'aria fredda del seminterrato mi ha fatto venire la pelle d'oca e ho iniziato a tremare.
«Tutto bene?» ha chiesto il Ciccione senza guardarmi.
«Ho freddo.»

«Ah-ah», ha fatto lui sempre senza guardarmi ma guardando il soffitto.

Poi ha trovato una coperta. Mi faceva male tutto il corpo perché Toucan mi era salito sopra. Il Ciccione mi ha messo addosso la coperta.

«Puoi dire a Gert che io non c'entro un cazzo con questa storia?» mi ha chiesto.

Mi sono tirata bene addosso la coperta, ho portato le ginocchia al petto e me le sono strofinate finché ho smesso di tremare.

Il Ciccione ha cominciato a salire le scale, che scricchiolavano sotto il suo peso. Poi si è fermato ed è sceso di nuovo. Sentivo i Grendel che ruggivano da qualche parte, ma non riuscivo a vederli.

Il Ciccione si è avvicinato.

«Merda.» Si è inginocchiato. Le sue ginocchia schioccavano. «Ti lascio aperta la porta sul retro. Okay? Mi hai sentito?»

Visto che non ho risposto, lui mi ha stretto il braccio.

«Ehi. Devi ascoltarmi.»

«Per favore non andare via», ho detto, anche se il Ciccione non faceva parte della mia tribù. Adesso mi ero aggrappata a lui come lui si era aggrappato a me. Aveva gli occhi pieni di lacrime. «Per favore, aiutami.»

«Sali di sopra, gira a sinistra e poi esci dalla porta sul retro. Nella recinzione c'è un cancello. Vai fuori da là. Okay?»

Mi ha toccato il braccio e ho sentito che il mio corpo diventava rigido e tremava.

«Aspetta dieci minuti. Dopo puoi andare. Hai capito?»

«Sì.»

Il Ciccione si è alzato. I pantaloni gli erano scesi, così se li è tirati su. Ha salito le scale e non si è voltato a guardarmi.

34

NON so quanto tempo ho aspettato, però ogni volta che cercavo di contare sessanta secondi mi dimenticavo quante volte l'avevo già fatto. Ci ho messo tanto a rimettermi in piedi. Avevo i pantaloni bagnati e non li volevo più addosso. La pipì mi faceva bruciare le gambe. Da qualche parte nel buio del seminterrato un Grendel ruggiva.

Ho chiuso gli occhi e gli ho detto di stare zitto, zitto, e poi l'ho detto anche a voce alta: «STAI ZITTO».

Ho salito le scale piano, cercando di non fare rumore.

Toucan stava parlando con qualcuno in soggiorno. Sono andata dalla parte che mi aveva detto il Ciccione, sono uscita in cortile e poi mi sono messa a correre fino alla recinzione, dove c'era il cancello.

Quando ci sono arrivata ho visto la macchina di AK47. Era parcheggiata là davanti. Mi aveva trovato.

Era venuta a salvarmi ed era dentro con Toucan e i Grendel.

Mi sono seduta per terra e mi sono presa la testa tra le mani e ho detto a tutti di CHIUDERE IL BECCO, a tutte le cose brutte che erano successe. E ho pensato alla vichinga della tomba, che era diventata così leggendaria che mille anni dopo la sua morte la gente parlava ancora di lei.

Sono andata a una finestra e ho cercato di guardare dentro,

ma vedevo soltanto una crepa nel vetro. Quando ho avvicinato il naso, ho visto AK47 in soggiorno con Toucan.

Dietro di me è arrivato il Ciccione che ha cercato di prendermi per un braccio. «Ma sei matta? Ti avevo detto di scappare.»

«Dentro c'è la mia amica», ho detto, liberandomi il braccio.

«Ma cosa credi che succederà quando si accorge che non ci sei più?»

«Devo salvarla. Mi aiuti?» ho chiesto. «Puoi aiutarmi a sconfiggerlo.»

«Tu te ne devi andare, ecco cosa devi fare.» Il Ciccione ha scosso la testa e ha detto: «Oddio», e poi è andato via.

La gamba mi bruciava ancora per la pipì, mi faceva male la pancia e anche la faccia dove mi aveva picchiato. Era andato tutto storto. E avevo paura, più paura che in tutta la mia vita. Mi ricordavo che avevo paura dello zio Richard quando picchiava Gert con la bottiglia di birra e gli urlava dietro.

Ma ero stanca di avere paura dei Grendel e dei cattivi come Toucan e lo zio Richard che volevano fare del male alle persone innocenti.

Anche senza la mia spada vichinga, che era rimasta dentro da qualche parte, ho deciso che volevo combattere e salvare AK47 e Gert e il Mondo.

Ho raddrizzato la schiena più che potevo e ho sussurrato: «*Skeggǫld, skálmǫld, skildir ro klofnir*», che è un grido di battaglia vichingo, e ho detto a Tyr, il dio vichingo della guerra, che avevo bisogno di forza e coraggio.

Sono entrata in casa dalla porta sul retro e ho preso il corridoio verso il soggiorno dove Toucan e AK47 stavano discutendo. Sono passata dalla cucina con le bottiglie marroni di birra vuote e le sigarette nel lavello e i sacchetti di erba e le carte da gioco sparpagliati sul tavolo.

Mentre mi avvicinavo, ho sentito Toucan e AK47 che parlavano. Poi li ho visti. Stavano di fronte.

Lei aveva in mano la pistola di Gert.

«Dov'è Zelda?» stava urlando.

Toucan non aveva alzato le braccia. Stava ancora fumando e diceva che non ne aveva la minima idea.

Allora AK47 mi ha vista e mi ha chiamato e ha abbassato la pistola che non puntava più verso Toucan.

E a lui quel momento è bastato per attaccare.

È stato molto veloce e prima che AK47 potesse proteggersi l'ha picchiata come aveva fatto con me, e poi le ha strappato la pistola. Il mio cervello ha cominciato a correre forte, così ho preso il posacenere e gliel'ho tirato. Gli è rimbalzato sul braccio ed è caduto per terra.

«Lasciala stare!» ho urlato.

Sono riuscita a distrarlo e AK47 l'ha placcato come faceva Gert quando giocava a football. Si è buttata contro la sua pancia, lui ha sputato tutta l'aria ed è caduto come un tronco.

«Scappa!» ha gridato AK47 piombandogli sopra.

Toucan non ci ha messo molto a scrollarsela di dosso. La teneva ferma per i polsi e poi le ha dato un pugno e la chiamava lesbica e puttana.

Io non sono scappata. Mi sembrava di avere i piedi incollati.

AK47 ha fatto un suono come un animale che viene strizzato troppo forte.

«Stronza», ha detto Toucan e l'ha picchiata. Le ha spinto la testa sulla moquette e io ho visto del sangue. L'ha picchiata ancora e poi ha preso il posacenere e l'ha picchiata anche con quello.

Lei ha chiuso gli occhi e al tempo stesso ha aperto la bocca come un pesce.

I Grendel grattavano da sotto la moquette e da dietro i muri. Tutta la casa stava diventando un Grendel.

Ho visto la spada vichinga. Era sotto il divano. Non so come ci era arrivata.

Forse ce l'aveva messa Odino per me, perché così potevo salvare AK47, che stava prendendo tante botte, e poi Toucan ha preso la pistola e l'ha usata per picchiarla in faccia. Lui picchiava e i Grendel urlavano più forte, poi ho battuto le palpebre e Toucan si è trasformato in un Grendel che stava per infilarsi nella bocca gigantesca AK47, per divorarla.

I Grendel avevano la voce dello zio Richard che picchiava Gert e urlava, la voce delle sue dita sulla mia pelle, la voce di Hendo che mi diceva che ero brutta e stupida e ritardata, la voce delle cellule del cancro che invadevano il corpo della mamma finché erano rimasti solo cancro e morte.

La voce del Grendel diceva che non potevo diventare un eroe, che i vichinghi non esistono più, e che AK47 era ferita ed era tutta colpa mia. Tutto era colpa mia.

Poi ho sentito la voce del dottor Laird che mi diceva che non era colpa mia. E la voce del dottor Kepple, che diceva che certe volte la vita ci trova e quando succede dobbiamo essere all'altezza, anche se abbiamo paura.

Tu sei un eroe, diceva la sua voce. Poi AK47 ha cercato di dare un pugno a Toucan, anche se era piccola e insanguinata e sotto di lui, e quella è stata la cosa più eroica che ho mai visto.

Ho preso la spada vichinga e ho lanciato il grido di battaglia vichingo tenendo la spada davanti a me.

Ho fatto una delle mosse in cui mi ero esercitata, che si chiama lo squarcio, e con quella gli ho tagliato la pelle del braccio, quello che teneva la pistola.

«La devi smettere», gli ho urlato, più forte di tutti i Grendel del mondo.

Il braccio gli sanguinava e lui l'ha alzato e ha detto: «Figlia di puttana».

È venuto verso di me e poi si è fermato, come uno che

va a sbattere contro un muro invisibile, e i suoi occhi sono diventati enormi.

«Ah», ha fatto, e dietro di lui ho visto che AK47 aveva preso la pistola e gli aveva sparato nella schiena e in pancia.

Ho aspettato tantissimo, non riuscivo a muovermi, prima di prendere il telefono di AK47 e chiamare il 9-1-1.

35

Al commissariato mi hanno fatto un sacco di domande su quello che era successo. C'era la poliziotta che mi aveva dato il biglietto da visita e mi ha chiesto se ero stata io a ficcare la spada vichinga nel braccio di Toucan. Facevo fatica a parlare. Dentro di me le cose stavano esplodendo, ma le parole non volevano saperne di uscire: erano bloccate. Ogni volta che mi veniva in mente una cosa, il pensiero si incastrava tra le parole che erano già bloccate dentro di me, e così si è creata una palla che diventava sempre più grande finché mi è venuto da vomitare.

Era come se il mio cuore aveva smesso di funzionare. Ma, quando mi sono messa un dito sul collo, ho sentito che batteva ancora.

La poliziotta ha detto a un altro poliziotto di portarmi all'ospedale e restare con me. Avevano paura che gli amici di Toucan si arrabbiavano e cercavano di fare del male a me o ad AK47, che dormiva e non si svegliava.

«È solo una precauzione», ha detto la poliziotta.

Ho aspettato nella sala d'attesa dell'ospedale, leggendo una rivista, con un poliziotto dall'altra parte della stanza. Mentre ero al commissariato, AK47 era stata portata al pronto soccorso in ambulanza. Quando in ospedale è arrivato il dottor

Laird, è stata la prima volta che lo vedevo fuori dal suo studio. Aveva un cappotto marrone che gli arrivava alle ginocchia.

Mi ha visto e ha detto qualcosa al poliziotto facendogli vedere il portafoglio con la carta d'identità. Poi si è avvicinato e prima di dire altro mi ha dato la pallina antistress. Io non l'ho presa.

Ho fissato il muro alle sue spalle, dove c'era l'immagine di una spiaggia d'estate. La cosa che più desideravo al mondo era essere là insieme a Gert e AK47, sulla spiaggia, sotto la palma.

«So come devi sentirti», ha detto il dottor Laird. «Sono venuto appena ho saputo.»

Volevo anche continuare ad avercela con lui per avere chiamato la polizia e avere messo nei guai Gert. Ma non ci riuscivo. Non era solo il mio dottore, era anche un amico e faceva parte della mia tribù ed era il Saggio della mia leggenda. A volte nelle tribù le persone devono fare delle cose che prima fanno male, ma poi contribuiscono al bene comune.

«Mi sento una bifolca», ho detto.

Il dottor Laird mi ha dato la pallina. «Sei sicura che non la vuoi?»

Stavolta l'ho presa e l'ho strizzata.

È rimasto per un'ora ad ascoltarmi, a lasciarmi piangere. Non ha preso appunti e mi ha dato un pacchetto di fazzoletti di carta così potevo soffiarmi il naso. Gli ho raccontato tutto di Toucan e che era morto prima dell'arrivo della polizia. Dovevo sentirmi forte ed eroica. E invece no. Toucan aveva cercato di parlarmi, mentre moriva e sanguinava dal buco dov'era entrata la pallottola. Aveva allungato la mano e io l'avevo presa e avevo ripensato al bambino di Hendo, Artem, che stringeva il mio ditone con i suoi ditini.

Toucan non era riuscito a stringermi la mano per molto a lungo. Alla fine ero rimasta io a stringere la sua, finché avevamo mollato tutti e due e lui ormai non era più una persona ma un cadavere.

«Mi sono dimenticata che era un cattivo», ho detto. «Era una persona che stava morendo e AK47 stava cercando di portarmi via e poi ha cominciato a morire anche lei e io non sapevo cosa fare.»

«Certe volte la vita non è semplice, non è fatta di eroi e cattivi.» Il dottor Laird si è avvicinato finché gli ho visto bene gli occhi, che erano verdi anche se credevo che erano azzurri. «Ma voglio che tu sappia che sei stata molto coraggiosa ed eroica. Avresti potuto scappare via dai tuoi problemi. Un sacco di gente lo fa.»

«Ha fatto un rumore», ho detto, e ho pensato a quando la bocca di Toucan si era aperta e poi le parole non erano venute fuori. Solo quel rumore.

Poi ho ricominciato a piangere.

«Okay», ha detto lui. «Lo so.» E mi ha messo la mano, con la grossa fede e le dita pelose, sul braccio.

Siamo rimasti seduti in sala d'attesa, il dottor Laird con la mano sulla mia spalla, e io mi sono messa in una posizione rannicchiata.

«Possiamo parlare di qualcosa?» ho chiesto.

«Cioè?»

«Tutto meno quello che sta succedendo.»

Profumava di shampoo e di bucato appena uscito dalla lavatrice e mi ha raccontato delle storie su tutte le cose interessanti che sua figlia stava imparando a scuola, per esempio che le farfalle sentono i sapori con le zampe e le stelle marine sono gli unici animali che hanno due stomaci, di cui uno lo possono spingere fuori dal corpo.

«Che schifo», ho detto.

«Molto schifoso. Lo usano per mangiare le ostriche e roba del genere.»

Non mi aveva mai parlato della sua famiglia. Non sapevo nemmeno che aveva una figlia. Una delle nostre regole diceva che non potevamo parlare di lui o della sua vita o della sua famiglia. Gli ho chiesto se adesso potevamo parlare di sua figlia.

«Credo che questa sia una situazione diversa.»

«Già.»

Il dottor Laird si è guardato le mani. «Mi sa che non ti sto aiutando come vorrei. E mi sento responsabile per un sacco delle cose che sono successe.»

Non capivo cosa voleva dire. Continuava a strizzarmi la mano e ha iniziato a respirare come uno che sta per dire qualcosa e poi si è fermato.

«Avrei dovuto prepararmi meglio, sulla tua storia personale.»

«La mia storia personale.»

«La storia della tua famiglia, intendo. Tuo zio.»

«Oh.» Giocherellavo con le dita perché era più facile parlare con loro che con il dottor Laird. «Lo zio Merdaccia.»

«Esatto. Lo zio Merdaccia.»

Poi è uscito il dottore e ha detto che potevo vedere AK47 se volevo. Io e il dottor Laird ci siamo alzati.

«Bene», ha detto lui e mi ha dato la mano. Io gliel'ho stretta.

«Possiamo abbracciarci ancora?» ho chiesto.

«Sì», ha risposto. «Possiamo.» E l'ho abbracciato. Ho fatto per restituirgli la pallina antistress, ma lui mi ha detto di tenerla. «Quando ti sembra di stare per scoppiare, dalle una bella strizzata.»

AK47 non divideva la camera con nessuno. Il poliziotto che mi aveva sorvegliato è entrato insieme a me e al dottore. Il dottore ha tirato una tenda azzurra appesa al soffitto che girava tutto intorno al letto.

La persona nel letto non sembrava AK47. Sembrava una persona morta di quei telefilm polizieschi. La sua pelle non era luminosa come al solito e si vedevano le piccole vene rosa delle palpebre. Aveva un tubo in bocca e il computer vicino al letto faceva dei *bip* come quelli dei videogiochi, come se AK47 era diventata un videogioco che il computer trasformava in suono.

«Sta bene?» ho chiesto.

Il dottore si è schiarito la voce. «Non siamo del tutto sicuri. Ha subìto pesanti traumi neurologici e ha perso parecchio sangue.»

«Cosa vuol dire?»

«Vuol dire che dobbiamo fare altri esami.»

Il dottore ha detto che potevo sedermi lì finché arrivava Gert. Era ancora al commissariato. Ho chiesto al poliziotto quanto tempo ci voleva.

«Non saprei», ha risposto. «Ma non credo che manchi molto.»

Vicino al letto c'era una sedia e mi sono seduta. La mano di AK47 era rivolta verso l'alto e sopra c'era attaccato del cerotto che teneva fermo un tubo. Io ci ho appoggiato la testa.

Sono rimasta con lei per un'ora intera e le parlavo come quando era sveglia. Certe volte lei rispondeva nel mio cervello, o almeno sentivo delle parole che secondo me poteva dirmi. Quelle parole mi chiedevano di pregare per lei.

«So che sei ancora là dentro», le ho detto. «Troverò il modo di farlo capire a tutti.»

In genere avrei pregato come facciamo io e Hamsa, lui il dio dei musulmani e io Odino e il resto dei guerrieri del Valhalla e le sorelle Norne, e avrei chiesto di scegliere per AK47 un giorno diverso per morire. Ma non ero sicura di crederci più, in quelle cose. Non ero sicura se credevo in Odino e non ero sicura se credevo che le persone buone dopo morte finivano in un posto come il Valhalla. AK47 era una persona buona e le cose le erano andate molto male, proprio com'erano andate male a Toucan, che non sarebbe tornato vivo mai più.

Forse valeva la pena di pregare, anche se non ci credevo.

«Odino», ho detto chiudendo gli occhi. «TI PREGO AIUTA AK47 A SVEGLIARSI. TI PROMETTO CHE RENDERÒ ONORE A TE, A LEI E A TUTTO IL VALHALLA.»

Devo aver parlato a voce molto alta, perché è entrata l'infermiera e mi ha chiesto se andava tutto bene.

«Ho sentito urlare», ha detto.

«Urlavo le mie lodi per AK47», ho detto e visto che probabilmente l'infermiera non sapeva che la chiamavo così, l'ho indicata per farle capire che era lei quella di cui urlavo le lodi.

«Okay», ha detto l'infermiera. «Però forse è meglio tenerle a un volume più basso, le lodi. Abbiamo altri pazienti che hanno bisogno di riposare.» Mi ha sorriso e le ho detto che andava bene, che per quel giorno ormai le mie lodi le avevo già urlate.

AK47 non aveva parenti, e aveva scelto Gert come persona che doveva decidere il momento di staccarla dalla macchina che la aiutava a respirare e mangiare. Eravamo in ospedale, tutti intorno a lei. Gert non era stato arrestato, ma dopo doveva tornare al commissariato perché aveva un ruolo molto importante nei loro progetti per altre persone come Toucan.

Stava parlando con il dottore, che gli diceva che AK47 poteva anche non svegliarsi. Avevano fatto gli esami e i risultati non erano buoni. Toucan le aveva fatto molto male al cervello, c'era entrato del sangue e questo non andava per niente bene.

«Ma il suo corpo è vivo», ho detto.

Il dottore ci ha detto che ci lasciava soli per parlare ed è uscito chiudendo la porta. La macchina di AK47 faceva *bip* e degli strani rumori. Io e Gert siamo rimasti in piedi, vicini, a guardarla. Fuori dalla finestra, vicino al suo letto, c'era un grattacielo pieno di uffici. Dentro si vedevano un sacco di persone in movimento. Sembravano formiche. Mi sono chiesta se guardavano fuori, se ci vedevano e si domandavano come mai eravamo così tristi e depressi.

«Cazzo, cazzo, cazzo.» Gert si è avvicinato alla finestra e ha premuto la faccia contro il vetro.

Un piede di AK47 sbucava dalle lenzuola. Sulle unghie c'erano ancora dei pezzetti di smalto argentato. Io mi ero portata dietro un tagliaunghie perché sulla *Guida Kepple ai vichinghi* c'era scritto che quando un guerriero muore bisogna tagliargli le unghie così non le possono usare per costruire una nave che si chiama Naglfar e che annuncia il Ragnarok, la fine del mondo.

Ho guardato dito per dito. «Cosa fai?» mi ha chiesto Gert.

«Salvo il mondo dalla fine», ho risposto.

AK47 non aveva più le unghie lunghe. L'infermiera doveva avergliele tagliate. Ma qualcosa da tagliare era rimasto e ho tenuto i pezzetti in mano. Quando sono arrivata alle mani le ho toccato le dita. Si muovevano quando le facevo muovere io. Non c'era più un'AK47 a dirgli dove dovevano andare.

Lui si è avvicinato. «Vuoi che ti aiuti?»

Gli ho dato il tagliaunghie. «Stai attento. Non le piacciono troppo corte.»

Gert ha lavorato con molta attenzione. Erano rimaste da fare cinque dita e anche lui ha tenuto in mano i pezzetti di unghia.

Io ho pensato a Toucan, che era diventato un cadavere con degli occhi da cavallo. La cosa che mi aveva spaventato di più era stata come aveva aperto la bocca, come se voleva urlare, ma non veniva fuori niente. Dentro di lui non c'era più l'anima.

A un tratto Gert ha fatto un salto indietro. «Cristo», ha detto.

AK47 stava battendo le palpebre.

«Cosa state facendo voi due idioti?» ha detto. Non era la sua voce normale, ma era la voce di una persona viva.

36

Gert ha smesso di frequentare i corsi estivi. Ha detto che era impossibile concentrarsi e recuperare i crediti che aveva perso quando AK47 era in ospedale e lui andava a trovarla. Certe volte litigavano e io aspettavo fuori, e quando rientravo erano insieme nel letto e si tenevano per mano e Gert le teneva la testa sulla spalla con gli occhi chiusi.

Io sono andata a trovarla più che ho potuto, ma non tutti i giorni, perché lavoravo sempre di più in biblioteca.

All'inizio ha dovuto usare la sedia a rotelle, perché il suo cervello non sapeva più comunicare con le gambe. Poi lei gliel'ha insegnato, insieme a un fisioterapista che l'ha aiutata a esercitarsi a muovere prima le dita dei piedi e poi le gambe.

«Hai mai sentito qualcuno parlare giapponese?» ha detto AK47. «Be', è così che mi sento. Il mio cervello parla giapponese e le mie gambe non capiscono.»

Un giorno è riuscita a camminare con un deambulatore, un piede alla volta, molto lentamente.

Io e Gert abbiamo applaudito quando ci ha fatto vedere il deambulatore che si ripiegava, e poi, quando è riuscita a camminare anche senza, solo con un bastone di metallo, io ho cantato le sue lodi.

È riuscita a tornare a casa sua. Gert voleva farla venire a stare da noi, ma AK47 ha detto che per lei era importante fare delle cose da sola, il che all'inizio ha fatto arrabbiare Gert.

Poi lui ha ricominciato a frequentare i corsi estivi. «Dovresti preoccuparti di quello, non di me», gli ha detto AK47.

Un giorno ha telefonato in biblioteca mentre ero al lavoro e mi ha detto che doveva parlarmi.

«Vieni da sola», ha detto, e io ho pensato che al compleanno di Gert mancava meno di un mese e forse lei voleva organizzargli una festa gargantuesca. Forse potevamo chiamare lo spogliarellista vichingo, per fargli uno scherzo. Le ho risposto che ci andavo dopo il lavoro, poi ho preso l'autobus e ho attraversato il parco che stava tra la fermata e il suo palazzo.

AK47 mi ha aperto il portone e quando sono arrivata alla porta mi ha urlato che era aperta. Sono entrata e ho visto che vicino alla porta c'erano delle valigie nere con le rotelle.

Lei è uscita dalla sua camera con uno zaino su una spalla, il bastone e mettendo avanti un piede alla volta.

«Mi aiuti con questo?» mi ha chiesto, e io sono corsa a prendere lo zaino. Mi ha detto di metterlo insieme alle valigie.

«Torni in ospedale?» ho chiesto, perché certe volte ci tornava a dormire e doveva portarsi dietro una borsa piena di cose di cui aveva bisogno.

«Non proprio.» Si è seduta sul divano, molto lentamente, e ha cominciato a massaggiarsi la gamba.

«Cosa vuoi dire?»

«Siediti», mi ha detto puntando il bastone verso la sedia lì davanti. «Ti devo parlare.»

Mi sono seduta. AK47 si è infilata il bastone tra le gambe e ha appoggiato il mento in cima, sulla parte che si tiene con la mano.

«Me ne vado.»

«Da dove?» ho chiesto.

«Dalla città. Dallo Stato.» Ha sorriso. «Probabilmente non dal Paese, ma forse sì. Dipende da come mi sento.»

Ho battuto le palpebre, cercando di capire cosa stava dicendo. Quando ho cominciato a parlare, lei ha alzato la mano. «Senti, ho riflettuto su tutto, su Gert e su quando sono stata in ospedale. Devo vedere delle persone della mia famiglia.»

«Non sapevo che avevi dei parenti. Credevo che erano morti tutti, in Arkansas.»

«Veramente era l'Arizona. So di avere detto questo, e per me in effetti erano morti. Non morti sul serio però. Solo...» AK47 ha staccato il mento dal bastone e ha iniziato a farlo girare lentamente. «Solo che voglio andare a trovarli, ecco.»

«Io e Gert veniamo con te? Perché io devo chiedere le ferie e Carol vuole almeno una settimana di preavviso e poi le deve approvare.»

«Oh, Zelda, so che andresti in capo al mondo per me. Ma stavolta devo andare da sola.»

Mi sono sentita come una pallina in gola.

«E quando torni?»

Invece di rispondere, lei mi ha detto di portarle una cosa. «È in camera. Volevo tirarla fuori prima che arrivassi, ma non ho avuto il tempo.» Si è data un colpetto alla gamba debole. «Questa qui mi rende tutto difficile.»

«Cos'è?»

Lei ha allungato il bastone e mi ha toccato. «Ehi, smettila di fare domande. Saprai tutto al momento giusto. È una busta. Sul comodino. Portamela qui.»

In camera c'erano vestiti sul letto e sul pavimento. Dentro l'armadio, gli attaccapanni vuoti pendevano da una barra di metallo. Sul comodino c'era una busta su cui c'era scritto ZELDA con la calligrafia di AK47.

Gliel'ho portata e lei mi ha detto di aprirla.

La busta non era incollata, quindi ho dovuto solo sollevare un lembo. Dentro c'erano delle carte piegate e quando le ho aperte ho visto che sulla prima c'era una chiave attaccata con lo scotch.

«Senti cosa facciamo», ha detto AK47. Ha allungato la mano verso le carte, ha staccato la chiave e me l'ha data. «Questa è la chiave del mio appartamento. Ne faccio fare un'altra per il portone, ma per adesso c'è un codice che puoi imparare a memoria. Non è difficile ma funziona. È scritto qui.» Ha alzato le carte e ha toccato l'angolo in alto, dove aveva scritto 2-6-0-8. «Invece, queste carte...» Le ha sfogliate. «C'è qui sotto un punto dove devi firmare.»

«Firmare?»

«Esatto. La tua firma. Quella su cui ti sei esercitata.»

Le ho detto che non capivo. AK47 si è piegata in avanti e anch'io, così le nostre facce quasi si toccavano.

«Queste carte trasferiscono l'affitto a tuo nome. Ho già sentito l'amministratore del palazzo. Sa che verrai a vivere qui al posto mio. Devi portargli una copia della busta paga della biblioteca, per dimostrare che hai uno stipendio, ma vedrai che ce la farai a pagare. Ho già dato un anticipo sui prossimi mesi, così avrai il tempo di abituarti a pagare le bollette. L'elettricità è compresa, internet no. Ti ho mandato un'e-mail con tutti i dettagli, ma vedrai che te la caverai.»

Mi sono appoggiata allo schienale e l'ho guardata, poi ho guardato la casa, che a un tratto mi è sembrata grandissima.

«Cosa ne pensa Gert?» ho chiesto.

«Per citare la mia persona preferita al mondo, cioè te: Gert non fa parte di questa leggenda. Io l'appartamento lo voglio dare a *te*, non a te e Gert.»

«Perché non a Gert?»

Lei si è messa le mani dietro la testa ed è sprofondata nel divano. «Sai, ho avuto tanto tempo per pensare. Su quello che è successo qui, su come tu mi hai salvato e su quanto è diventata pericolosa la situazione con quel disgraziato.»

Mi sono guardata le mani. «Certe volte me lo sogno ancora.»

«Oddio, Zee, anch'io. E non è giusto. Niente di tutto questo è giusto. Ma senti come la penso: ormai è fin troppo tempo che metti una pezza ai guai che combina Gert.»

«Io non metto nessuna pezza. Lui è sempre molto in ordine.»

«Non parlo letteralmente. Intendo nella vita.» Ha sospirato. «Non puoi salvare una persona che non vuole essere salvata. Dio solo sa se ci ho provato. E anche tu. Certe volte le persone a cui vogliamo bene sono anche dei mostri, i... com'è che li chiami? I Grendel?»

«Gert non è un Grendel.»

«Forse no. Ma non ti farà bene stare con lui, né a te né a nessun altro, finché non si sarà ritrovato.»

Mi rigiravo in mano la chiave. Era argentata e brillante, e mentre la giravo il suo riflesso colpiva i muri e il soffitto.

«Deve scrivere la sua leggenda», ho detto.

AK47 ha sorriso. «Esatto.»

«Non so se posso avere un appartamento tutto mio.»

Lei si è alzata reggendosi al bracciolo del divano. «Perché no? Puoi sempre chiamarmi, e poi l'ho già detto a Big Todd, che verrà a darti un'occhiata e può aiutarti. E anche il dottor Laird. Poi magari tra una settimana torno e mando all'aria tutti i tuoi progetti.» Ha stretto la mano a pugno. «Il punto è se sei disposta a provarci. È questo che fa di una persona una leggenda.»

Le ho detto che avevo bisogno di un po' di tempo per pensarci. «Quando vai via?»

AK47 si è messa vicino alle sue valigie. «Adesso, direi.»

Volevo impedirglielo, ma non l'ho fatto. Lei stava mettendo le crocette sulla sua lista di cose da fare.

Ci siamo abbracciate, lei è uscita e io mi sono fermata sulla porta. È entrata in ascensore e ha alzato il pugno, e anch'io, e abbiamo fatto pugno-a-pugno stando ai due lati del corridoio, anche se eravamo troppo lontane e i nostri pugni non potevano toccarsi.

37

Ogni casa vichinga va benedetta e il modo migliore di farlo è dare una festa con tutti gli amici. Sono venuti Hamsa e Yoda. Hamsa ha portato suo zio, che mi ha fatto le congratulazioni e con le mani ha fatto un gesto di preghiera.

Marxy e Sarah-Beth sono venuti insieme, ma io non mi sono arrabbiata. Ero molto felice per loro. Marxy aveva trovato una persona che lo capiva e lo amava.

Anche sua madre mi ha abbracciato. «So che tua mamma non è qui, ma io credo che sia orgogliosa di te.» Mi ha regalato una runa norrena speciale per proteggere la casa. «Dovresti metterla vicino alla porta. Porta fortuna eccetera.» Si è fermata davanti alla lettera del dottor Kepple, che avevo stampato e appeso al muro, dentro una cornice che trovi da Dollar Barn a uno e cinquanta.

«Questa è molto speciale», ho detto mettendomi vicino a lei. «Me l'ha scritta il dottor Kepple, che è un esperto di vichinghi. La gente crede che solo gli uomini possono diventare dei vichinghi fortissimi, ma si sbaglia. Anche le donne come noi possono.»

Pearl ha sorriso. «È verissimo, Zelda.»

Big Todd aveva portato il suo ragazzo e mi ha aiutato con la bolletta di internet e mi ha fatto vedere come creare una deduzione automatica per l'affitto. È venuta anche Carol. Mi ha portato due reggilibri, così quando inizierò una biblioteca tutta mia potrò metterli all'inizio e alla fine perché non cadano.

Avevo invitato anche lo spogliarellista vichingo della mia festa di compleanno, ed è venuto fuori che è gay e Big Todd e Noah lo trovavano supersexy.

Ho fatto vedere a tutti la mia spada vichinga e un nuovo costume per donne vichinghe che avevo ordinato su internet.

È venuto anche il dottor Laird, e io non me l'aspettavo. Non aveva risposto alla mia e-mail d'invito.

«È venuto», ho detto.

Aveva il suo cappottone e aveva portato anche la moglie. Ho capito che era lei dalle foto sulla sua scrivania.

«Ho pensato di passare.» Si è guardato intorno e ha sorriso. Mi ha presentato sua moglie, che mi ha stretto la mano e mi ha detto che era un onore conoscermi. Io le ho risposto che era un onore conoscere lei.

«Che bel posticino», ha detto il dottor Laird.

«Grazie.»

Mi ha chiesto se c'era anche Gert e io ho risposto che l'avevo invitato ma non era venuto.

Yoda si è avvicinato con qualcosa da bere per il dottore e sua moglie. «Io sono il distributore ufficiale di bibite», ha detto. «Datemi pure i cappotti, grazie.» Ha teso le braccia e ha portato i cappotti sul letto in camera, dove avevamo messo tutti gli altri.

«Pensa che verrà?» ho chiesto al dottor Laird.

«Forse», ha risposto lui. «O forse no. Ma anche se non viene, tu hai fatto una cosa bellissima. Sono orgoglioso di te.»

Mi ha detto che voleva parlarmi da solo, e sua moglie gli ha dato un bacio sulla guancia e gli ha detto che ne approfittava per andare in bagno.

«Ti ricordi quell'articolo che ti ho dato? Quello sulla donna vichinga?»

Ho risposto di sì.

«Sai perché te l'ho dato?»

«Così potevo diventare un eroe», ho risposto.

«Tutti sono eroi della loro vita. Sempre. Ma volevo che tu capissi che a volte il mondo pensa che una cosa non sia possibile, invece alla fine viene fuori che si è sbagliato. Anche gli scienziati più famosi possono sbagliarsi.»

«Certe volte le cose più importanti non entrano nelle liste», ho detto. «E certe volte sono cose che non ci aspettiamo. Come questo appartamento.»

Il dottor Laird ha sorriso. «Certe volte le cose più importanti non entrano nelle liste. Bella questa.»

«Piace anche a me.»

E ci siamo scambiati un cinque.

Ho aspettato per vedere se arrivava anche Gert, ma non è venuto. Non ci eravamo visti molto da quando AK47 era andata via. Lei non gli aveva detto personalmente che se ne andava, e la capivo, anche se non mi era piaciuto. Gert è uno che si arrabbia tanto e so che lei non voleva litigarci. All'inizio io volevo che litigavano e che Gert la convinceva a restare, ma adesso ero contenta che non si era fatta convincere.

La gente venuta alla festa ha cominciato a tornare a casa.

«Se senti Annie, dille che ci manca», ha detto Big Todd. Ci siamo abbracciati e gliel'ho promesso.

Il dottor Laird mi ha detto di chiamarlo per fissare un appuntamento, se ne avevo bisogno.

Quando se ne sono andati tutti, ho cominciato a pulire e alle dieci e dodici avevo quasi finito, quando ho sentito bussare alla porta. Dal buchino ho visto Gert.

«Sei molto in ritardo», gli ho detto aprendo.

«Troppo?» Mi ha sorriso e si è appoggiato alla porta.

Ho scosso la testa. «Entra pure.»

Lui è entrato e io mi sono schiarita la voce e gli ho indicato le REGOLE DELL'APPARTAMENTO DI ZELDA. Gert ha visto il foglio e si è fermato.

«Okay, okay», ha detto e si è tolto le scarpe. «Bel posto.»

Poi si è infilato le mani in tasca. Non si faceva la barba da un bel po' e dall'odore che aveva ho capito che aveva bevuto birra.

«Grazie.»

Gli ho preparato non il caffè ma il tè. Una delle cose che ho imparato è che il caffè non mi piace, non quanto il tè. Non mi piace nemmeno la moquette, perché ci resta dentro lo sporco e diventa tutta brutta e puzzolente.

Lui si è seduto sul divano e ha trovato un filo. Io gli ho portato il tè.

«Come te la passi?» mi ha chiesto.

«Benissimo. E tu come te la passi?»

Si è stretto nelle spalle. «Non male.» Si è schiarito la voce. «Hai avuto sue notizie?»

Avevo avuto sue notizie e ho detto a Gert che stava bene. Lui ha continuato a stuzzicare quel filo. Mi ha domandato dov'era, se era in Arizona.

AK47 mi aveva chiesto di non dire a Gert cose tipo dov'era. Potevo solo dirgli che stava bene ed era in un posto sicuro. «Ma non dirgli altro», mi aveva scritto nell'e-mail.

«Non proprio», ho detto. «Ma sta bene ed è al sicuro.»

Gert si è guardato intorno e poi si è strofinato il collo. «Mi piacerebbe davvero parlarle. Quindi se sai come rintracciarla...» Si è interrotto e ha smesso di strofinarsi il collo. «Non risponde alle mie e-mail.»

Non aveva toccato il tè.

«Sta compiendo la sua impresa», ho detto.

«Già.»

Poi mi ha preso il telefono. «Gert. Piantala.»

«Dimmi la tua password.»

Non gliel'ho detta e lui ha lanciato il telefono contro il muro; è rimbalzato ed è caduto per terra, lasciando un segno sul muro.

Ho incrociato le braccia. «Adesso è meglio che te ne vai», ho detto indicandogli la porta. «Questa è la regola più importante: in questa casa non si urla e non si lanciano cose.»

Gert ha preso le sue scarpe ed è andato alla porta, asciugandosi il naso sulla manica.

È uscito in corridoio e ha mollato un pugno al muro, poi si è avviato con le scarpe in mano.

In fondo al corridoio si è fermato e ha detto: «Non puoi tornare a casa?»

«Adesso casa mia è questa», ho risposto e, anche se è stata la cosa più difficile che ho mai fatto, anche più di affrontare Toucan, sono rientrata e ho chiuso la porta.

Ho messo nel lavello gli ultimi piatti della festa, ho spento la musica e sono andata in camera mia, che era silenziosa e piena di ombre.

Però sapevo che nelle ombre non c'erano mostri, né Grendel dentro i muri. Solo il mio respiro nel buio e fuori una luna brillante appesa nel cielo.

La mattina dopo, quando mi sono svegliata e ho cominciato a prepararmi per il lavoro, ho visto che sotto la porta c'era una busta. L'ho presa e ho visto che c'era sopra il mio nome scritto con la calligrafia di Gert, che scrive grande e fa la Z come se fosse il numero 3.

Dentro c'era un foglio piegato tre volte. Era la sua domanda per la borsa di studio, quella che aveva scritto per essere ammesso al college e che non aveva mai voluto farmi leggere.

L'ho aperta ben bene sul tavolino.

Al Comitato per le borse di studio del Rivergreen College:

Mi chiamo Gert MacLeish. Ho ventun anni, non ho un diploma di scuola superiore e non conosco nessuno che sia mai stato al college.

Non sono molto bravo a scrivere, quindi l'unico modo per farlo è scrivre come parlo.

Ho fatto una smorfia. Gert aveva sbagliato a scrivere la parola *scrivere*. Faceva meglio a usare il controllo ortografico. Ho preso una matita e, prima di ricominciare a leggere, l'ho corretta.

Certe persone sono fatte per andare al college, altre no. Io ho sempre pensato di essere del secondo tipo. Giocavo a football. Non avevo dei voti ottimi ma probabilmente già lo sapete dalla mia documentazione. In teoria avrei dovuto puntare tutto sul football. Quando mi sono distrutto il ginocchio, sono andati distrutti anche tutti i miei sogni di diventare qualcuno.

Mia sorella Zelda non ha mai conosciuto nostro padre. Era piccola quando lui se n'è andato. Quando mia madre è morta di tumore al seno siamo finiti a vivere con lo zio Richard, un tizio davvero pessimo. A Zelda piacciono i vichinghi e i cattivi e gli eroi, e se al mondo esiste un cattivo, un drago che sputa fuoco sul mondo, quello è lo zio Richard.

Lei non si ricorda bene come andavano male le cose con lui, quanto era violento. Gli uomini non dovrebbero parlare di questo genere di cose e io non so bene perché lo sto dicendo adesso, però nelle linee guida c'era scritto di citare «circostanze attenuanti». Lo zio Richard è una «circostanza attenuante» fatta persona. Zelda parla sem-

pre dei Grendel, questi mostri cattivi che si nascondono nelle ombre e vengono a prenderti al buio. Più stavamo con lo zio Richard, più mi rendevo conto che era di lui che aveva paura, del mostro che arrivava nel buio. E visto che Zelda non poteva difendersi, toccava a me farlo e venire via da quella casa. Non sono il tipo di persona che chiede aiuto, ma è quello che sto facendo adesso con questa lettera.

All'inizio ho scritto che esistono due tipi di persone e che io appartengo al secondo, e sono il tipo che in genere non è considerato adatto a un'aula scolastica. Be', mia sorella Zelda fa parte dell'altro tipo. Nostra madre beveva molto e, anche se negli ultimi anni prima di morire aveva smesso, quando ha avuto noi beveva ancora. Io sono venuto fuori sano, ma gli alcolici che nostra madre beveva sono stati un veleno per il cervello di Zelda, che così è nata con la sindrome alcolica fetale. Dicevano che probabilmente non avrebbe mai imparato a leggere e che avrebbe dovuto essere seguita da qualcuno per tutta la vita.

Si sbagliavano, e il motivo per cui faccio domanda per questa borsa di studio è proprio lei. Forse, se ce la faccio, anche lei potrà fare qualcosa di simile. Il mondo guarda Zelda e vede una persona debole e indifesa. Una delle cose di cui mi vergogno di più è che anch'io la vedo così e non mi rendo conto che può essere forte, anche più di me. Se avessi metà della sua forza e della sua determinazione non avrei bisogno di elemosinare una borsa di studio. In un universo giusto, sarebbe lei quella che va al college, non io.

Sono passati secoli dall'ultima volta che ho scritto una domanda di ammissione, e questa è già molto più lunga delle cinquecento parole che avrei dovuto usare per convincervi di prendermi a Rivergreen. Una delle regole che ricordo delle lezioni di inglese è che bisogna sempre partire da una tesi, quindi sto di nuovo violando le regole perché io la metterò alla fine.

Eccola: intorno al tavolo da poker della vita ci sono persone che non hanno ricevuto delle carte perfette, che vedono cos'hanno in mano e lasciano subito. Non provano nemmeno a giocare. Io so di essere stato quel tipo di persona. Ma anche se non sarò ammesso a Rivergreen, anche se mi negherete la borsa di studio, io sono stanco di lasciare, sapendo che mia sorella è il tipo di persona che invece giocherebbe la sua mano anche se ha delle carte pessime.

Mentre scrivo sta ascoltando un audiolibro sui vichinghi e prende degli appunti importanti. Per lei il mondo è un posto dove le cose che contano di più sono il coraggio e far parte di una tribù, in cui siamo tutti vichinghi che remano insieme al ritmo dello stesso tamburo. E il bello è che per tutto questo tempo che ho cercato di proteggerla, lei è stata l'unica della nostra tribù a remare. È arrivato il momento che io salga nella barca di Zelda e mi metta ai remi.

Cordialmente,
Gert MacLeish

Quando ho finito di leggere mi sono precipitata al telefono e ho chiamato il cellulare di Gert; non mi ha risposto e ho lasciato un messaggio dicendogli che non volevo chiudergli la porta in faccia per sempre e che gli volevo bene e che volevo remare per sempre con lui. Sulla pelle mi è esplosa la pelle d'oca quando ho pensato che Gert poteva aver pensato che non lo volevo nella mia vita.

Poi da qualche parte ho sentito scattare la segreteria. Mi sono guardata intorno e ho fatto di nuovo il numero.

Un telefono squillava in fondo al corridoio. Ho seguito il suono, ho aperto la porta e ho avuto una sensazione brutta ma bella.

Gert stava dormendo fuori dalla porta. Il suo corpo era molto piccolo, come una palla, era appoggiato al muro tutto ripiegato. In fondo al corridoio si è aperta una porta ed è uscita una donna vestita per andare a lavorare. Le sue chiavi hanno tintinnato e Gert ha mugugnato qualcosa ma non si è svegliato del tutto.

«Non volevo chiamare la polizia», ha detto la donna passandomi davanti e infilando in borsa le chiavi. «Ma ha pianto tutta la notte.»

Mi sono chinata. Non era bello vedere com'era ridotto. Aveva il pomodoro della pizza sulla maglietta e puzzava di birra. Mi sono sentita in colpa per avere desiderato di non stargli vicino. Mi sono alzata, sono rientrata in casa e mi sono fermata nell'ingresso. Poi sono andata in camera mia e ho preso la mia felpa dei Minnesota Vikings, che mi ero comprata da sola con i soldi di un assegno della biblioteca (anche se Gert tifa per i Patriots).

Sono tornata in corridoio e gli ho toccato il braccio. Lui ha aperto lentamente gli occhi, che erano rossi e gonfi.

«Ehi», ha fatto, mettendosi a sedere con la schiena che scricchiolava. «Quella è una felpa dei Vikings?»

«Sì, perché è una squadra che piace a *me*.»

Gliel'ho data e l'ho aiutato ad alzarsi. Gli ho detto che adesso era a casa mia e che era ora che entrava.

Ringraziamenti

COME per tutte le migliori saghe vichinghe, per la storia di Zelda esiste un'orda di persone che ne ha reso possibile la pubblicazione.

Per prima cosa, un saluto pugno-a-pugno alla mia superlativa e infaticabile agente Grace Ross, che con questo libro, di cui ha capito il potenziale fin dall'inizio, ha fatto magie. Un grosso grazie anche a Markus Hoffmann, Joe Regal e a tutti quelli di RHA.

Skál alla tribù Scout, soprattutto alla mia ottima editor e fortissima sostenitrice, Alison Callahan; al mio doppio dottore preferito, Jen Bergstrom; alla sempre pronta Brita Lundberg e a Aimée Bell, Meagan Harris, Emi Battaglia, Stuart Smith e ai tanti guerrieri editoriali di S&S che hanno reso possibile Zelda. Uno speciale grazie a Carolyn Reidy per avere creduto in questo libro.

E grazie al gagliardo contingente canadese: Nina Pronovost, Felicia Quon, Kevin Hanson e tutta la squadra.

Al maestro Larry Garber, che ha ammannito dosi della propria competenza e cortesia a quest'umile sfigato. Ai miei mentori Edie Meidav, Sabina Murray e Jeff Parker. Grazie anche a Annie Liontas per il feedback sulle prime bozze.

Alla mia famiglia, surrogata e non: mamma e papà, i

Mitchell (soprattutto L, tra i primi a adottarmi), i Maeck, Melissa Carroll, Beaker e George e i Beckerman.

Amore incondizionato al Team Good Egg: Tim Alamenciak, Shannon Alberta, Shastri Akella, Amy Cunningham, Erin Pienaar, JoAnna Novak, Ali Ünal (da notare il corretto posizionamento dell'umlaut), Morgan Bruner, Catherine Stryker, Kathryn Pilkington, Margaret DeRosia, Trenna Sharpe, Julia Kramer, Arielle Bernstein.

E grazie a molti, molti altri che saluto togliendomi il cappello e a cui apro il mio cuore. Sapete chi siete.

Grazie al Toronto Arts Council, all'Ontario Arts Council e al Canada Council for the Arts per il loro sostegno economico, molto apprezzato.

Per saperne di più sulla sindrome alcolica fetale, per fare una donazione o impegnarsi in prima persona, potete contattare l'Associazione italiana disordini da esposizione fetale ad alcol e/o droghe (www.aidefad.it).

Finito di stampare presso Grafica Veneta S.p.A.
Via Malcanton, 2 – Trebaseleghe (PD)
Printed in Italy

Prova d'acquisto
978-88-200-6903